日本政治外交史

五百旗頭 薫・奈良岡聰智

日本政治外交史（'19）

装丁・ブックデザイン：畑中　猛

s-3

まえがき

本書は、放送大学の専門科目「日本政治外交史」のテキストとして執筆されたものである。日本政治外交史という分野は、近現代日本の政治と外交を歴史的視点から考察することを課題としている。高校の日本史や世界史の近現代分野を発展させたものといえばイメージしやすいが、単にそれらを詳しくしたものではない。この分野は政治学の一領域を形成しており、統治機構、政治指導、日本を取り巻く国際関係や政治と社会の関係などについて、歴史的分析を踏まえた知見を提供することも課題としている。その意味で、単に「過去」の事象についての知識を得るのではなく、「現代」について知り、「将来」を展望することこそが、この分野を学ぶ目的となる。

これまでも放送大学の歴代の講義担当者によって、「日本政治史」「日本政治外交史」のテキストは刊行されてきた。いずれも個性的で、かつこの分野のスタンダードを示した著作として名高く、そのうちいくつかは改訂・出版されている（北岡伸一『日本政治史　増補版』〈有斐閣、二〇一七年〉、坂野潤治『近代日本政治史』〈岩波書店、二〇〇六年〉、御厨貴『戦前史のダイナミズム』〈左右社、二〇一六年〉）。本書は、それらに学びつつも、新たな視点や特徴を打ち出すことに努めた。それを挙げるとすれば、以下のとおりとなる。

第一に、章立てや叙述の仕方において、大胆な再構成を試みた。本書が執筆された二〇一八年は、明治改元から一五〇年目にあたる年であった。この一五〇年は、第二次世界大戦を境として、戦前史と戦後史がおのおの半ばを占めている。これだけの長い期間となると、全体像を視野に入れた叙述はきわめて難しい。しかしわれわれは、大胆な再構成が許され、不可避という意味で、これをチャンスでもあるととらえた。そこで、戦前、戦後それぞれを形成期と展開期とに明確に分け、四つの時代それぞれの個性に合わせた叙述を行うという構成を採用した。

戦前の形成期では通史を一章に限りつつ、テーマごとの章を置いた。一方展開期では、時系列順に通史を紡いだ。戦後の形成期では同じく時系列の進行を基本としながら、経済成長を軸としたテーマ群を扱う一章を加えた。展開期では、不確定な未来を展望するために、戦前の形成期と同様、一章の通史と並んで重要なテーマを掘り下げた二章を並べた。執筆は、五百旗頭が形成期を、奈良岡が展開期を担当した（第1章のみは完全な共同執筆）。読者には、近現代日本の一五〇年の歴史をたどりながら、それぞれの時代の個性を感じ取っていただければ幸いである。

第二に、著者自身が行ったものを含め、最新の研究をできるだけ叙述に反映させることに努めた。五百旗頭は、これまで明治期の政党政治や条約改正について研究を行う一方で、歴史認識問題や地域政治などに関する共同研究に参画してきた。奈良岡は、大正期の政党政治や第一次世界大戦期の日本外交をメインのフィールドとしつつ、戦後の議会政治に関するオーラルヒストリーや資料刊行に取り組んできた。各章の執筆分担は、こうした研究の蓄積を反映しており、ときにはまだ通説となっているとはいえない著者独自の解釈を示している部分もある。読者の忌憚のない批判をいただければ有り難い。

第三に、国際関係や比較の視点を盛り込むことに努めた。日本政治外交史の研究は、日本国内の研究のみならず、海外のすぐれた研究や外国における一次史料発掘によっても、発展してきたという面がある。とりわけ近年は研究の国際化が進み、海外の研究を参照するのみならず、アーカイブを実際に訪問して、資料調査を行うという研究スタイルが、日本史研究においても一般化しつつある。スペースの制約から、国際関係の叙述や海外史料の引用は限定的にせざるを得なかったが、本書では、なるべく一国史的叙述とならないよう努めたつもりである。こうした観点から、参考文献はすでに定番となっている著作よりも、最新の研究書を優先的に挙げるようにした。関心のあるテーマについては、ぜひこれらの文献を紐解き、学習を深めてほしい。

本書の執筆にあたっては、「日本政治外交史」の前任担当講師である御厨貴先生（東京大学名誉教授）、牧原出先生（東京大学教授）から種々的確なアドバイスをいただいた。とりわけ御厨先生は、著者二人を執筆者としてご推挽くださり、若いうちに通史執筆というチャレンジングな仕事に挑む機会を与えてくださった。特に記して感謝申し上げたい。

本書が日本政治外交史の新たなスタンダードを示す著作となっているとすれば、執筆者としてこれに勝る喜びはない。

二〇一九年一月

五百旗頭　薫
奈良岡聰智

目次

まえがき　3

1 時代区分と構成　五百旗頭　薫・奈良岡聰智　13
1．明治五〇年・六〇年・一〇〇年・一五〇年　13
2．三〇年周期　18
3．やはり戦前と戦後　19
4．憲法の戦前と戦後　22
5．基本条約の戦前と戦後　24
6．形成期と展開期　26

2 近代日本と西洋　五百旗頭　薫　29
1．序　29
2．距離　30
3．時間　33

4. 分岐 35
5. 拡大 37

3 国家形成期の政治 五百旗頭 薫 43
1. 序 43
2. 鎖国の確立と崩壊 44
3. 統一国家の形成 46
4. 藩閥政府の確立 49
5. 政党政治の発展 51
6. 立憲政友会の挑戦 55

4 条約改正 五百旗頭 薫 59
1. 序 59
2. 行政権回復交渉 62
3. 法権回復への跳躍 65
4. 法権回復の成就 68
5. 税権回復の成就 70

5 建軍　五百旗頭　薫　76

1. 序　76
2. 徴兵制の実現：戊辰戦争からの卒業　77
3. 統帥権の独立：台湾出兵・西南戦争からの卒業　78
4. 海軍における軍産学複合体の成立　81
5. 陸軍の教育と人事　82
6. 軍拡の始動と反動　83
7. 日清・日露戦争　86
8. 日露戦後への遺産　90

6 「大陸国家」日本　奈良岡聰智　93

1. 日露戦争の意義　93
2. 日露戦争後の対欧米外交　97
3. 日露戦争後の対東アジア外交　102

7 第一次世界大戦と日本 奈良岡聰智 109
1. 辛亥革命と大正政変 109
2. 第一次世界大戦の勃発と日本の参戦 112
3. 対華二十一ヵ条要求 116
4. シベリア出兵 120

8 二大政党政治の展開と崩壊 奈良岡聰智 126
1. 本格的政党内閣の誕生 126
2. 二大政党政治の出発 132
3. 二大政党政治の展開 137

9 第二次世界大戦と日本 奈良岡聰智 143
1. 満州事変から日中戦争へ 143
2. 日中戦争から第二次世界大戦へ 146
3. 開戦から終戦へ 152

10 戦後体制の成立　五百旗頭　薫　160

1. 序　160
2. アメリカ対日占領の方針と態勢　161
3. 日本側の占領受容の態勢　163
4. 占領改革　165
5. 日本国憲法の誕生　167
6. 中道左派政権の実験　169
7. 吉田路線と講和　171

11 日米安保体制の確立　五百旗頭　薫　177

1. 序　177
2. 五五年体制の成立　178
3. 岸政権と安保改定　181
4. 池田政権と所得倍増計画　185
5. 佐藤政権と沖縄返還　189

12 経済成長・利益政治・国土開発 五百旗頭 薫 195
1. 序 195
2. 高度経済成長 196
3. 政治という要因 199
4. 利益政治の拡大 203
5. 与党事前審査制 205
6. 国土開発①――池田政権の全総 207
7. 国土開発②――佐藤政権の新全総 209
8. 田中角栄の意義 211

13 五五年体制の展開と崩壊 奈良岡聰智 213
1. 五五年体制の展開 213
2. 五五年体制の崩壊 217
3. 連立時代 221
4. 民主党政権の蹉跌と自民党一党優位体制の復活 224

14 戦後日本の領土問題 奈良岡聰智 231
1. 領土問題の起源 231
2. 北方領土問題 236
3. 竹島問題 239
4. 尖閣諸島問題 244

15 戦後日本の歴史認識問題 奈良岡聰智 250
1. 戦後処理の進展 250
2. 歴史認識問題の国際化 255
3. 戦後五〇年談話 260
4. 戦後七〇年談話 263

歴代首相年表 272
人名索引 286

1 時代区分と構成

五百旗頭　薫・奈良岡聰智

《ポイント》 日本が明治維新からの五〇年、六〇年、一〇〇年、一五〇年という節目をどのように迎えたかを概観した上で、一五〇年あまりの近現代史をどのような時期区分でとらえ得るかを議論する。戦前史と戦後史がおのおの半ばを占めることを前提に、戦前、戦後それぞれを形成期と展開期とに明確に分け、四つの時代それぞれの特徴にあわせて時系列の概説と問題別の論考を組み合わせるという全体構成を提示する。

1. 明治五〇年・六〇年・一〇〇年・一五〇年

近年の歴史研究では、過去の実態の研究に加えて、ある歴史的事象がその後どのように記憶され、人々の認識を作っていったのかという問題関心が、強く持たれるようになってきている。そこで以下では、明治維新が過去節目の年にどのように認識されていたのかを検討し、日本近現代史のマクロな把握や時代区分について考えてみよう。

「明治五〇年」関係の各種行事は、大政奉還が行われた一八六七年を起点として、一九一七年に行われた。同年元旦の『東京朝日新聞』は、社説「新年の辞」で明治維新について触れ、対外的には戦争（第一次世界大戦）、国内的には藩閥政府（寺内正毅《まさたけ》内閣）という「旧物」が依然として続いているが、新しい時代の流れを作り出すべきであり、そうしてこそ明治維新の意義も達成できるのだと主張した。「明治維新五〇年」が強く意識されていたことがうかがわれるが、政府主催でそれを記念した行事は、少なくとも大がかりな形では行われていない。あえてそれに類する事業を挙げるとすれば、東京市主催の「奠都《てんと》五十年祝賀会」（大戦のため一九一九年に延期開催）が挙げられる程度であった。

政府が「明治五〇年」の事業を行わなかった理由は必ずしもはっきりしないが、明治維新の当事者がまだ多数存命していて、正面から何らかの評価を行うことが難しかったというのが真相のようである。実はこのときは、民間でいくつかの行事（例えば、読売新聞社主催「東京奠都五十年奉祝博覧会」など）が行われた他は、旧藩ごとに戊辰《ぼしん》戦争殉難者の慰霊行事が行われた。つまり「明治五〇年」行事の中心は、国ではなく旧藩であった。具体的にいえば、薩摩藩、長州藩といった倒幕派の諸藩関係者は、靖国神社や旧藩主邸に集まって、戊辰戦争の戦死者などの慰霊行事を神道形式で行っている。それに対して旧幕臣や東北諸藩の関係者は、ゆかりの寺や城跡に集まって、仏式で慰霊行事を行っている。いずれも顕彰というよりは、慰霊のための行事だったという点にも注意したい。

次いで明治維新が大きくクローズアップされたのは、一九二八年であった。なぜこの年だったのかというと、干支が一周して、同年が戊辰戦争後初めての「戊辰」の年にあたったからである。人々が干支というものをあまり意識しなくなった現代では、このようなとらえ方はイメージしにくいものとなっているが（実際その次の「戊辰」の年である一九八八年には、明治維新はほとんどクローズアップされていない）、当時は再び「戊辰」の年がめぐってきたということで、「明治六〇年」が強く意識されていたのである。

この年、民間ではさまざまな動きがあった。『東京日日新聞』では、維新当時を知る古老へのインタビューが大々的に行われ、連載記事をまとめた『戊辰物語』という本が刊行されている。同書は敗者の側の視点を重視しており、例えば、子母澤寛《しもざわかん》（同紙記者）による元局長・近藤勇の係累や元隊士・永倉新八への聞き取りに基づいて、新選組の活動の実態が生々しく紹介された。子母澤は、同年『新選組始末記』、翌年『新選組異聞』を出版し、新選組ブームの火付け役になった。

高知県の桂浜に「坂本龍馬先生銅像」が建立されたのも、この年である。坂本龍馬は、薩長同盟の仲介をするなど、幕末に活躍した土佐出身の志士である。彼は、自由民権運動の中で、「立憲政治を提唱した先駆者」として土佐人によって再発見・再評価され、「海軍建設の功労者」として日露戦争の際にもクローズアップされていたが、一般にも有名になったのはこの頃のことである。

昭和天皇の即位式が執り行われた多忙な年だったこともあって、政府・旧藩主催の大きな行事は開催されなかったが、この年には、昭和天皇の弟秩父宮雍仁《やすひと》親王と松平節子の結婚も行われている。節子は、賊軍とされた会津藩最後の藩主・松平容保《かたもり》の孫であり、この結婚は、戊辰戦争の「和解」の象徴として歓迎された。なお、一九二〇年に明治神宮が創建され、一九二七年に明治天皇の誕生日（一一月三日）が明治節として祝日になるなど、この頃皇室は国民統合のために大きな役割を果たしていた。

一方「明治一〇〇年」に際して、自民党政権は明治維新を再評価する姿勢を強く打ち出した。一九六八年一〇月二三日朝、佐藤栄作首相は新聞各紙に掲載した政府広報「きょうこの日明治百年」の中で、次のように述べている。

「われわれ日本民族は、過去百年の貴重な経験を省み、新しい百年に向かって、新しい歩みを進めようとしています。明治初年に小さい藩の意識から国家への意識に発展した視野を、今こそ世界と宇宙の意識にまで拡大させる時代であります。」

こうした問題意識の下で、政府は明治改元満百年を記念する政府主催の式典を実施した他、講演会、美術展、体育大会、百歳の長寿者顕彰などの各種行事、歴史の保存顕彰、記念切手発行などの各種事業を行った。都道府県・市町村レベルでも各種行事・事業が実施され、民間でも、記念展覧会、記念番組作成、記念出版などが盛んに行われた。

冷戦下の当時は、左右のイデオロギー対立が激しい時代で、「明治一〇〇年」はその格好の材料となった。野党社会党・共産党などは政府に批判的であり、政府主催の記念式典に欠席した。歴史学界でも「明治一〇〇年」に反対する声が少なくなく、「現体制の長期的な安定を達成するための政治的行事」である、「明治維新に対する国定解釈」を定めるものであるとする反対意見が出された。

もっとも世論は、政府に肯定的な意見のほうが多かったようで、明治百年記念行事に関する世論調査（一九六六年七月）では、「行事をしたほうがよいか」という問いに対し、「よい」四八・一%、「あまり必要ない」三三・一%、明治百年記念に関する世論調査（一九六八年三月）では、「明治の全般的評価」は、「よかった」五〇・七%であった。一九六八年のNHK大河ドラマが、司馬遼太郎原作の「竜馬がゆく」であったのも、こうした雰囲気の反映だったと見ることができるかもしれない。

このように明治維新の記憶・認識は、時代の変遷に伴って変わってきた。明治五〇年・六〇年・一〇〇年における明治維新像は、それぞれの時代の人々の意識を反映しており、その中には一五〇年を超えた今日、ほとんど消滅してしまったものも、ますます強固になってきたものもある。歴史とは「現在と過去との対話」（Ｅ・Ｈ・カー）であり、ある歴史観・歴史像がどのような背景で作られたものであるかには自覚的であったほうがよい。

さて、二〇一八年は、「明治一五〇年」という節目の年であった。今回も安倍晋三内閣の下で政府主催の記念式典が行われ、地方や民間レベルでも「明治一五〇年」を記念した多数の議論やイベントが行われたが、その余韻は薄れつつある。それは、単に節目の年が終わったからというよりも、日本の近現代をどういう時代区分でとらえるべきか、そもそも日本の近現代とはどういった時代だったのかについて、幅広い合意が形成される機会とはならず、明確な歴史像を残さなかったからだと思う。

近年の研究の進展は、一八六八年（旧暦慶応三年）の王政復古以前と以後の連続性について、いくつもの発見をしている。一八七一年の廃藩置県によって一応の完成を見る統一国家への胎動は、王政復古より前、幕末の政治的混乱の中から始まっている。公議輿論の尊重を求める幕末の機運は、明治の自由民権運動に接続している。経済では、近世農村における労働集約的な産業の発展が、明治以降の産業革命の基礎となっている。総じていえば、日本の近代化は明治維新によって突如開始されたというよりは、それ以前からすでにさまざまな形で準備されていたこと、日本の近代化は前近代の日本社会のあり方に深く規定されていたことが重視される傾向にある。

一五〇年の内部でも、戦前と戦後の連続性についていくつもの発見があった。社会経済史の面では、労使協調主義、終身雇用や年功序列、間接金融など、「日本的」だと考えられている制度や慣習のいくつかが、実は戦時体制の整備の過程で作り上げられたものであることが指摘されている。同じ時期、行政国家化が進展し、政府が経済・社会において果たす役割が拡大するとともに、国庫から地方への財政移転の仕組みも整備された。この一五〇年の歴史の中で、何がどのように連続し、連続していないのか、多岐にわたる脈絡が、近年の研究によって開示されているのである。

歴史をどこで区切るかは、実に難しい。本章では、難しいことを承知で、日本の近現代史をどういう時代区分と枠組みでとらえるかについてまず議論しておく。

2. 三〇年周期

一五〇年は三〇年の五回分であり、これがきわめてわかりやすい。戦前と戦後を軽々と架橋している点もよい。

前史として第ゼロ回を設定するならば、江戸幕府の衰退期としての三〇年間がある。一八三九年に林則徐《りんそくじょ》が中国・広東でアヘン密輸の取り締まりを強化したことは翌年にアヘン戦争の勃発を招き、幕閣に深刻な危機感を与えた。列強の圧力は日本にも及び、開国を受け入れた幕府は急速に権威を低下させ、一八六八年（旧暦慶応三年）の王政復古に及んだ。

第一回の、一八六八年から九八年は、国民国家の形成期といえる。憲法制定（一八八九年）、国会開設（一八九〇年）、日清戦争（一八九四~九五年）を経て、短命ながら初の政党内閣（隈板《わいはん》内閣、一八九八年）も経験した。

第二回は一九二八年までである。前年に憲政会から政友会への政権交代があり、この年には男子普通選挙が初めて実施されている。戦前の政党内閣制が確立したと見ることもできる。

第三回は一九五八年までである。行政国家化という連続面と、戦後平和主義という断絶面を含みつつ、戦後の政党内閣制が確立した時代である。自民党の岸信介《のぶすけ》内閣が警職法改正に失敗し、保革対立の根強さが証明されたのが五八年であった。

第四回は一九八八年までである。この年にリクルート事件が起こり、翌年にベルリンの壁が崩壊するまでの間、自民党政権と冷戦という大枠の範囲内に、内政と外交が収まっていた時代であった。

最も個性を言いあらわしにくいのが、それ以後の第五回であり、これがほぼ平成と重なっている。第五回まで来てオチがつかないもどかしさは、平成史研究の発展をうながすかもしれない。近過去・現代への問いを活性化させるのは、良い歴史把握の条件といえよう。

「三〇年周期」は良い時代区分ではあるが、本講義では採用しない。時代やテーマによって異なる実証研究の密度により、五回ないし六回の三〇年間について我々が知っていることには精粗がある。それに、明治維新以降の一五〇年を第二次世界大戦（日米戦争、アジア・太平洋戦争）前後で区切る見方には、捨てがたい利点と魅力がある。

3．やはり戦前と戦後

王政復古が行われた一八六八年（旧暦慶応三年）から日米開戦（一九四一年）までが七三年、敗戦（一九四五年）から「明治一五〇年」にあたる二〇一八年までも七三年である。これを過ぎた今日、戦前よりも戦後が長くなる一方である。

そこで本講義では第一に、戦前史研究の蓄積は認めつつも、なるべく戦後史の比重を高めるよう努めた。本章を除く一四章中、戦前を扱うのは第2章から第9章までの八章、戦後を扱うのは第10章から第15章までの六章となっている。

第二に、戦前と戦後の連続性を意識しつつも、戦前の経験をマクロに総括し、戦後の我々にとって持つ意味を考えることを、重視したい。従来こうした比較は、強い政治的インプリケーションを持つことが多かった。戦前は暗黒であったから戦後はこれを繰り返してはならないとか、戦前の美点を戦後は取り戻すべき、といった議論である。本講義では、このようなインプリケーションから距離を取り、戦前の歴史に一定のサイクルやパターンを見出し、戦後日本をうまく運転するための参考にする筋道を複数見出すことに関心を向ける。このサイクルやパターンも政治的なインプリケーションを持ってしまうかもしれないが、ようやくかなり遠い過去になったのであるから、インプリケーションの発見やその是非を決めることは後からでもよかろう、と考える。

第二次世界大戦前後で時代を区切るという視点は、決して絶対的なものではない。このことは、第二次世界大戦前の時代認識がいかなるものだったのかを思い浮かべてみれば、容易にわかるはずである。第二次世界大戦勃発前のヨーロッパ人は、前の大戦、すなわち今日我々が第一次世界大戦と呼んでいる戦争の後を生きているという意識を強く持っていたはずである。人類初の総力戦を経験した彼らは、次なる大戦の予兆を感じつつ、今の我々とは異なる「戦後」を生きていたのである。日本の場合、第一次世界大戦の直接の戦場にならなかったため、同大戦の後を生きているという感覚はヨーロッパに比べて希薄だったが、近年の研究は、同大戦は従来考えられてきたよりも大きなインパクトを日本や東アジアにも及ぼしていたことを明らかにしている。本講義では、第一次世界大戦前後という視点も重視する。

それでは、第一次世界大戦前はどうだったのか。日本の場合、日清戦争、日露戦争のインパクトが非常に大きい。日清戦争での勝利によって、それまで東アジア世界の中心であった清の国際的地位は大きく低下した。アジアの盟主意識を持つようになったという点で、日清戦後の日本人の時代認識、世界認識は、それまでと大きく異なる。次なる戦争、日露戦争において、日本は大国ロシアを破り、「一等国」として認知されるに至った。日露戦争は、規模の面で日清戦争よりもはるかに大きな戦争であり、政治、経済、外交などさまざまな文脈において、日露戦後という時代区分は重要な意味を持つ。

その前となると、明治維新後というよりも、戊辰戦争後、西南戦争後という時代規定が、意外に重要かもしれない。歴史家の松沢裕作は、戊辰戦争によってそれまでの身分社会が流動化したことが、その後の自由民権運動の高揚をもたらしたとし、第一次世界大戦後の大正デモクラシー、第二次世界大戦後の戦後民主主義の発展と同じようなパターンが、明治初期にも見られると指摘している〔松沢、二〇一六〕。明治維新がいつ始まり、いつ終わったのかというのは大問題であるが、「最後の内乱」西南戦争をもって体制変動に伴う混乱が収束したという見方は十分可能であろう。以後不平士族の反乱はなくなり、自由民権運動が本格化する中で、憲法制定と議会開設を大きな政治的テーマとする新しい時代が展開していったのである。

このように、第二次世界大戦後、第一次世界大戦後とは異なる「戦前」「戦後」も、各時代には存在していたのである。

4. 憲法の戦前と戦後

ここで、各章ごとの記述では展望しづらいテーマとして、憲法と、日本の国際環境を規定した基本的な条約について、戦前と戦後を比較して考察しておこう。まずは憲法である。

一八八九年に制定された大日本帝国憲法（明治憲法）は、ドイツ諸邦を中心とする先例を参照し、君主権を強調するものであった。

だが政党は、憲法を運用によって事実上改造していくという発想を強く持ち、イギリスの議院内閣制に近い運用を主張した。また、そもそもこの憲法は、君主権を擁護するだけでなく、在野の自由民権運動が納得する水準を慎重に推し量って作られたので、衆議院が予算に対する事実上の拒否権を持っていた。そのため、政党の政権参加を拒絶し続けるのは難しく、その後二〇年あまりの間に有力な藩閥指導者たる伊藤博文、桂太郎が相次いで政党に身を投じた。両者が創設した政党は、地方の有力者、商工業者あるいは官僚たちの声を吸収して、立法に活かした。二つの政党が競い合いながら発展した結果、一九二〇年代には、二大政党の間の政権交代が慣例化する。

大日本帝国憲法は非民主的で、国民の権利保障も不十分であったと評されることが、今日では多い。確かに同憲法は、一九世紀に模範的憲法とされたベルギー憲法（一八三一年制定）などと比べると、そうした面があったのは否めないが、日本とほぼ同時期に統一的中央集権国家建設を開始したドイツのプロイセン憲法（一八五〇年制定）、イタリアのサルデーニャ王国基本憲章（一八四八年制定）と比べて、著しく非民主的だったわけではない。ヨーロッパ列強でも、ロシアが憲法（基本法典）を制定したのは、日本に遅れること一七年の一九〇六年であった。大日本帝国憲法は、同時代的に見て相当水準の政治参加や権利を保障しており、以後の民主化や経済発展を促進する役割を果たしたと評価できる。

とはいえ、政党や議院内閣制が憲法に規定されていなかったことはやはり弱点であった。第一次世界大戦後、ドイツではワイマール憲法ができ、ヨーロッパ諸国で憲法改正や普通選挙制度の導入が進んだ。日本でも男子普通選挙は実現したものの、「不磨の大典」とされた憲法の改正は一度も行われなかった。そして、一九三〇年の昭和恐慌や翌年の満州事変によって統治能力が疑われると、政党内閣は崩壊する。政党内閣に敵対的な勢力は「国体明徴」と唱え、欽定憲法に忠実な政治を提唱することができた。

これに対して戦後の日本国憲法は、米軍の占領下で一九四六年に公布され、翌年に施行された。議院内閣制を規定するので、その意味で、イギリス型であった。しかし、国会関係のルールにはアメリカの影響があった。内閣は国会の審議日程をコントロールできず、第二院（参議院）の権限も強かった。戦前の憲法体制が独－英のハイブリッドであるとしたら、戦後は英－米のハイブリッドといえる。

アメリカの影響は、内閣の議会対策にとって不都合であった。これを背景に、自民党内で確立したのが与党事前審査制である。与党内で法案を審査させるかわりに、いよいよ議会に提出した法案には与党議員は協力し、野党との日程をめぐる駆け引きに尽力する。党議拘束も厳しい。

政務調査会の部会を拠点に、政策分野ごとに族議員が成長した。業界もここに要望を持ち込み、官僚もここに働きかけて、調整に従事する。自民党は政権与党になることで政官財の調整を党内に抱え込み、党内に抱え込むことで与党の立場を再生産できたといえよう。

自民党が長期に政権を担ったことは、冷戦期に西側陣営に安定的にとどまり、経済成長を達成し、その恩恵を国内に配分する上ではプラスであったが、腐敗、政策転換の困難など、長期にわたる政権独占による弊害もしだいに目立ってきた。それに冷戦終結が重なった一九九〇年代、日本は政治改革に着手した。それは、憲法が想定していたところの議院内閣制をより忠実に実現することを目指すものであった。そのために、一九九四年に衆議院議員選挙法を改正し、小選挙区比例代表並立制を導入することによって、二大政党化を促し、政党執行部を強化した。小選挙区制の下で野党は再編され、第二の政権政党の創出が目指された。

このように、日本の憲法体制は戦前も戦後も憲法の明文と運用にずれがあるハイブリッド型であり、時代に合わせた変化が容易である。戦前・戦後を通じて民主化と経済成長が達成されたのは、憲法のあり方も大きくかかわっていたといえる。ただし、制度の全体像が理解しにくく、憲法の精神なり民意なりが貫徹していないという不満が生まれやすい。このギャップに政党が寄生し、不当な権力や利益を得ているように見えると、政治不信は強まる。

その結果、戦前も戦後も、四〇年あまり時間が経つと、根源的なルールに戻せ、という原理主義が台頭した。原理主義は、仮にその方向性が正しいとしても、制度を運用する上での注意深さやバランス感覚が失われやすい点は注意を要する。

5. 基本条約の戦前と戦後

次に、基本条約である。ここでいう基本条約とは、日本の対外関係、そして内政を深く規定する重大な条約という意味であり、一八五〇・六〇年代、開国の際に結んだ修好通商条約、一九二〇年頃に成立したといわれるワシントン体制、そして戦後の日米安全保障（日米安保）条約の三つである。近現代の歴史は、こうした基本条約への出入り、あるいは接し方からも語ることができる。それぞれの基本条約には、日本にとっての合理性とストレスがあった。

修好通商条約では、外国人に対して開いた七つの町や港――東京・横浜、大阪・神戸、長崎、函館、新潟――において外国人に特権を認めるかわりに、それ以外の内地は原則として閉鎖し、産業革命が起こるまでの時間を稼ぐことができた。

条約の不平等さを象徴していたのは領事裁判と協定関税であったが、日本は両者の一挙撤廃は難しいと判断し、領事裁判の運用を改善し、協定関税を引き上げるかわりに、内地を一部開放するという、部分的な取引を試みる。だがあと一歩のところでうまく取引がまとまらず、領事裁判全面撤廃と内地全面開放という大きな取引に跳躍する。日本の法律と裁判への信用が不十分な状態での跳躍であったため、日本の裁判所での外国人法律家の任用、西洋型法典の編纂の約束など、いくつかの評判の悪い譲歩をせざるを得なかった。

これに対し、国内で反対運動が一八八七年に起こり、以後、日本はまとまりかかった交渉を辞退するということを繰り返さなければならなくなった。

ワシントン体制とは、日本を含む列強が、中国大陸での既存の権益は維持するかわりに侵略をやめて軍縮することを定めた一連の条約である。変化を求めるのは中国の側であったが、中国には部分的な取引をするのが難しいという事情があった。中国のいわゆる不平等条約は、アヘン戦争以来の複数の敗戦の中で結んできたので、日本の修好通商条約のように内地の閉鎖に成功していなかった。日本のように内地開放を交渉上のカードにすることができず、基本的に全部無償で返せ、という革命外交になりやすい。このことは、日中双方の強硬論を制御困難にした。

日米安保条約は、米軍による防衛のかわりに、行政協定の下で米軍基地を受容するというものである。条約には日本に不利な文言が含まれ、かつ基地による地域社会の痛みは大きかった。岸信介内閣（一九五七年二月～六〇年七月）は運用の改善を検討したが、結局、条約本体の抜本改正に跳躍し、その後に行政協定の改正も付け加えた。大規模化した安保改定は、保革対立の天王山と見なされた。

アメリカは日本側の要求の拡大に比較的柔軟に応じた。日本国内の安保闘争にもかかわらず安保改定は成功し、日米安保条約の正統性は高まったものの、岸は退陣を余儀なくされた。

これらに通底するパターンは、政府が外交争点の限定に失敗すると、在野のナショナリズムの限定が困難になるということである。

6．形成期と展開期

本講義は五百旗頭と奈良岡の二名で担当する。なぜ一人ではないのか。研究の細分化・深化によって、一人が担当するのが難しいという事情はある。だがより積極的な狙いもある。

日本政治外交史を絵画に例えれば、絵画の種類だけ通史の書き方があるであろう。

戦前はすべて抑圧と侵略の暗黒である、という史観に基づく通史は、宗教的メッセージで全面を覆う宗教画に似ているかもしれない。これに対し、同じ対象を近代化のプロセスとしてとらえた場合の通史は、遠近法の絵画に似ているかもしれない。

研究が蓄積され、戦後も長くなり、遠近法では見通しきれなくなった長さをどう把握するか、という問いが浮上する。一つの答えは、絵画でいうキュビズムであり、違う角度からとらえたパーツを組み合わせることで、写真にはできない現実把握を目指すのである。他の答えもあるはずだが、担当者が複数であることが、この答えを有力にすると考える。

違う角度とはどういうことか。戦前、戦後を分けるという方針を活かすならば、それぞれに形成期と展開期を作る。これによってできる四つの時代について、それぞれの個性に合わせた異なる構成を採用するということである。戦前の形成期では、国家形成の方向性が共有されているが故に、各分野で必ずしも有機的な連絡がないまま国家形成が進展したという理解に立ち、全体の方向性を示す通史を一章だけ置き、分野別に論ずる二つの章を置いた。戦前の展開期では紆余曲折を尽くすよう、時系列順に通史を紡いだ。戦後の形成期では占領期とその後についてそれぞれ一章ずつ置き、経済成長およびそれへの政治の対応という重要なテーマについて一章を割いた。戦後の展開期では不確定な未来を展望するために、戦前の形成期と同様、通史を一章置くとともに、重要なテーマを掘り下げた章を二つ並べた。

戦前国家の形成期２～５章を五百旗頭、戦前国家の展開期６～９章を奈良岡、戦後国家の形成期10～12章を五百旗頭、戦後国家の展開期13～15章を奈良岡が、交互に担当する。これが今、我々の提供できる通史である。

学習課題

1. 明治維新に対する評価がどのように変遷してきたのか整理してみよう。
2. 日本の近代史を戦前・戦後で区切って理解することのメリットとデメリットを考えてみよう。
3. 憲法の運用について、戦前と戦後の共通点は何か。
4. 国際環境の基軸となる条約の成立と解体という観点から日本の近現代史を整理しなさい。

参考文献

五百旗頭薫「基本条約と憲法から150年を語る」、東京財団政策研究所編「政治外交検証研究会　明治150年を展望する――近代の始まりから平成まで（二〇一八年一月三〇日）」https://www.tkfd.or.jp/research/political-review/vv9o8b-1（二〇一八年一〇月一三日閲覧）

苅部直『維新革命への道―「文明」を求めた十九世紀日本―』（新潮選書、二〇一七年）

中村尚史『地方からの産業革命―日本における企業勃興の原動力―』（名古屋大学出版会、二〇一〇年）

奈良岡聰智「「明治五〇年」と「明治一五〇年」のあいだ」（『吉野作造研究』第一四号、二〇一八年）

野口悠紀雄『１９４０年体制（増補版）―さらば戦時経済―』（東洋経済新報社、二〇一〇年）

松沢裕作『自由民権運動―〈デモクラシー〉の夢と挫折―』（岩波新書、二〇一六年）

三谷博『維新史再考―公議・王政から集権・脱身分化へ―』（ＮＨＫブックス、二〇一七年）

村井良太「明治百年記念事業（１９６８年）の文脈とメッセージ―佐藤栄作首相と戦後日本における「伝統」の選択―」（『吉野作造研究』第一四号、二〇一八年）

2 近代日本と西洋

五百旗頭　薫

《ポイント》 戦前の歴史を論じ始めるにあたって、四つの素朴な疑問に答えるのがこの章である。西洋から物理的に離れていたことは、日本にどういう影響を与えたか。西洋文明の摂取までに時間がかかることを、日本はどのように受け止めたか。なぜ日本はいち早く近代国家を形成したか。さらに西洋への態度からは外れるが、関連する問いとして、なぜ大陸に進出したか。

1. 序

日本の近代化は西洋からのインパクトなしには考えられない。近代日本の政治外交は、このインパクトに対する反応として理解できる部分が大きい。戦後の日本の歴史が、アメリカの対アジア・対日政策の変遷に影響されつつ展開するのに対して、戦前の歴史については、欧米、特にその文明と観念されたものへの応答がいくつかの位相に分けてあらわれるものと考え、それを本章でまとめて論じておく。

欧米への応答には有形・無形のさまざまな側面があり、日本政治外交史の視界をはるかに超えるものもある。この講義では、距離・時間・分岐・拡大という四つの次元から、なるべく広範かつ本質的な問題群をとらえるよう努める。また、第一次世界大戦以降は危機と安定への試みとが複雑に交錯するので、その経緯は該当の章に委ね、おもにそれ以前を意識しながら、こうした経緯の前提としてどのような傾向や構造があったかを論ずる。

2. 距離

一つ目は〈距離〉である。日本は西洋文明の脅威を感じながら、また憧れを感じながら近代史を始めた。しかし欧米は離れており、イギリスのグリニッジ天文台から東京までも、米国のワシントンDCから東京までも、経度にしてほぼ一四〇度である。それだけ離れていたことは、日本にとって何を意味したか。

一八五三年に来航した黒船は、日本にとって非常に大きな脅威であった。その後、日本は開国したが、これに反発して排外主義的な運動、攘夷運動が盛り上がってくる。だが欧米はやはり日本から離れているので、どの程度の危機であったのかを吟味するのが、近年の研究の動向である。

現に、ペリー率いる黒船艦隊は日本に来るのに苦労した。石炭の補給上、太平洋を横断して来ることはできず、大西洋を横断してインド洋経由で日本に来た。それはイギリスの海上輸送網を借りるということであり、石炭の備蓄も心細く、なるべく帆を張って風力で航行し、伊豆半島を回るあたりから帆をたたみ、石炭を焚いて威風堂々、蒸気艦隊として浦賀水道に乗り込んできたのが実態であった。

イギリスはもっと手強かったはずであるが、幕末におけるイギリスの実力行使——薩英戦争やその後の下関砲撃など——はイギリス本国においてきわめて不評であった。イギリスの力と利害を超えた無謀な冒険だと見なされたのである。

日本の側でも、危機感を持ちつつも、危機が真に差し迫ったものではないということを前提にした行動が見られる。差し迫っていないから攘夷と言い続けられたのかもしれず、しかもその攘夷は「破約攘夷」や「奉勅攘夷」などへと、意味がずれていく。「破約攘夷」とは、一回条約を廃棄した後に結び直すということであり、破約で面目が立てば開国できるということである。「奉勅攘夷」は、天皇の叡慮を尊重して攘夷するということである。尊重して一戦交えた後は、開国する可能性は否定されない。欧米を、そういう綱渡りのできる相手と見なしていたことになる。

危機はあるけれども、それが遠く離れている場合、どう立ち向かったか。直接立ち向かうとは限らない。危機に対応する力の、まず基盤を整備するということがあり得る。これを〈源泉への遡行〉と呼んでおく。

日本が直面した危機はまず軍事的な危機であったが、対抗して軍事力を備えることに全力投球はしない。まだ、危機が来るまでには距離があるはずであるから、軍事力だけでなく、軍事力の源泉になるものを備えようとする。それは何よりも経済力である。危機はあるけれども、きちんと源泉にさかのぼって準備をする余裕もある、ということである。

したがって、大久保利通《としみち》の政権は欧米の軍事的な優位は自覚しつつも、殖産興業を国是に据えた。まず、経済的に豊かになり、その上で軍事力を整備すればよいのであって、武力行使は急がない、ということである。これに対して木戸孝允《たかよし》は、さらに源泉にさかのぼる。産業・技術を中心とする文明摂取はなお表層的であり、教育や立憲主義によって根本を立てなければならないと異議申し立てをする。大久保政権およびそれを継承する藩閥政府と、立憲主義を標榜する自由民権運動およびそれを母体とする政党とが、その後の基本的な対立構造を構成した。

第一次世界大戦の時代の日本は、ヨーロッパの総力戦を目のあたりにする。その準備をしなければいけない。総力戦は軍事的な総力戦であるが、同時に、そのために決定的に必要なのは経済的な基盤である。

では経済的な基盤に全力を注ぐかというとそうでもなく、経済力の源泉には国民の健全な思想や意識があるはずだとして、国体、思想善導から社会政策、社会主義まで百花繚乱の議論となる。自覚している危機に直接立ち向かうだけではなくて、その力の源泉にさかのぼってそれを備える、という思考が繰り返し働いたのである。

そうなると、どこまで遡行するかが最大の争点である。目の前の危機に直接備えるのか、源泉に遡行するのか、それぞれ一理ある。大久保政権のときも、直ちに対外戦争を想定し、不平士族に頼るのか、あるいは殖産興業から注力するのか、または立憲主義に進むのか、という対立があった。総力戦の時代にも、軍事力を重視するのか、経済的な基盤を考えるのか、さらにその基盤にある社会のあり方を重視するのか、人によって比重はさまざまであった。

これは、どの政策分野を重視するか、という政策のカテゴリーをめぐる対立であって、同じ政策分野の中で政策の優劣を争うような党派的な対立ではないということになる。進歩主義であればこのカテゴリーを重視し、保守主義であればあのカテゴリーを重視する、といったことは一義的には決められない。党派対立を二義的にする、源泉への遡行度合いをめぐる対立を、日本と欧米の間の距離はもたらしたのではないか。

例えば農村の経済状況が悪化し、政党による対応策の議論が期待される中で、その議論が経済のカテゴリーから社会のカテゴリーへと浮動するような印象を与えることは、政党の信用にとって好ましくはなかったであろう。

　この距離は、広範なカテゴリーにまたがる西洋文明の摂取を可能にすると同時に、政党政治の言説を流動化させたのかもしれない。

3．時間

　二つ目は、〈時間〉である。西洋文明の摂取には時間がかかる。源泉に遡行するならばなおさらである。そのためにかかる時間をどう過ごすか、どう堪えるか、という問題である。

　西洋文明を実見した体験を、ここでは重視しよう。幕末から多数の知識人、役人、政治指導者が欧米に赴いた。中でも大規模な岩倉使節団の見聞を、一つの典型として取り上げることとする。岩倉使節団が米欧を回覧したときの記録、『米欧回覧実記』には三〇〇点以上の図版が入っている。これらの図版は欧米の名所・旧跡の銅版画であるが、アメリカ西部についてだけは、そういう名所・旧跡が得られず、一部で、岩倉使節団が使った鉄道の地図が掲載されている。

　これら鉄道地図は苦肉の策に見えて、岩倉使節団の意義を象徴している。

　使節団はまずアメリカのサンフランシスコに上陸し、最初の近代都市を実見した。そこを離れて鉄道に乗った直後から、ほぼ人跡未踏の地に入る。やがてロッキーを越え、しだいに人口密度が高まり、最後はシカゴというアメリカ有数の大都市に到達した。

　つまり、使節団は西洋文明がたどっていくであろう時間的なステップを、鉄道に乗ることで空間的に体験したといえる。彼らが繰り返し述べているのは以下のようなことである。

「彼港〔サンフランシスコ〕ヲ発シテヨリ、当州〔イリノイ州シカゴ〕ニ至ルマテ途上景況ハ、合衆国開化ノ歴史ヲ、順次ニ目撃シ来ルト謂ヘシ」(『米欧回覧実記(一)』岩波文庫、一八二頁)。

ヨーロッパに渡ると、万国博覧会の時代であることを痛感した。各国の工芸が一堂に会して競う姿は、文明の精華は単一ではなく、各国の個性に応じて多様であることを実感させた。

「地球ノ上ニ、種種ノ国ヲ形成シ、種種ノ民族居住シ、各風俗生理ヲ異ニスルコト、意態万状ニテ、百花ノ爛漫タル観ヲナス」(『米欧回覧実記(三)』二二一頁)

自国の個性を活かすことが、文明化のプログラムには含まれているということである。一八八二年から翌年にかけて渡欧して憲法調査に従事した伊藤博文は、統治についても同様のことがいえると確信し、死に所を得たと喜んだ。

こうした体験は、日本に一種の余裕を与えたかもしれない。日本と西洋文明は隔絶しているが、大陸横断鉄道で踏破したように、文明化のステップを順に踏んでいけば、そして伝統を否定せずとも善用していけば、いつか到達できる、と実感することができたためである。

他方で、しかしこのステップは必ずたどるものであると意識する。今日、あるステップでとどまり、この次のステップに行かないのであれば、なぜ行かないのかを説明しなければならない、という要請に直面することになる。

文明の階梯を体感することによって、西洋文明化への自信と焦りの両方を持ったといえよう。使節団の帰国後、副使の大久保利通を中心とする政権は、前述のように殖産興業に邁進した。これを引き継いだ伊藤博文を中心とする政権は、自由民権運動に抗し、これに同調した大隈重信を一八八一年に政府から追放したが、いずれ立憲主義を導入しなければならないとは意識しており、九年後の国会開設を約束した。約束は果たされた。一八九八年には大隈を首班とする初の政党内閣が短命ながら成立し、一九〇〇年には伊藤自らが立憲政友会を結成し、総裁となった。以後、政友会が非選出勢力との間で政権を授受するようになった。一九一四年からは政権を担い得る政党として、非政友会系も加わった。非選出勢力の内閣が続く場合もあったが、一九二四年からは政党内閣が慣行化し、男子普通選挙制も導入された。以上のような進展は、比較政治の観点からして着実であり、遅いとはいえなかったと思われるが、在野では常に、政府内でもしばしば、遅さが嘆かれた。進歩への強迫観念のあるところ、反発して保守の強迫観念も台頭しがちである。強迫観念を帯びる限り、穏健な保守主義を超えて反動に近づく傾向も帯びていたであろう。

安心立命と強迫観念の双方が、日本の政治や文学や思想にさまざまな影を落としていったと考えられる。

4．分岐

三つ目は〈分岐〉である。日本は西洋文明の摂取にいち早く成功し、不平等条約の改正にもいち早く成功する。ほかの国からなぜ分岐したのか。その分水嶺は何であったか。

一九世紀中葉は、西洋の諸大国が必ずしも広大な植民地を持とうとしなかった時代であるが、非西洋圏に対する関心や野心はもちろんあった。それは多くの場合、非西洋の国に対して、自分の分身を埋め込むことで、通商や旅行を可能にするという手段をとった。

例えば日本においては、開港に領事館を設置するという形をとった。

その領事は、いわゆる不平等条約によって、特別な権限を持っていた。領事裁判権である。日本にいる西洋人が刑事訴訟で罪に問われたり、あるいは民事訴訟で訴えられたりして被告になった場合は、自国領事による裁判を受けることができた。西洋の法に基づき、西洋の領事によって裁かれたのであるから、不信用な日本の法律・裁判から西洋人を保護する仕組みになっていたといえる。

日本から見れば、日本で問題を起こした外国人を自分たちで裁くことができず、不平等の象徴であった。欧米諸国は、こういう権限を持つ領事館を埋め込むことで、非西洋圏に自国民が行って商売や旅行をしても安心であるようにしたといえる。

問題は、この世界秩序がどれくらい強固なものであったか、ということである。およそ近代国家の機能が、今述べたような裁判や、警察による犯罪の取り締まりなのであれば、領事館のスタッフによって本国のミニチュアを演ずることができる。イギリスの駐日公使館・領事館は、日本の警察が被疑者を鄭重に扱いつつ労力や情報を提供してくれるならば、在日イギリス人を取り締まり、裁判をすることができた。そうである限り、この仕組みは成り立つ。

ところが、周知のとおり、近代国家の役割の中で行政が重要になっていく。そうなると、領事館という国家のミニチュアは機能しなくなる。行政の領域が台頭するというのは、衛生、医療、さまざまな経済活動の促進や規制、複雑化する租税の仕組み等、雑多で煩雑な業務が国家の機能として登場するということであり、日本においてもこの機能を政府が遂行する。これに対して、例えばイギリス人が問題を起こしたり保護を求めてきたりする場合、イギリスの領事館や公使館の限られたスタッフで対応するのは困難であった。日本の行政規則に従わないとなると、イギリス側はイギリスの行政規則によって在日イギリス人を保護監督しなければならない。しかしこれを施行する人員に欠けていた。そうすると、近代国家において行政機能が拡大するにしたがって、非西洋における領事館の機能は肥大化し、不全を来すことになる。

この機能不全をとらえて条約改正交渉を始めたのが、まさに日本であった。その結果、日本こそが西洋に対する対等な立場を獲得していく最初の国となった。

これは日本が、統一的行政によって対抗的な西洋化を目指したからである。つまり、一時期の朝鮮のように西洋化を拒否すればそもそも生き延びるのは困難である。しかし同時に、対抗的でなければならない。西洋のある一国の法律規則を全部輸入すれば、少なくともその一国との間では行政規則の中身に関する対立も起きないことになる。また、統一的行政を目指さなければ条約改正への意欲が高まらない。オスマン・トルコや清朝のような巨大帝国は、多元的な行政を受け入れざるを得ず、受け入れる能力も高いが、日本はそうではなかった。

かくて日本が上記の機能不全を最も問題視し、領事館の機能不全を攻撃する論拠を得ることとなった。日本の条約改正が具体的にどういう道をたどったかは第4章で確認することとする。

5. 拡大

最後の四つ目は〈拡大〉である。日本は東アジアにおいて、西洋型の帝国主義を採用し、しかも支配領域や影響範囲を拡大していった。なぜか。明確な青写真があったようには考えにくい。

当面の安全保障を達成していこうとする中で帝国が拡大していくというのが、明治日本の対外態度の基本であると思われる。

安全保障上の懸念材料となったのは、朝鮮であった。日本への礼を失したことを理由とする征韓論は自制できたが、朝鮮半島をロシアのような怖い相手にとられたり、あるいはその可能性が高くなるような事態――朝鮮や清のような頼りない政府が治めること――を防止するというのが、日本の対外拡張の始まりであった。

一八八二年に壬午事変が起きた。これは朝鮮側の攘夷運動と宮廷内の権力闘争が連動して、朝鮮にいた日本人の官民が襲撃された事件であった。清はこれにいち早く介入して、日本にとって納得のいく解決をもたらした。

実は日本にとっての安全保障上の危機はここから始まる。日本を満足させてまで清が介入することで、朝鮮を手放すつもりがないことが明確になったからである。以後、清に対抗しての軍拡、特に海軍の拡張が始まる。

それでもその外交は基本的に慎重であった。

例えば一八八四年に親日派によるクーデター、甲申事変が起きる。日本政府も一部で計画を知っていたが、現地の判断で断行され、袁世凱《えんせいがい》率いる清軍の介入の前に敗れる。伊藤博文は李鴻章《りこうしょう》と交渉し、翌年、天津条約を結んだ。事実上、清の朝鮮における優位は認めていたが、清が出兵するときは日本に事前に知らせるという、ぎりぎりのところで形式上の対等を確保したものであった（日本が出兵する場合も事前に知らせる）。これで日清は一〇年近い平和を維持したので、この天津条約は上出来の妥協であったといえよう。

しかし、一八九四年、朝鮮で東学党の乱（甲午農民戦争）が起きたため、朝鮮政府の要請で清が出兵した。天津条約に基づいて日本に通知したので、日本としても出兵しないと体面が立たなかった。

ところが出兵してみると、東学党が朝鮮政府と和睦してしまっていた。出兵が空振りとなり、それこそ体面が立たなくなった。体面を立てるために日清共同での朝鮮の内政改革を提案した。だが清がそれに乗らなかったので、日本単独で改革をしなければ体面が立たず、それは清を朝鮮から排除することを意味し、開戦に至った。開戦直前まで、伊藤らに日清戦争を起こす意図は希薄であったといえる。

それだけに、日清戦争に勝った後も、日本は明確な対朝鮮政策を有していなかった。それが現地の三浦梧楼《ごろう》公使らの焦燥を招き、一八九五年の閔妃《びんひ》暗殺事件のような暴走の原因となり、今度はロシアの影響力が高まり、日本と競合した。

しばらく日本は抑制的な方針を取ったが、隣では清の敗戦を機に中国分割が始まり、一九〇〇年の北清事変を契機に満州をロシアが事実上占領した。そこで日露交渉が始まる。日本が朝鮮における優位だけを主張していれば、開戦を当面回避できたかもしれない。ところが、ロシアとの緊張回避を優先する伊藤の発言権は、政友会創設後の政党指導の失敗などから低下していた。これに対し、ロシアによる満州の掌握は朝鮮半島を危うくし、朝鮮半島が危うくなれば日本が危うくなるという連鎖的な思考をとる山県有朋・桂太郎らの発言権が、強まっていた。その結果、満州からの撤兵を求めるとともに、ロシアがあくまで満州を保持するならば日本に朝鮮を委ねよ、と交換を要求した。そこには外交上の利点もあった。朝鮮よりも、満州へのロシアの進出のほうが英米など列強角的な外交の成果であった。

ロシアとしては、朝鮮はさておき満州について日本と交渉する必要は感じていなかった。結果、日露交渉は挫折し、一九〇四年に日露戦争となり、朝鮮にとどまらず満州で戦うことになった。

この間、中国・ロシアと戦って大陸に進出しようという一貫した計画はなかったように思われる。安全を守るための進出というのはもちろん進出対象の都合を無視した考えであり、折あらば帝国化したいという衝動がそもそもあった。しかし安全を確保したいという配慮のほうがこの衝動よりも強く、安全を確保するという努力が結果として進出をうながしたという経緯のほうが、とりわけ大陸進出の初期には重要であるように思われる。

その後も日本の外交はおおむね慎重であった。一九〇七年には、第一回の日露協約を結ぶ。これはロシアという強国と戦争して勝ってしまったので、再戦を防ぐためであった。同時に締結した秘密協約において、満州における日露の分界線を定め、お互いの鉄道・電信上の利益を尊重することを約束した。また、韓国についてロシアは口出しをしないという約束をした。これはイギリスにも勧められた内容であり、ほかの国の了解も得つつ進めた。しかしその結果、日露は清領たる満州に分界線を引いたのである。

一九一〇年の七月には第二回日露協約を結んだ。これは当時、アメリカがやや性急に満鉄（南満州鉄道株式会社）の国際化・中立化を唱えたため、日露双方が危機感を持ち、英仏も快く思わなかったので、英仏の承認・黙認の下で締結したものである。秘密協約において、日露は分界線の南北をそれぞれの「特殊利益」と認め、その擁護のための相互援助まで約束したのである。韓国についてはもう口を出されないということで、翌月に日韓併合を断行した。

その後、一九一一年に辛亥革命が起き、清朝が倒れる事件が起きた。その際に、イギリスと日本の対中政策が食い違ったため、日本は日英同盟のパフォーマンスに不安を抱く。

これに加え、革命後に独立した「外蒙古」（今のモンゴル）にロシアが関心を示したために不安になって、その東南、つまりより日本に近い「内蒙古」を東西でロシアと勢力圏分割する協約を一九一二年七月に結んだ。これが第三回日露協約である。

年表を漠然と見ると、日本帝国は着々と拡大しているが、実際には、現在の国境や勢力圏は守り、それをより確実に守るために、実現と正当化が可能と見れば前に出る。強い反発を買うことは避けつつも、さらにいつ、どれだけとれるかを常に考える、というのが常態であった。

このような着実さと強迫観念の混合は、〈時間〉体験の中で定着済みであった。このような政策基調が遂行可能であったのは、外務省も軍部も、近隣諸国から〈分岐〉して成長した官僚制の一翼を担っていたからである。

とはいえ、以上の力学では説明しきれないような、冒険的な政策も散見される。欧米が本格的に進出する前になすべきことをなそう、という〈距離〉感が、対外政策においては機会主義として発現したからである。日本も欧米も東アジア大陸への進出を進め、両者の距離が縮まる中で、機会主義への要請は強まったであろう。この機会主義は一九一四年からの第一次世界大戦によって欧米が大陸から後退したことを奇貨として、対華二十一ヵ条要求という象徴的かつ不名誉な政策を生み出したのである。

学習課題

1. 大久保利通や木戸孝允が主張する内治優先が征韓論に対して優位に立ったのはなぜか。
2. 岩倉使節団の見聞は後世にどういう意義を持ったか。
3. 日本が早期に条約改正交渉を開始したのはなぜか。
4. 伊藤博文の視点から、日清戦争・日露戦争の開戦経緯を整理してみよう。

参考文献

青山忠正『明治維新（日本近世の歴史6）』（吉川弘文館、二〇一二年）
五百旗頭薫『条約改正史―法権回復への展望とナショナリズム―』（有斐閣、二〇一〇年）
鵜飼政志『幕末維新期の外交と貿易』（校倉書房、二〇〇二年）
岡本隆司『属国と自主のあいだ―近代清韓関係と東アジアの命運―』（名古屋大学出版会、二〇〇四年）
北岡伸一『日本陸軍と大陸政策―1906-1918年―』（東京大学出版会、一九七八年）
北岡伸一『門戸開放政策と日本』（東京大学出版会、二〇一五年）
久米邦武編、田中彰校注『特命全権大使米欧回覧実記（一）～（五）』（岩波文庫、一九七七～一九八二年）
小林道彦『大正政変―国家経営構想の分裂―』（千倉書房、二〇一五年）
佐々木雄一『帝国日本の外交 1894-1922―なぜ版図は拡大したのか―』（東京大学出版会、二〇一七年）
高橋秀直『日清戦争への道』（東京創元社、一九九五年）
千葉功『旧外交の形成―日本外交一九〇〇～一九一九―』（勁草書房、二〇〇八年）

3 国家形成期の政治

五百旗頭　薫

《ポイント》 開国から二〇世紀初頭までの政治史を概観する。王政復古・廃藩置県による国家統一、およびそれに続く藩閥政府の形成と政党の発展を中心に概観する。紙幅が限られていることをむしろ活かして、細部を描くのではなく、時代ごとに働いていた政治の力学を見出すことに努める。

1．序

本章では、日露戦争までの政治史を概説する。条約改正および軍の形成は、重要であり、かつそれぞれの技術的な側面と固有の力学があるので、独立した章で扱うこととする。このような構成が可能なのは、この時期の政治が近代国家の形成という特徴に強く規定されているからである。だからこそ、個別の重要な領域が、深刻な矛盾や調整を経ることなく、一定の自律性の下に展開し得たのである。

国家統一が実現した後、国家形成の主導権を握ったのは、藩閥政府であった。その最大の挑戦者は政党であった。したがって本章では、藩閥政府の形成と政党政治の発展を主軸とする。その際、個別の事件を詳述するよりも、大きな時代ごとに政局を動かした力学を析出するように描いていきたい。

2．鎖国の確立と崩壊

もともと、豊臣政権や徳川幕府が導入した鎖国というのは、キリシタンの追放に主眼を置いたものであった。日本人の改宗を警戒していたので、日本人の海外渡航の禁止が主たる手段であった。貿易のための異国船の来航には、比較的に寛容だったのである。

状況が変わり始めたのは、一八世紀からである。まず、貿易の必要性が低下した。輸入の支払いにあてていた銀の生産が低下し、かわりの銅の生産も停滞するようになった。他方で、おもな輸入品であった生糸が国産化された。さらに一九世紀の前半にかけて綿業が発達した。こうした商品経済の浸透によって、米を基盤とする幕藩財政は傾いた。

こうした中で、幕藩体制の再強化を試みたのが松平定信の寛政の改革であり、奢侈への取り締まりを通じて商品経済をコントロールしようとした。

定信の政策には、鎖国の引き締めも含まれていた。

一七九一年、全国に対して異国船の取り扱い規則を布告した。異国船が漂着ではなく意図的に来航した場合は柔らに召捕り、抵抗した場合は打ち砕くよう命じるもので、従来の慣行に反する厳格な鎖国を導入したのである。一七九二年、根室にロシアの通商使節ラクスマンが来航すると、こうした方針を日本の伝統として宣言している。

問題は、厳格な鎖国を維持する実力があるかどうかであった。だから定信は江戸近海の海防の強化に力を注ぎ、長期的にはオランダからの技術導入による洋式軍艦の建造をも計画していた。さらに一八四〇年から四二年にかけてのアヘン戦争は、幕閣に強い危機感を与えた。だが財政的な制約から、海防の強化は遅々として進まなかった。

その結果、一八五三年にペリー率いる黒船艦隊が浦賀にあらわれたときには、筆頭老中阿部正弘らは海防力の不足を自覚しており、翌年に日米和親条約の締結に応じた。

アメリカが日本の開国を強く求めた背景には、当時、北太平洋で活動していた捕鯨船の保護への期待があった。そこで、和親条約は来航船への補給や乗組員の保護を主たる内容としていた。

だが、日本は一八五八年にはアメリカ総領事タウンゼント・ハリスとの間に日米修好通商条約を結び、自由貿易と国交の樹立にまで進んだ。筆頭老中の堀田正睦《まさよし》は、開国を強いられるよりは有利な開国を目指して交渉に応じた。これが功を奏し、貿易は神奈川（横浜）・兵庫（神戸）・長崎・新潟・函館の開港および江戸・大阪の開市でのみ行われることとなった。幕府としては、外国人の内地での居住や通商を条約上認めずに済んだのである。オランダ、ロシア、イギリス、フランスもこの条約に追随した。こうして日本は戦争を経ずに、段階的に、かつ比較的有利な開国を行ったのである。

しかし開国への国内の反発は強かった。幕府は海防を強めようとするたびに、鎖国を守るためという大義名分を掲げてきたので、鎖国が日本の祖法であるという観念は強まっていた。そもそも幕府は天皇から政務を委任されており――この委任関係により幕府支配を明確に正当化したのも定信であった――、圧倒的な力に基づく「御威光」を示し続ける必要があった。水戸の徳川斉昭《なりあき》が危惧し、反対したように、開国を受け入れることは、この威光の失墜を意味したのである。

実際に調印したのは大老井伊直弼《なおすけ》の政権であった。元来、井伊は堀田よりも開国に消極的であったが、反対派に対しては徹底的な弾圧で臨んだ（安政の大獄）。孝明天皇が条約に反対していたため、調印は天皇をないがしろにする行為としても反発を招いた。一八六〇年、井伊は水戸の浪士に襲われて落命した（桜田門外の変）。幕府の威光はさらに失墜した。

3．統一国家の形成

開国するかどうかの対立は、幕府の政治的な独断をどれほど認めるべきかという対立と連動し、尊王・攘夷と開国・佐幕の対立として先鋭化した。これを融和するために、公武合体運動が展開された。公武とは公家と武家のことで、朝廷と幕府を和解させる運動である。公武合体運動が結局挫折することで、統一国家を作るしかないという共通認識が政局を規定するようになる。これが明治維新を経て廃藩置県へと至るまでを本節で描く。

大名として最初に公武合体で目立った成果を挙げたのは、長州であった。一八六一年六月（旧暦五月）、直目付の長井雅楽《うた》が朝廷に入説し、開国を受け入れさせるのに一旦成功したのである。

薩摩の国父（藩主の父）、島津久光も参入した。久光は、幕府の改造を朝廷に持ちかけ、勅使に随行して江戸に下向した。一八六二年八月（旧暦七月）、公武合体運動の盟友である越前松平春嶽《しゅんがく》を幕府の政治総裁職に登用させ、将来を嘱望する一橋慶喜《よしのぶ》を将軍後見職に登用させるという成果を挙げた。外様大名が幕府の最高人事に介入するという、前代未聞の出来事であった。

公武合体が成功していれば、開国方針は定着したのかもしれないが、そうはいかなかった。公武合体運動は、外様の雄藩による政権参画運動であり、進展すること自体が幕府の権威を低下させた。しかも現状に不満なのは朝廷なので、後発者は、久光のように、朝廷により有利な条件を入説する。その延長線上に、攘夷の貫徹を説く者まであらわれた。長州の反長井派は朝廷に入説し、攘夷へと反転させたのである。長井は失脚し、切腹に追い込まれた。

朝廷の圧力で、将軍家茂《いえもち》は一八六三年六月二五日（旧暦五月一〇日）に攘夷を実行すると約束させられた。この約束は守られなかったが、長州はこの日から下関海峡を通過する外国船に砲撃を加え、後に反撃を受けた。これに先立ち、久光の行列がイギリス人リチャードソンを殺害するという生麦《なまむぎ》事件があり、これが元で八月一五日（旧暦七月二日）には薩英戦争も勃発している。おそらく尊王攘夷派の公家、三条実美《さねとみ》らの画策によって、孝明天皇が攘夷のため大和に行幸することが九月二五日（旧暦八月一三日）に発表された。征夷大将軍が機能していない、と宣告するに等しかった。

さすがに反動が起こり、天皇と、慶喜ら幕府側、そして薩摩などの公武合体派の協力によって、九月三〇日に文久三年八月一八日（旧暦）の政変が断行された。京都から尊王攘夷派と長州が追放されたのである。その後、慶喜は公武合体派の参画も事実上排除し、京都守護職松平容保《かたもり》（会津）、京都所司代松平定敬《さだあき》（桑名）とともに朝廷への影響力を強めていく。列国の艦隊の圧力と慶喜の要請とにより、一八六五年一一月（旧暦一〇月）に孝明天皇はようやく条約を勅許した。

公武二つの中心がある限り、そのパイプを誰が握るかをめぐって手柄争いが続く。幕府の有力な出先たる慶喜は、畿内に常駐することでこの問題を解消し、国政の要《かなめ》となった。公武合体運動は、二つの中心を前提とするという自らの構造的限界に躓《つまず》くことで、統一国家への道を開いたといえる。

誰が統一国家を担うかについては決着がついていなかった。公武合体派の薩摩は倒幕派に転じ、長州と提携した。慶喜は土佐の山内容堂《ようどう》の献策により一八六七年一一月九日（旧暦一〇月一四日）

に大政奉還を宣言し、新政権への割り込みを図るが、薩摩はこれを無視して一八六八年一月三日（旧暦慶応三年一二月九日）に王政復古を断行する。続く戊辰《ぼしん》戦争により、旧幕府勢力の敗北が確定した。

新政府内には松平春嶽・山内容堂はじめ、有力な公武合体派が含まれており、戊辰戦争が勃発するまで、武力討幕に反対していた。幕末から公武合体は幕府の専横を批判する理念であり、朝廷や諸大名、場合によっては下級武士の意見も聞き、その力を結集して政治を行えという理念でもあったので、公議政体論や立憲主義とも親和的であり、あなどれない説得力があった。一八六八年四月（旧暦三月）に発せられた五箇条の御誓文が輿論の尊重を謳ったのには、こうした背景があった。

薩長の内部においても、ときの非主流派はこれに接近する傾向があった。しかも新政府が大蔵省を中心に中央集権化政策を進めると、討幕に貢献した藩ほどこれに反発したので、新政府は内部対立に苦しみ続けた。長州の木戸孝允《たかよし》が大蔵省を庇護し、長州で起きた諸隊の乱を鎮圧したのに対し、薩摩の西郷隆盛は非協力的であった。同じく薩摩の大久保利通《としみち》が調停に奔走した。

大蔵省は肥前の大隈重信、長州の伊藤博文・井上馨《かおる》といった新進気鋭の人材に率いられ、かつ民部省を合併して権限を拡大していたので、大久保らは両省を分離させた。さらに大久保は西郷と木戸の二人だけを参議として統治に責任を負わせ、薩長土の三藩に兵を出させて御親兵とした。有力藩を尊重するかわりに、新政府への協力は確実にしようとしたのである。

しかし、西郷・木戸の疎隔や、有力藩と大蔵省の対立はあいかわらずであった。他方で、統一国家を作るという大きな目的は政府首脳部に共有されていた。内部対立の末、彼等は一挙に廃藩置県を行うという賭けに出た。一八七一年八月二九日（旧暦七月一四日）のことである。多くの藩が財政破綻に苦しんでおり、これを受け入れた。ここに、領域支配の面でも統一国家が成立した。

4．藩閥政府の確立

統一国家が成立した結果、その国家が次に何をなすべきかをめぐる路線対立が始まった。政府を主導したのは大久保の殖産興業路線であったが、大久保の死後、財政の悪化を背景に当該路線の牽引役であった大隈が失脚する。その結果、薩長藩閥政府が確立し、在野の自由民権運動系の政党と対峙するまでの経緯を本節では描く。

廃藩置県の直後から一八七三年まで、岩倉具視《ともみ》や大久保・木戸らは米欧回覧の旅に出た。岩倉使節団である。

大久保は欧米文明、特にその産業力・技術力に魅惑され、帰国後に富国路線を熱心に推進する。岩倉もおおむね大久保に協力的であった。これに対し、元来、西洋文明の摂取に積極的であった木戸は、表層的な文明摂取の限界と危険に目覚め、立憲主義への関心を強めた。米欧回覧中、留守政府を預かっていたのは西郷であった。困窮する不平士族にとって、対外戦争は雇用・栄光の継続であった。これを背景に、西郷は征韓論を唱えた。

一八七三年、大久保や岩倉は明治六年の政変で征韓論を退けた。西郷や土佐の板垣退助・後藤象二郎、肥前の江藤新平・副島種臣《そえじまたねおみ》らは下野、大久保を中心とする政権が成立した。大久保は内務省を設立し、殖産興業に努めた。

翌七四年四月、政府は不平士族をなだめるためもあり、台湾に出兵した。だが清はこれに強く反発、戦争の危機となった。鹿児島では西郷が私学校を設立して県政を掌握、政府にとり不気味な存在となっていた。すぐに鎮圧されたものの、二月には江藤を擁立した佐賀の乱が勃発していた。一月には板垣らが民撰議院設立建白書を提出し、木戸より急進的に立憲制導入を主張し、自由民権運動の発端となった。しかも台湾出兵の過程で出兵目的を台湾植民地化に拡大しようとする意見が台頭したことに反発して、木戸まで参議を辞任してしまっていた。

こうした複合的な危機に対して、大久保は精力的に対応し、政権を確立した。対外戦争の危機に対しては、大久保は自ら北京に赴いて清と交渉し、台湾を清の領土と認めるかわりに出兵を義挙と認めさせ、体面を保った。さらに砲艦外交により一八七六年二月、日朝修好条規を調印し、朝鮮を開国させた。

立憲制導入への圧力に対しては、一八七五年二月の大阪会議で木戸を政府に復帰させ、漸次立憲政体樹立の詔を出させて元老院や大審院を設置した。木戸は板垣とともに復帰したが、両者は立憲制導入の速度をめぐって意見が一致せず、結局、対朝鮮交渉への協力を優先する木戸と、再び下野する板垣とに分裂した。

孤立し、かつ中国・朝鮮との戦争の糸口を奪われた不平士族は、反乱を起こしては鎮圧された。一八七七年に西郷が西南戦争を起こしたが、激戦の末鎮圧され、西郷は自刃した。戦争中に木戸は病没した。

大久保政権が安定するかに見えたが、翌年五月に大久保は不平士族に暗殺された。大久保没後政権は、大隈を一応の筆頭としつつ、長州の伊藤・井上がこれと並び立つ、不安定な構造であった。

明治初年の大隈・大蔵省は外債を募集して鉄道を敷設し、官営事業を展開したが、大久保政権は民業の振興を優先し、インフラ整備も海運を中心に進めた。輸入の増大と財政の悪化を警戒しなければならなかったからである。西南戦争により財政は決定的に困難となり、不換紙幣の増発によるインフレも招いた。

これが次の政変の背景となった。財政を主導する大隈は積極財政の見直しを図り、これが黒田清隆ら薩派の離反を招いた。自由民権運動も、米価高騰で潤う地主に支持基盤を拡大しつつ、放漫財政を批判した。大隈は早急に国会を開設し、議院内閣制を樹立することで批判の鎮静化を図った。だがこの急進論が伊藤・井上を含む政府内の疑惑を招いた。

一八八一年一〇月一一日、政府は大隈を免官するとともに、翌一二日の詔勅で一八九〇年を期した国会の開設を約束した。明治十四年の政変である。以後、伊藤の主導による憲法起草が行われる。薩長、特に長州の伊藤を中心とする藩閥政府が、ここに確立したのである。

5．政党政治の発展

このときから、政治が小刻みな日程によって区切られるようになる。長期の日程として、九年後の国会開設がある。一八八五年一二月に内閣制度が樹立され、首相の交代が短期・中期の時期区分を規定するようになった。一八九〇年の国会開設が年々近づき、一八九〇年から毎年議会が開かれ、少なくとも四年に一度は衆議院議員総選挙が行われるようになる。それまでも政治構想の対立はあったが、ここに政治日程をにらんだ駆け引きが恒常的に加わるようになる。ある決まった未来に妥協しなければならないことを見越して、当初は過激に自己主張する、といった振幅の大きな政治行動が政局をより大きく規定するようになる。政変に先立つ時代、中庸を説いて論壇に重きをなした福地源一郎が、政変直前には自由民権運動に同調し、政変直後には藩閥政府支持の立憲帝政党を結成するといったように、旗幟を鮮明にすることを迫られ、旗幟の変更により急速に信用を失い、没落したのは、このことを象徴している。

自由民権運動は政変の前から政党結成を進めており、政変直後に板垣を総理として自由党を結党した。大隈は翌一八八二年四月に都市民権結社を中心とした立憲改進党を結成した。この二つが、戦前の二大政党の源流となる。

九年後の国会開設は遅いとも早いともいえ、そのため政党の自己規定にはゆらぎがあった。自由民権運動を組織化して、政府に圧力をかけ続けて確実に立憲制に移行させるというのが、自由党の路線であった。立憲制に移行するのは九年後とはいえ約束済みと考えて、議会で政策を論ずることのできる政党を準備するというのが、改進党の路線であった。

議会が開設されれば選挙のために組織が必要であり、議場では政策能力も必要であることは理解されていたが、自由党と改進党は当面、それぞれ組織と政策の能力を誇示して競合した。藩閥を批判する以上に、互いを批判することもあった。一八八二年には板垣の洋行資金の出所をめぐって改進党系メディアが疑惑を提起し、翌一八八三年、自由党の星亨《とおる》らは「偽党征伐」と称する大隈・改進党批判のキャンペーンを展開した。

大隈にかわって大蔵卿となった松方正義は、薩派には珍しく健全財政路線であり、薩長双方の一定の協力を得ながら不換紙幣の消却を進め、一八八六年には銀本位の兌換紙幣制度を確立した。この間、国内は松方デフレと呼ばれる深刻な不況に見舞われた。朝鮮では日清が影響力を競い、一八八二年七月に壬午《じんご》事変、一八八四年一二月には甲申《こうしん》事変が起き、事変の処理を通じて清の優位が明らかとなった。日本政府はこれに対抗して海軍の軍拡を進めたため、不況下に増税をしなければばならなくなった。第5章で述べるように、一八八〇年代に海軍において水雷学派、陸軍において民兵的な構想が浮上するのは、こうした財政のひっ迫が背景にあった。

自由党は組織力が身上であっただけに不況により深刻な打撃を受け、一八八四年一〇月に公式には解党した。改進党は不況救済策として地租軽減論を一八八三年中に体系化し、民権派の中で政策能力を誇示した。

一八九〇年が近づくにつれ、自由党は政策能力、改進党は組織能力を補おうとする力学が発生する。後藤象二郎を中心とする大同団結運動が起こり、第4章で述べる井上馨の条約改正交渉の挫折が政府批判の格好の題材となった。だが存在性格の分岐を十分に克服することができず、分立したまま国会開設を迎えた。

改進党は、一八八八年に大隈を井上の後任の外務大臣に復帰させ、政策的な実績を上げようとした。だが大隈の条約改正が自由党系や保守派・国権派の反対で挫折し、その後の第一回衆議院議員総選挙では六分の一弱の議席しか得られなかった。これに対し、再結成された自由党は組織力を活かして、衆議院において三分の一以上の議席を掌握した。

両党は提携して民力休養を目指した予算闘争を藩閥政府に挑んだ。第一次山県有朋《やまがたありとも》内閣、第一次松方内閣は議会対策に疲弊して相次いで退陣した。だが貴族院が地租軽減案を否決するので、政党の側も地租軽減が実現する見込みは薄かった。しかも予算闘争では改進党の政策能力が発言力につながったため、規模に勝る自由党側は不満を強めていく。一八九三年二月、第二次伊藤博文内閣が和協の詔勅によって歩み寄りを促すと、自由党はこれに接近する。それは衆議院の権限を利用した駆け引きの結果であったが、統治上の合理性もあった。自由党は政策の立案に長けているとはいえなかったが、その組織が持つ全国的な広がりは、各地の治水などへの行政需要を吸い上げ、調査能力にまだ乏しい当時の政府に伝える点では、有用であった。

孤立した改進党は、条約改正問題で強硬論を唱え、対外硬派と提携して再び衆議院の過半数を左右する力を得た。貴族院にも近衛《このえ》篤麿《あつまろ》らの共鳴者がいた。対外硬派は伊藤内閣を二回の衆議院解散へと追い込んだ。だが対立が極点に達した一八九四年春、東学党の乱（甲午農民戦争）を契機として日清対立が再燃し、八月に日清戦争が勃発したため、政治休戦となった。

一八九五年四月にロシア・ドイツ・フランスによる三国干渉が行われ、日本が遼東半島を返還せざるを得なくなると、対外硬派による政府批判が再び激化した。しかも日清戦後の政治においては、藩閥と政党の駆け引きはますますダイナミックで複雑なものとなった。というのも、戦後経営ブームのために、政党の予算闘争への意欲は減退する一方、戦後経営のための増税が必要となり、これには貴衆両院の賛成が必要であったため、政党の政治的役割は高まった。だが増税が地租に及ぶ場合の政党にとってのリスクはなお大きく、貴族院にも谷干城《たてき》らの反対派がいた。増税のリスクと、政権参画のメリットを考量した駆け引きが必要となったのである。

しかも改進党が対外硬派を糾合して一八九六年に進歩党を結成し、自由党と同じ衆議院三分の一の規模を掌握したため、かつ藩閥内で薩派の松方が伊藤と反目するようになったため、政党と藩閥の複雑な離合集散が展開されたのである。

第二次伊藤内閣に板垣が内相として入閣した後、第二次松方内閣に大隈が外相（後に農商務大臣兼任）として入閣した。だが地租増税問題で松方・大隈の提携は断絶し、第三次伊藤内閣が成立した。自由党・進歩党は増税に反対し、ついに合同して憲政党を結成した。伊藤は大隈・板垣に政権を譲り、初の政党内閣である第一次大隈内閣（大隈が首相、板垣が内相で別名「隈板《わいはん》内閣」）が一八九八年六月に成立した。だが内紛により一度も議会を迎えないまま憲政党は分裂し、内閣も崩壊した。

年末、第二次山県内閣が地租増税案を提出した際、憲政党（自由党系）は五年期限とすることを条件にこれを支持した。憲政本党（進歩党系）は反対に回ったが、隈板内閣のときに予算案の編成に関与していたため、歳出削減を強く唱えられず、説得力の低下した増税反対を唱えざるを得ず、結局、増税案可決の阻止に失敗した。以後、万年野党化していく。

6．立憲政友会の挑戦

自由党系は与党化の道を歩み、これによって明治憲法体制はようやく安定的に運用されるようになった。このことを本節では確認する。

伊藤は衆議院を掌握しなければ政局が安定しないことを痛感しており、自由党系と合同して一九〇〇年九月一五日、立憲政友会を結成する。これに対し山県は政党から距離をとる姿勢を明確にし、反政党姿勢の強い藩閥勢力を糾合していく。

山県が政権を手放したため、伊藤は準備不足のまま翌月に第四次伊藤内閣を組織せざるを得なかった。同年に起こった北清事変の軍事費のための増税が、反政党感情の強い貴族院で執拗な反対に直面し、明治天皇の詔勅の力で辛うじて可決に持ち込んだ。これに懲りた貴族院は、しばらく政治的に不活発となる。とはいえ伊藤の威信は大きく低下し、予算策定をめぐる閣内の内紛により一九〇一年五月に退陣に追い込まれた。

伊藤にかわり、山県の側近の桂太郎が、組閣した。当時、北清事変を契機にロシアが満州を占領したため、日露関係が緊迫しつつあった。一九〇二年には日英同盟が締結された。こうした状況を受け、桂内閣は地租増徴継続による海軍拡張を求めた。だが政友会・憲政本党は約束違反であると反発し、伊藤もこの批判に同調した。一九〇三年初頭、衆議院は解散される。

ところが伊藤は元老としての責任感から、公債支弁による海軍拡張は桂に認め、これに従うよう政友会に命じた。地租増税の継続は撤回させたものの、政友会内の憤激は大きかった。原敬が党内の鉄道敷設要求を織り込んで予算交渉をまとめたことで、かろうじて大量の脱党を食い止めることができた。このことは、原の政党指導の原型として注目に値するであろう。

伊藤は日露間の危機を理由に枢密院議長となり、政党指導から手を引いた。後継総裁となった西園寺公望《さいおんじきんもち》は公家の名門であり、伊藤に重用されていたが、元老ではなく、かつ桂内閣におおむね協力的な姿勢をとった。政権に対する執着が弱いことが原などのいらだちを招くことはあったが、伊藤が苦しんだような藩閥と政党総裁との立場のジレンマは大きくはなかった。

一九〇四年二月に日露戦争が勃発し、翌年九月の講和成立まで総力戦に近い状態で日本国民は戦った。ポーツマス講和条約が樺太南半分のみの獲得や無賠償といった点で国民の強い反発を招いたこともあり、戦後には一定の民主化が不可避であった。一九〇六年初頭、桂は西園寺に政権を譲った。

以後、桂と西園寺が交互に政権を授受し、桂園《けいえん》体制と呼ばれるようになる。元老が高齢化する中、桂と西園寺はプラグマティックな立場から明治憲法体制の安定的な運用を行うべく、協力し合った。両者の間に対立がなかったわけではない。第一次西園寺内閣は、政権運営、特に財政に対する桂の介入を免れようと試み、第二次内閣ではかなり成功した。原が郡制廃止などの政策を推進したのには、山県系の権力基盤を弱体化させるという狙いがあった。これに対し、桂の側近、後藤新平は鉄道敷設への積極姿勢によって政友会の権力基盤に浸透しようとする構えを見せた。しかも後藤は鉄道広軌化構想によって、単に地方利益に応えるだけではない合理的なビジョンを誇示することもできた。これらの動向は政友会側の警戒と反発を招いた。

とはいえ、こうした対立は、第三勢力たる憲政本党に、主導権を奪回する機会を与えるほどの亀裂ではなかった。憲政本党は党勢の低迷と内紛に苦しみ、一九〇七年には大隈が党主（総理）を辞任した。野党の弱体化と時代の閉そく感という代償を払いつつ、明治憲法体制はようやくにして安定期を迎えたのである。

学習課題

1. 将軍と大名によって統治されていた日本は、どういう経緯によって、開国後、一〇年ほどで統一国家を形成したか。
2. 自由民権運動を母体とする政党が一つにまとまらなかったのはなぜか。
3. 日清戦争後、日露戦争後の政治には、それぞれどういう特徴があるか。

参考文献

五百旗頭薫『大隈重信と政党政治―複数政党制の起源　明治十四年‐大正三年―』（東京大学出版会、二〇〇三年）
井上勲『王政復古―慶応三年十二月九日の政変―』（中公新書、一九九一年）
坂野潤治『明治憲法体制の確立―富国強兵と民力休養―』（東京大学出版会、〔復刊〕一九八二年）
坂野潤治『近代日本の国家構想―一八七一‐一九三六―』（岩波現代文庫、二〇〇九年）

伏見岳人『近代日本の予算政治 1900－1914―桂太郎の政治指導と政党内閣の確立過程―』（東京大学出版会、二〇一三年）
前田亮介『全国政治の始動―帝国議会開設後の明治国家―』（東京大学出版会、二〇一六年）
升味準之輔『［新装版］日本政党史論（1・2）』（東京大学出版会、二〇一一年）
松尾正人『廃藩置県の研究』（吉川弘文館、二〇〇一年）
三谷太一郎『増補　日本政党政治の形成―原敬の政治指導の展開―』（東京大学出版会、一九九五年）
三谷博『維新史再考―公議・王政から集権・脱身分化へ―』（ＮＨＫブックス、二〇一七年）

4　条約改正

五百旗頭　薫

《ポイント》　いわゆる不平等条約の改正交渉は、きわめて重要な政策課題でありながら、技術的な側面も大きいので、本章で独立して扱う。日本は、領事裁判といった不平等の根幹部分にいきなり挑戦するのではなく、その運用の是正（行政権回復）を求めて交渉を続けた。だが成功せず、領事裁判そのものの廃止というより困難な目標に切り替え、一九世紀末に実現した。関税自主権の回復は二〇世紀初めに実現した。

1．序

条約改正とは、日本が開国の際に結んだいわゆる不平等条約を、より対等なものに改正する交渉のことである。ここでいう不平等条約とは、安政五ヵ国条約（米蘭露英仏）をはじめとして幕末・明治初年に列国（他のヨーロッパ諸国ならびにハワイ、ペルー）との間に結ばれた修好通商条約である（条約名にはヴァリエーションがある）。条約改正と、それを促進するための国内改革とは、明治政府が統一国家を実現した廃藩置県（一八七一年）の頃から、日英交渉の妥結（一八九四年）に至るまでの間、国会開設・民力休養要求が高揚した時期と、清・朝鮮との軍事的緊張が高まった時期を除けば、内政外交上の最大の争点であった。

条約改正交渉が、度々の挫折や中断にもかかわらず続けられた背景は、三つある。

第一に、対等な関係への希求である。

修好通商条約には、領事裁判・協定関税・片務的な最恵国待遇、といった規定があった。こうした条約を改廃しようとすると、一八七二年から改正を交渉できるという規定はあったが、自動的に、あるいは一方の意思表示で条約が効力を失うといった有効期限の規定はなかった。

こうした規定は、幕府にとっては大きな不都合ではなかった。例えば領事裁判とは、日本にいる条約国人が民事・刑事訴訟の被告となったり、より詳しく付け加えれば条約・関税・附属貿易章程に違反したと疑われたりした場合の裁判権を、その条約国の領事に委ねるというものであった。幕府としては、日本に来た外国人の不始末をその国の役人が始末するということであり、強い抵抗なくこれを受け入れた。

自国品の濫出による国内の品不足をもっぱら恐れる幕府は、輸入関税への関心が薄かった。最恵国については、それを獲得して利益を得ようという発想に乏しく、有効期限についても、条約をより良くすることよりも、より悪くならないことを重視していたため、その規定がないことは大きな問題ではなかった。

だが明治期に入ると、近代的な国家間関係からすれば上記の諸規定は日本にとって不平等であるとして、これを改めることが日本側の要求となった。

とはいえ、不平等な規定を直ちに撤廃させる力は日本側になく、交渉においても希望として言及する域を超えないことが、特に初期には多かった。したがって、こうした要求のみをもって、交渉が続いた理由を説明することはできない。

交渉が続いた理由の第二として、より一貫していたのは、行政権回復への希求であった。領事裁判の規定は、すでに述べたように、外国人が被告となる民事・刑事訴訟や条約・附属貿易章程の違反事件における裁判権を外国領事に委ねていたが、それ以外の日本行政規則に違反した場合については明確な規定がなかった。しかし幕末・明治初年の条約の運用の中で、行政規則に外国人が違反した場合も、領事が裁判することが原則となっていた。さらに、そもそも行政規則を制定するにあたっても、それが外国人に適用される規則として領事裁判で認められるためには、あらかじめ各国の公使・領事と交渉しなければならない慣行となった。

これこそ日本にとり耐えがたいことだった。自国領内の人間には日本人か外国人かを問わず微細な規則を適用し、この統一的な行政の力で近代国家を作ることが新政府の目的であった。行政規則を制定する権利を回復し、さらにできれば違反した外国人を処分し、あるいは軽微で日常的な訴訟を裁判する権利を回復することは、近代国家として国内秩序を保ち、独立を維持するための実務的な要請であった。これは現行条約を対等なものに改正するというよりは、その公正な運用を求めるものであったが、この点を確認するための条文改正を日本側が求めたため、条約改正交渉の出発点となった（第2章）。

とはいえ、行政権に対する介入の慣行は、外国から来た居留民・商人・船舶の既得権益となっており、これを背景とした列国、特にヨーロッパ諸国の公使・領事は、容易に日本の要求に応じようとはしなかった。かくて、条約改正交渉は慢性化したのである。

第三に、行政権回復を求める際、日本政府が同時に追求していたのは、列国の本国政府との間で実質的な交渉ができる関係を築くことであった。

それは容易なことではなかった。開国以来、幕府の外交に対する各国公使の影響力は強かった。明治に入ってからも、日本政府が何かを提起しても、公使が撃退し、本国政府には事後報告する、ということが珍しくなかった。通信に時間がかかり、日本の重要性が限られていた当時にあっては、本国政府としても駐日公使を統制することに限界があった。

日本の外交官が欧米に常駐するようになったのは明治維新後の一八七〇年にロンドン・パリ・ベルリン、そしてアメリカに弁務使を派遣してからであり、七二年に弁務使が公使に改められてからも数年間は、任国政府と実質的な交渉を行う人員も能力も欠いていた。

それでも、列国の本国政府が、日本現地の出先や居留民ほど行政をめぐる既得権益に固執しない姿勢を時折示したことが、国同士の首都を直結する関係を一層強く日本に求めさせた。

以上の三つの要請に留意しつつ、三期に分けて一九世紀末の領事裁判の撤廃までの経緯を記す。その上で二〇世紀初頭の関税自主権の回復を概観する。

2．行政権回復交渉

第一期は、各国政府との直接交渉を意図しつつも、成功しなかった時期である。この時期の日本側の主たる要求は、行政権の回復であった。

一八七一年一二月（旧暦一一月）から七三年にかけて欧米に派遣された岩倉使節団は、政府の中核メンバーを含んでおり、人的な側面からいえば政府が欧米を移動するに等しかった。その狙いは西洋文明の摂取に加え、条約改正に好意的な世論を醸成することであり、そのための手段として、日本における条約運用の状況を使節団から列国政府に直接陳情するということがあった。

しかし、政府が移動すれば公使団も移動する。駐日公使は、使節団を案内するために自らの本国に戻り、結局は使節団と本国政府との交渉を監視する役割を果たした。

しかも、日本にとって、列国の本国政府と交渉するための真の困難は、そのために派遣した者をコントロールすることであった。岩倉使節団は当初の目的から逸脱してアメリカで本格的な条約改正交渉に着手し、関税自主権回復と行政権回復を求めた。そしてこれに失敗することで信用と面目を失った。

当時の外務卿は副島種臣《そえじまたねおみ》であったが、副島は一八七三年一〇月、明治六年の政変で下野した。後任の寺島宗則は、関税自主権と貿易規則制定権の回復を目指して交渉に着手した。寺島も、任国政府との直接交渉に焦る日本公使の制御に苦労した。

まず日米交渉が、駐米公使吉田清成《きよなり》とエヴァーツ国務長官（William Evarts）との間で進展する。アメリカはすでに日本の行政権回復に好意的な姿勢に転じていた。寺島は日米交渉の突出がヨーロッパ諸国の不満を招くと警告したが、吉田は交渉を進め、一八七八年七月二五日、吉田・エヴァーツ協定が成立した。ただし、ヨーロッパ諸国が同様の協定に合意することが発効条件であった。

寺島が恐れたとおり、ヨーロッパに対する交渉は、東京でパークスの強い牽制にあった。ロンドン・パリ・ベルリンにそれぞれ駐在していた日本公使、上野景範《かげのり》・鮫島尚信《なおのぶ》・青木周蔵は、任国政府に直接交渉したほうが効果的であると考え、寺島の了解を得ずに要求内容を（協定関税制度を存置したままの）関税の引き上げに限定し、実現しようとした。本省・出先の結束を維持できない寺島に対してイギリスは七月一五日に交渉拒絶を表明し、ドイツ、そしてフランスも同調した。

九月、寺島は外務卿を辞任し、井上馨《かおる》が後任となった。一八八〇年に井上が各国に提示した案は領事裁判撤廃を目指す姿勢を示していたが、実際には関税自主権回復の要求を取り下げ、最低限の要求として警察を中心とする行政規則の制定権の回復と関税引き上げを求めるものであった。行政権回復を現行条約に忠実な正論として日本公使から各国本国政府に訴えさせ、かつ関税増収の必要性も訴えさせ、おおむねの了解を得たところで東京に各国全権を招集し、譲歩や代償の提供を含めて合意・調印に至るという手順を構想していた。

しかし、行政権をめぐる既得権益を失うことをヨーロッパ各国の駐日公使・居留民は容易に認めようとはしなかった。しかも、井上案がおおむねの了解を得るためには、やはり個別の譲歩の余地を在欧の各日本公使があらかじめ示唆しなければならなかった。このような濃密かつ秘密性の高い交渉が、それが可能な青木周蔵公使とドイツ政府との間で突出して進展し、他の日本公使の嫉妬とイギリスの猜疑を助長することになる。しかも、やはりパークスがイギリスに帰国して強硬論を展開した。

一八八一年中にヨーロッパ各国は、井上案が叩き台としてすら不適当であり、あるべき条約改正の基礎から話し合うために東京で会議を開くべきであると回答し、日本はこれを受け入れた。

以上のように、日本はさまざまな装いの下で行政権回復を追求したが、成功しなかった。しかも、列国の本国政府と直接交渉しようとする試みの末に、東京での列国委員との会議に臨むしか選択肢がなくなったのは皮肉であった。

3. 法権回復への跳躍

第二期は、東京での会議外交が結果として各国本国政府との直接の外交関係を確立した時期である。しかし他方で行政権回復は困難に直面し、日本は領事裁判撤廃に挑むことになった。

一八八二年一月に条約改正予備会議が開催された。日本の委員は外務卿（井上）・外務少輔《しょうゆう》（塩田三郎）であり、井上が議長となった。外国の委員は原則として駐日公使であった。

条約改正の基礎を各国公使を中心とした会議で審議し、細目は別途交渉するという形式は、条約改正を遷延させる可能性が高かった。しかもそこで論じられるのはあくまで条約改正の基礎に過ぎず、予備会議が成功しても詳細についての交渉がその先にあった。まさに前途遼遠であったといえる。

現に予備会議が始まると、パークスは関税引き上げや行政権回復に対して手強い条件闘争の構えを見せた。行政権回復の正当性については一定の理解が得られたが、今度は条約草案の起草に日本政府は苦労した。行政権を中心とした権利回復部分と、外国側が被告外国人のために保持する司法権・立法権との区分について、理論的に妥当で、かつ交渉当事者が納得できる線引きを見出すのは、至難であった。

このままでは交渉が進まないと考えた井上は、内地開放と引き換えに領事裁判を撤廃するという意欲を四月五日に提示した。井上の開明的な提案を、各国委員は歓迎した。

さて、予備会議は条約改正の基礎を審議する場であるから、内地開放と領事裁判撤廃という大きな枠組みが支持されてしまうと、なすべきことはあまり残っていないことになる。現に井上が具体的な裁判権条約案を提示すると、ドイツはじめ各国代表は、細目はともかくとして条約改正の基礎としては受け入れ、さらなる検討のために本国政府に送ると表明した。領事裁判撤廃を含む重要な要求が、公使の厳しい吟味を経ずに、しかし公使の手を経て各本国政府に示されるという形式が成立したのである。パークスはこれに抵抗したが、呼応する国はなく、パークスは自らが孤立していることを認めつつ、会議場で裁判権条約案への批判演説を行った。

七月の閉会後、会議の成果を基に新条約の内容が各国間で交渉された。裁判権条約案の内容についてはたしかに批判が多かったため、交渉はおおむねの合意が予備会議でできた関税引き上げを中心に始まり、日本の強い要求で行政権回復がまたしても加わった。しかし、東京での会議の外では日本はなお正規の交渉メンバーとはいえなかった。ヨーロッパ諸国の間で交渉が進められ、それを探り、日本の意向をもりこませるために日本公使館は奔走しなければならなかった。日英独を中心に、行政権回復と関税引き上げについて一応の合意が成立した。これは際限のない条件闘争を招く、というのが予備会議の経験であったが、将来、内地開放と領事裁判撤廃について合意ができれば関税自主権回復と合わせて実施する、というすべてを解決する展望を新条約中に謳うことで、条件闘争を抑制する設計であった。かつては領事裁判撤廃をアジェンダに載せるだけでも容易ではなかったが、井上の内地開放宣言と裁判権条約案の各国送付により、交渉の地平が大きく拡がったのである。

一八八六年五月、日本政府は条約改正会議を招集した。日本の委員は外務大臣（井上）と外務次官（青木周蔵）であり、今度は具体的な新条約を議定することが各国委員に委任されていた。そこに、井上は上記の合意を基にした原案を提出した。これで妥結すれば、行政権回復を中心とした条約改正が実現するはずであった。

だが複雑な構造の草案は条件闘争の再発を抑止できなかった。日本案が日本にとってもイギリスにとっても不満足なものであることが明らかとなった。六月一五日、イギリス公使プランケット（Sir Francis Plunkett）とドイツ公使ホルレーベン（Theodor von Holleben）は事前に日本政府の同意を得た上で英独案を提出し、これが会議原案として採択された。細かい代償請求を誘発する行政権回復を棚上げし、内地開放と引き換えに一挙に領事裁判撤廃を認めるものであった。ただし、日本は西洋の原則に基づく法典を編纂して各国政府に送付した上で施行し（英独案第二条・第三条）、外国居留民がかかわる訴訟については外国人の判事・検事を任用する（同第五条）こととした。条件つきとはいえ、ある決まった時期に日本に法権回復を認めることが、初めて国際的に合意されたのである。

以後、フランス公使シェンキェウィッツ（Joseph Sienkiewicz）のさまざまな異議申し立てに苦しみつつも、具体的な条文の審議が進んでいく。最も難航が予想されたのが第五条であった。外国人関係訴訟のための控訴・上告や再審の仕組み、陪審制の採否といった論点が、各国の法体系の間のライバル意識を招くことが十分に予想されたからである。

だが第五条の審議は意外に平穏であった。外国人関係訴訟のための手続きは、当時草案ができあがっていた日本の裁判所構成法の例外であり、逆にいえば大枠において整合すべきものであった。外国人関係訴訟の手続きに対する根本的な異議申し立ては、裁判所構成法に対する修正要求につながりやすい。しかし裁判所構成法は、前述のように西洋の原則に基づいて編纂され、各本国政府に送付されるはずであった。各国委員が裁判所構成法に修正を要求することは、日本の主権を制約するのみならず自らの本国政府の判断を先取りする越権になりかねなかったのである。

一八八七年四月、会議において裁判管轄条約案への合意が成立した。ところが、外国人法律家の任用などの特例への反発や、法典を事前に各国政府に示すことへの不満が政府内で噴出し、条約の調印は困難となり、交渉は無期延期となった。

元来、不本意であった会議外交の枠組みを、この時期の日本は交渉推進のためにうまく活用するようになった。だが交渉の内容については、日本が取り戻そうとする行政権と、司法権・立法権との線引きに苦労した。日本外交は、憲法学上の大問題の前に苦悶したともいえる。結局、行政権回復にしぼった暫定協定は成立せず、領事裁判を根こそぎ廃止する交渉へと跳躍した。そのための代償が国内の反発を招き、交渉は一度挫折した。行政権回復は、列国による条約の拡大解釈を批判し、是正を要求する交渉であったが、法権回復に跳躍すると、条約の抜本改正を懇請する立場となった。要求内容が跳躍する一方で、交渉スタイルは宥和的となる。世の指弾を受けたいわゆる鹿鳴館外交の背後には、このような事情があった。とはいえこれにより日本の法権回復は国際的なコンセンサスとなったのである。

4．法権回復の成就

第三期においては、日本政府は各国政府との外交交渉を円滑に行い、日本の事情を了解している駐日公使をむしろ活用するようになった。そして、領事裁判撤廃を実現する。

井上は九月に外相を辞任、翌一八八八年二月に後任となった大隈は、外国人裁判官を大審院にのみ任用し、西洋型の法典を編纂・実施することを一方的な宣言によって保証することとし、各国別の交渉を展開した。大隈の厳しい督促の下、アメリカ・ロシア・ドイツ駐在の日本公使は任国政府との新条約調印に成功していく。イギリスですら、抵抗しつつもこの交渉形式と条約案を受け入れようとした。ところが、井上案が受けた非難が政府内外で大隈案に対しても加えられ、さらに法権回復にかまけて行政権回復への目配りが不十分であるという批判も政府内で強まった。一八八九年一〇月一八日、大隈は玄洋社の青年に襲撃されて重傷を負い、交渉はまたしても挫折した。

一二月、青木周蔵が外相となった。青木は大隈案で批判を受けた部分を除去すべく、イギリス公使フレイザー（Hugh Fraser）と粘り強く交渉した。行政規則の内容が、新条約や付属の貿易関係規則によって制約されないようにすることにも、こだわった。そのためには、国会開設（一八九〇年）により、内閣も外国も制御できない勢力が立法権に参与し、行政規則にも影響を与える、という弱者の脅迫めいた指摘も織り交ぜた。イギリスは、徐々に青木の要求に応じていく。しかしまたしても政府内の不和により青木は交渉の主導権を失い、一八九一年五月の大津事件を機に辞職した。

榎本武揚《たけあき》外相時代を経て、一八九二年八月に陸奥宗光《むつむねみつ》が外務大臣に就任した。陸奥案の内容は実質において青木案と大差はなかった。交渉形式においても、前公使のフレイザーと駐英公使に転じた青木とが討議して合意の大枠を作った。伊藤の指導力によって政府内の異論を抑えられる点が、重要な違いであった。駐日イギリス公使館は、第二次伊藤博文内閣が開明的かつ強力な政権であること、にもかかわらず国内で対外硬派との厳しい対立に直面していること、万一日本政府が現行条約の廃棄に訴えたとしてももはや軍事的圧力によって日本を屈伏させることは容易でないことなどを本国政府に伝え、交渉妥結を促した。伊藤内閣も、かつて反目していた自由党と提携することで、議会を掌握する意欲をアピールした。

一八九四年七月一六日、日英通商航海条約がロンドンで締結された。一八九七年一月までに、類似の条約が列国と調印された。新条約は、一八九九年に実施され、ここに日本は内地を開放し、領事裁判の撤廃に成功した。

法権回復の実現には、西洋諸国が評価する法典が次々と編纂されたこと、より評価は分かれるものの日本の警察、そして裁判官の信頼が向上したことが、背景にあった。これに加え、井上馨の時代に成立したコンセンサスを覆す用意のある国がなかったことも、重要であった。さらに一押しとなったのは、国会の開設であった。日本政府が、したがって日本政府との交渉を通じて外国政府が、日本の内政を制御できる余地が狭まり、在日居留民の安全のためには日本国内の反発を買わない新条約を結ぶことが賢明であった。

他方、青木が国会の猛威を強調したことには代償が伴った。列国を安心させるためには、日本政府が衆議院を制御できる展望を示さなければならず、それは自由党との公然たる接近という形で、超然主義の修正をうながしたのである。

5. 税権回復の成就

日英交渉が妥結した後、条約改正は政治の主要争点ではなくなり、対外硬運動はもっぱら対朝鮮・清・ロシア政策へと向けられるようになる。

とはいえ、一八九九年に実施された条約では、過半の品目で国定関税が認められ、税収も六〇〇万円余から一三〇〇万円余へと倍増したものの、英仏独からの主要な輸入品が、片務的な協定関税制度の下にとどめられていた。国定関税は折に触れて引き上げられたため、日本の関税は産業保護の観点からはいびつな構造を持つようになっていた。

したがって、実利の観点からは、このいびつさを是正することが、体面の観点からは、すべての品目を国定関税の、あるいは少なくとも相互的な協定関税の下に包摂し、関税自主権を完全に回復することが、政策課題として認識されていた。条約の有効期限は一二年間であり、一九一一年の七月から八月には満期を迎えることになっていた。

第二次桂太郎内閣の外相は、小村寿太郎であった。小村が対等条約に情熱を燃やした歳月は長く、すでに井上・大隈期には、その条約改正案に対する、外務省内の有力な批判者であった。桂首相が行財政整理を遂行するために蔵相を兼任し、かつ小村に協力的であったため、その裁量の範囲は大きかった。

小村は、満期一年前に条約廃棄を通告し、無条約になる可能性を条約国に意識させることで交渉を促進する方針をとった。また、新条約で適用されるべき国定関税の改正も、それに先だって行うこととした。関税定率法改正案は、一九〇九年末からの第二六議会において成立し、一九一〇年四月一五日に公布されている。

このような強気の交渉方式をとったものの、その後の道のりは平坦ではなかった。問題は、英仏であった。日本の片務的な協定関税を享受していた英仏独が一方的な撤廃を認めるとは考えにくく、相互的な関税協定へと移行するのが現実的であった。ところが、イギリスは自由貿易主義をとっていたため、フランスは複関税制度をとっていたため（二種類の国定関税を設定し、フランス産品を優遇する国に対しては低いほうの関税を適用する）、相互的な関税協定を結ぶことが難しかったのである。

しかも、その頃イギリス国内では自由貿易への批判が強まっており、自由党政権が窮地に陥っていた。特に、綿織物産地のランカシャーと毛織物産地のヨークシャーは自由党の支持基盤であるとともに、日本の関税引き上げへの反対の震源地であった。

加藤高明駐英大使は、日英同盟の維持強化に熱心であり、日本政府に対して、イギリス政府の窮地を救うよう説得に努めた。

イギリス政府の提案は、イギリスが自由貿易主義を守る限り、日本が協定関税を一部残す、というものであった。日本政府は、より明確な相互協定の形式を求めた。イギリスは、日本が認める協定関税の内容を知ろうとし、日本政府は、関税協定の形式が定まるまでは知らせまいとした。

加藤は、電報で新協定関税を知らせるよう要求するが、本省は拒否し、技師に書類を託して時間のかかるシベリア経由で持参させた。だが加藤はそれを待つことなく、ちょうど大蔵省から出張していた水町《みずまち》袈裟六《けさろく》財務官から新協定関税案と説明書らしきものを入手し、これに基づく仮税目案をイギリス側に提示して交渉を進めた。

結局、日本政府がいくつかの協定関税を認めるかわりに、イギリス政府は日本産品への無課税を維持することを約束するという協定への合意が成立し、一九一一年四月三日、これを含めた新しい通商航海条約が調印された。

日英間、あるいは小村と加藤の間の意思疎通は円滑を欠くことがあった。しかし、日英ともに、国内での体面が問題であり、関税をめぐる実質的な利害の差は小さい、という認識は共有していた。そして、議会での追及を避けるためにも、条約失効までに新条約を成立させることでも、利害が一致していた。

フランスとの交渉は、さらに困難であった。

フランスは、日本の練羽二重《ねりはぶたえ》を輸入し、染色加工して利益を挙げていたので、低いほうの国定関税として従価九％ほどを課すに過ぎなかった。日本政府は、この国定関税を据え置く保証を求めた（①）。

一方で、スイスやイタリアなどヨーロッパ諸国と競合する完成品の絹織物については、フランスは差別的な関税を日本産品から徴収していた。この差別を撤廃することを、日本は要求した（②）。小村は、これらの要求が容れられるならば、葡萄酒・シャンパン・モスリン・香水・石鹼などのフランス産品について、日本の国定関税より低い関税を協定する用意があった（③）。

これに対し、フランスはフランス産品に対する関税の引き下げ（③）を求めつつ、練羽二重関税の据え置き（①）については、国定関税の制定権を侵害するものとして、受け入れようとはしなかった。日仏の溝は埋まらず、栗野慎一郎駐仏公使が、交渉担当者の交代を申し出るほどであった。

日本外務省顧問のデニソンの助言に基づき、ようやく下記のような妥協が成立した。すなわち、①②③を新しい通商航海条約に記す。日仏はこの合意を自国の法令によっていつでも廃棄できるものの、この合意に抵触する新たな関税を実施するまで五ヵ月の猶予期間を置く。事実上、五ヵ月を期限とする関税協定であった。そして、廃棄すると関税上の最恵国待遇を失うと定めることで、この協定を双方が維持するよう仕向けるものであった。

このような変則的な協定を織り込むことで、条約満期を過ぎた一九一一年八月一九日に、かろうじて新条約の調印に成功した。

英仏以外の国については、条約失効前に新条約に移行できた場合も、あるいは暫定協定によって通商航海関係を規律することになった場合もあったが、日本にとって大きな問題となるものではなかった。税収は、輸入額の変動により一概にはいえないが、四〇〇〇万円弱~四五〇〇万円の水準から六五〇〇万円前後に増加した。

ところで、行政権回復交渉期においては、日本が条約解釈を争うことが多く、法権回復交渉期になると日本が自らの国内事情を訴える局面が多かった。これに対し、小村時代の税権回復交渉は、条約国の国内事情に配慮する局面が多かった。

それは、経済外交において日本が実利を得ていないという不満を残すことにもなった。そもそも一九一〇年の関税定率法は、英仏独の反発を招かないよう協定関税品目については関税を低めに設定していたし、その後のイギリスとの交渉も、関税協定の形式にはこだわる一方で、協定関税の内容については妥協的であった。その結果、例えば製糖業については輸入税が大幅に引き上げられる一方で、重工業の要《かなめ》といえる鉄鋼や紡績・工作機械については、保護関税は設定されなかった。

しかしこうした経緯からは同時に、相手国の事情に配慮を施すほどには、国際関係の主体として成熟したということもできるのである。

学習課題

1. 日本が行政権の回復を中心に交渉を続けたのは、なぜか。また、それが成功しなかったのは、なぜか。
2. イギリスにおける自由貿易に対する批判の高まりは、日本の関税自主権回復交渉にどういう影響を与えたか。

参考文献

五百旗頭薫『条約改正史―法権回復への展望とナショナリズム―』（有斐閣、二〇一〇年）
五百旗頭薫「条約改正外交」、井上寿一編『日本の外交　第一巻　外交史 戦前編』（岩波書店、二〇一三年）
稲生典太郎『条約改正論の歴史的展開』（小峰書店、一九七六年）
外務省編（川島信太郎）『通商条約と通商政策の変遷』（巌南堂書店、一九五一年、〔新版〕二〇〇六年）
下村富士男『明治初年条約改正史の研究』（吉川弘文館、一九六二年）
藤原明久『日本条約改正史の研究―井上・大隈の改正交渉と欧米列国―』（雄松堂出版、二〇〇四年）
山本茂『条約改正史』（大空社〔復刻〕、一九九七年）

5 建軍

五百旗頭　薫

《ポイント》　戦前の諸悪の根源といわれる軍部は、どのように形成されたのか、同時代の文脈に内在して検討する。明治維新に功績を挙げた大名軍の武装解除と徴兵制の導入から始まり、藩閥政府の下で近代的軍隊が形成された経緯を概観した上で、こうした建軍が日清・日露戦争およびそれ以降の歴史に持った意味を検討したい。

1．序

戦前日本を誤ったのは日本陸軍だといわれる。本章では、この陸軍の形成を跡づける。統帥権の独立は、昭和期の陸軍の政治介入をもたらしたものとして悪名高いが、どういう文脈で導入されたか。「陸軍長州閥」といわれるほど、長州派が優位となったが、この優位はどれほどのものであったか。こうしたことを検討する。

これに対し、海軍は人的規模が小さく、国民との接点が限られている一方で、艦隊建設のためには陸軍以上に高度な技術と産業基盤を必要とする。これを支える軍産学複合体が、イギリスのサブシステムとしていかに成立したかを、やはり検討する。

2. 徴兵制の実現：戊辰戦争からの卒業

王政復古（一八六八年、旧暦慶応三年）後の内戦たる戊辰《ぼしん》戦争には二つの意義があった。第一は、身分制にとらわれた編制や戦術では勝てないということを明らかにした。第二に新政府軍は諸藩の軍の束であったため、これを解体することは大きな反発を招くということであった。

これに対応して兵制論争においては、大阪兵学寮を中心に大村益次郎が唱えた徴兵制と、大久保利通《としみち》が中心になって唱えた藩軍の再編という二つの構想が競合していた。大久保が見出した妥協点は、一八七一年三月（旧暦二月）に薩長土で行った三藩献兵であった。形式的には大名との主従関係を断ち切った御親兵が成立すると同時に、この三藩には事実上依存することとなり、兵学寮の進めていた徴兵は打ち切りとなった。

だがこの御親兵は出身藩ごとの割拠性が強かった。これとは別に各地に鎮台兵が設けられ、こちらの出身藩は中小の藩を含めバランスがとれていたが、鎮西鎮台だけは薩土肥の比重が大きく、御親兵と同様の問題があった。

とはいえ、こうして結集した軍事力を背景に、一八七一年の廃藩置県を断行できたのである。以後、御親兵を近衛兵と名前を改めた上で、兵卒を鎮台兵に置き換えていくことで、薩長土の影響力を薄めていく方策がとられた。

一八七三年一月には、陸軍省はついに徴兵令の発布にこぎつけた。当初、戸主およびその相続人は免除することで家制度に配慮し、他の分野で貢献するであろう官吏・学生も除外するといった幅広い免役制があった。二七〇円の代人料を払えば免役されたが、これによって免除されたのは、一八七九年まで一年に三〇人以下であった。財政上の制約から、精兵主義と称して年に一万人ぐらいしか徴集しなかったので、母集団が少々、不公平に減っても問題は小さかったといえる。

3. 統帥権の独立：台湾出兵・西南戦争からの卒業

問題は、軍事的役割を解かれる士族であった。その不安・反発は強く、これを背景に対外戦争論が台頭した。薩派の軍人たちと、三藩献兵の段階から排除されていた肥前の出身の外務卿、副島種臣《そえじまたねおみ》が、台湾出兵を主張した。だが陸軍省・大蔵省が反対し、かつ正院（当時の太政官政府は正院・右院・左院から成り、大臣・参議を擁する正院が中心とされた）、特に西郷隆盛（薩摩）と板垣退助（土佐）が朝鮮のほうに関心を示すと、副島もこれに合流し、征韓論は薩摩・土佐・肥前の連合した主張となる。不平士族の働き場を求めて、場当たり的に外征論が唱えられたことがわかる。

西郷の朝鮮への派遣は、一八七三年八月一七日に岩倉使節団の同意を条件に承認されたが、帰国後の岩倉具視《ともみ》・大久保・木戸孝允《たかよし》が内治優先を主張し、特に大久保の奮闘で派遣は延期となった。憤激した西郷・板垣・江藤新平らは下野してしまう。この明治六年の政変により、きわどいところで征韓論は抑えられたのである。

だがこの政変で成立した大久保政権においても、正院の外交・軍事指導には危うさがあった。一八七四年五月には、台湾出兵を断行する。征韓論からの批判を逸らし、かつ一番あぶない鹿児島士族を台湾に隔離して働き場所を与えるという狙いがあった。実施機関たる台湾蕃地事務局は正院の別局であり、軍人ではない大隈重信が長官となった。

陸軍省はこれに冷ややかであった。出兵前から山県有朋《やまがたありとも》は陸軍卿を辞任し、参議への就任も拒否していた。正院の閣議に参与しないことを明確にしたのである。大島明子〔小林道彦・黒沢文貴、二〇一三〕が描き出したように、当時のシビリアンコントロールは、不平士族への不十分なコントロールと、正院の過剰なコントロールという二重の問題を抱え、軍事の専門機関がこれに背を向けるという状況であった。

実際、正院による軍事指導はミスの連続であった。英米が出兵の正当性を認めず、アメリカは船の貸し出しを断った。正院は出兵の中止を決めたが、台湾蕃地事務都督の西郷従道《つぐみち》は四〇〇〇名弱の将兵を独断で長崎から出航させてしまった。このうちの鹿児島徴募隊は不服従で、帰国を要求したため交代を余儀なくされた。清も想定外に強く反発し、開戦の危機となった。

大久保自らが北京に赴き、交渉にあたったことで、一〇月に戦争は回避された。この間、万一の開戦においては陸軍の協力が不可避であり、山県の参与が不可欠であった。開戦の場合には陸海軍にすべて軍事を「専任」させるという内達と引き換えに、山県は参議・陸軍卿・参謀局長・近衛都督になった。その後も山県は参議辞任を繰り返し申し出ながら、陸軍省の省務と人事についての自立性の回復を正院に認めさせていった。

台湾出兵の後、朝鮮との間でも一八七六年に日朝修好条規が締結され、士族は大義名分としての対外危機を失った。展望のない散発的な反乱を起こし、鎮圧されていく。西郷隆盛が鹿児島士族を抑え切れなくなり、一八七七年二月、西南戦争を起こしたときには孤立無援に近い状況であった。とはいえ、約三万の西郷軍を鎮圧するほどの力は当時の徴兵制の軍隊にはなかった。西郷軍と戦った五万数千の政府軍のうち、鎮台兵・近衛兵は半数であった。士族を巡査として徴募したのが残り半数であった。そして徴兵は白兵戦では西郷軍に劣った。熊本鎮台司令長官だった谷干城《たてき》が熊本城の籠城を決めたのは野戦では負けると思ったからである。だが結果としては、兵器と補給に優っていれば士族軍に負けないことを証明した。九月、西郷は自決に追い込まれる。

政府軍の中でも活躍したのが近衛兵であり、特に近衛砲兵であった。ところがこの近衛砲兵が西南戦争後に反乱を起こした。一八七八年八月二三日、竹橋事件である。宮城の北、竹橋に駐屯していた近衛砲兵大隊が西南戦争の論功行賞の遅れや給与削減への不満を強訴しようと計画していたが事前に露見し、二〇〇名を超える兵士が赤坂の仮皇居に迫ったが護衛兵に阻止され、投降した。明治政府が受けた打撃は大きく、多数の兵士を処刑した。

背景には、兵役の延長への反発があったといわれている。明治六年政変の後、帰郷した薩摩兵にかわって徴兵の中で強壮で行状正しいものが近衛兵に入れられ、さらに五年間兵役を務めることとなった。昇給や予備役の免除といった特典はあったが、少なからぬ者にとって、兵役延長の負担や不満が上回ったのであろう。このように、徴兵制が国民に定着するにはまだ時間が必要であった。

他方で、板垣らが政府専制を批判して自由民権運動を展開し、これに影響を受ける軍人も散見された。

政治的イデオロギーに動かされず、藩（薩摩など）でもなく指導者（西郷など）でもなく国家に献身する軍隊が必要であった。そのシンボルとなり得るのは、天皇しかいなかった。一八八二年の軍人勅諭などによって天皇の軍隊であることを強調し、一八七八年一二月には参謀本部が太政官から独立して天皇の直隷となった。一八八五年一二月に太政官制が廃され、内閣制度が発足すると、統帥事項は総理大臣の管掌外であることが内閣職権により確定された。統帥権の独立は、政治に介入するためというよりは、政治からの悪しき介入や、危険な政治化を防ぐために制度化されたといえる。

4．海軍における軍産学複合体の成立

海軍において、陸軍の参謀本部に対応するのは軍令部であったが、海軍の至上命題は建艦であり、そのための予算を折衝する海軍省が、自然と優位に立った。もっとも、海軍省は予算の獲得だけでなく、技術的・産業的基盤の形成にも努力した。

その意味での海軍建設は、幕末の横須賀製鉄所を起源とする。フランス公使レオン・ロッシュの斡旋によるものであり、一八六五年正月にロッシュと幕府の間で設立についての議定書が締結された。海軍技師ヴェルニーが招聘され、教育にあたった。製鉄所は、明治政府に引き継がれる。

一八七五年前後に、日本は軍艦の発注と技術導入先をイギリスに転換した。この年にイギリスに初の甲鉄艦・鉄骨木皮艦の建造を発注したところ、イギリス海軍造艦部長エドワード・リードが担当した扶桑・金剛・比叡は高い評価を得た。同じ年にヴェルニーが解雇されている。

造船技術の教育は、イギリス留学経験者により工部大学校、東京大学理学部、造船学科、帝国大学工科大学へと受け継がれていった。イギリスでは技術者の養成は、独仏のような専門学校ではなく、大学（王立海軍大学・グラスゴー大学）が担っており、イギリスはこの点でも日本のモデルとなったのである。

このように、フランスの協力によって製鉄業・造船業など産業の育成と海軍の拡張を同時に追求する路線が敷かれ、イギリス式への転換によってこの路線を軍が関与する大学教育で追求する態勢がとられ、軍産学複合体が成立したのである。

5. 陸軍の教育と人事

陸軍は海軍よりも、大量の人的資源に依存する。徴兵制の成立についてはすでに述べたが、士官の育成・配置について述べておく。

陸軍でも当初は、普仏戦争におけるフランスの敗北にもかかわらず、フランスの影響が強かった。幕府の招聘したフランス軍事顧問団と横浜の仏語学所の蓄積からであろう。陸軍幼年学校では、当初は教育に用いられる言語自体がフランス語であった。一八七五年頃からさすがに軌道修正が行われ、日本語による教育となった。

士官教育も当初はフランス式であったが、一八八五年にドイツから来日したヤコブ・メッケル少佐の勧告により、陸軍士官学校の教育は一八八七年からドイツ式に転換した。その最大の特徴は、入学の前に、指定された連隊での隊付教育により実地の勤務を体験する点にあった。これは敗戦に至るまで、陸軍独自の教育システムとなる。

陸軍の最高学府は陸軍大学校であり、一八八三年に参謀将校の養成を目的として開設された。その後、やはりメッケルの影響でフランス式からドイツ式に転換した。受験には、所属連隊長の推薦が必要とされるようになった。推薦を得ても、入学試験の合格率は一割程度に過ぎない狭き門であった。陸軍大学校卒業を示す徽章は「天保銭」といわれ、エリートの象徴であった。その中でも卒業時に軍刀を下賜された優等生は出世が約束された。

これら陸軍の教育には手厚い官費支給があり、経済的に恵まれない優秀な少年を引きつけた。原隊の将校団や教官の評価は、卒業後の昇進や配属にまで影響した。限られた数の同期の間での強い結束とライヴァル意識が、在学中も卒業後も、陸軍での生活の特徴となった。

こうした教育は、一般社会から隔絶した気質や、指揮官をないがしろにした幕僚の専横の原因となったが、幼年学校・士官学校・大学校という教育システムによって専門的な士官教育の基盤ができたことは重要である。

6．軍拡の始動と反動

一八八二年の壬午事変により朝鮮半島をめぐる日清の対立が顕在化する。日本は清に対する、特に海軍の劣勢を痛感し、以後、軍備拡充機運が強まった。

軍艦・水雷砲艦三二隻を八ヵ年で建造する計画が決定された。巡洋艦浪速・高千穂・畝傍は海外に発注し、中小艦は国内で建造するというものである。海軍少匠司の佐双《さそう》左仲《さちゅう》が伊藤雋吉《しゅんきち》海軍少将に同行して渡欧し、浪速・高千穂はイギリスのアームストロング社、畝傍はフランスのフォルジェシャンチェー社に発注した。だが畝傍は回航中に行方不明となったため、その保険金で千代田がイギリスのJ・G・トムソン社（後のジョン・ブラウン社）により建造された。

海運業においては、政府は三菱会社に対抗して一八八二年に共同運輸会社を設立させた。政府から交付された船舶はすべて海軍の付属と心得ることを条件に、資本金のほぼ半分を支給しており、社長に就任したのは伊藤雋吉であった。伊藤・佐双はイギリスにおいて共同運輸のための最新鋭の鉄製汽船も購入した。当時日本の海運業は鉄・鋼船の技術を習得できなかったために停滞しており、この隘路を突破する購入であった。

共同運輸と三菱は激しいシェア争いを繰り広げたが、政府・海軍の斡旋により両社が合併して日本郵船会社となり、日本海運業を独占し、かつ海軍の潜在的な基盤となった。このようにして、造船業と海運業を複合的に発展させることが試みられ、成果を収めたのである。

陸軍においては、一八八三年および八九年の徴兵令大改正で免役制は猶予制に改められ、その要件が厳格化され、国民皆兵の理念に近づいた。一八八八年には鎮台が廃止され、機動性の高い師団が単位となった。当時の主たる意図は上陸した敵軍を俊敏に撃退することにあったが、大陸へ攻勢をとるためにも役立つものであった。六個師団から出発し、後に近衛も師団化して七個師団体制となった（一個師団は平時で約九〇〇〇名）。

ところが、当時の松方デフレの下では、軍拡のために割ける予算は限られていた。壬午事変後の海軍拡張計画は税収不足により破綻してしまった。それにもかかわらず、一八八四年に甲申事変、翌八五年に巨文島事件（朝鮮南部の巨文島をイギリス艦隊が占拠した）といった軍事的緊張が発生し、陸軍・海軍ともに大規模な軍拡を求めるという状況であった。伊藤博文の親友であり、外務卿であった井上馨《かおる》は、自らが海軍卿になり、軍拡計画を抜本的に見直すことを考えた。陸軍についても、半分以下の二万人程度に減らすことを提案した。

これと緩やかに連帯する勢力や機運があった。

海軍においては、一八八〇年代後半から九〇年頃まで、フランスへの期待が再び高まった。当時、フランスでは甲鉄製軍艦よりも安上がりな水雷艇を重視する水雷学派が台頭しており、井上馨の緊縮路線にとって有用であった。

一八八六年にはフランスの著名な造船技師エミール・ベルタンが招聘され、水雷艇を中心としつつ、清の大型甲鉄艦鎮遠・定遠に対しては両艦よりも大型の主砲を搭載した海防艦三隻（三景艦といわれた松島・厳島・橋立）を建造するという方針を提案し、採択された。

陸軍内では、非主流派の谷干城（土佐）、鳥尾小弥太（長州）、三浦梧楼《ごろう》（長州）、曽我祐準《すけのり》（柳川）の四将軍が隠然たる勢力を有していた。一八八六年には、明治十九年の陸軍紛議と呼ばれる事件が起きた。大山巌陸相らが進めた検閲条例と武官進級条例の改正に対し、三浦や曽我が公然と反対したのである。検閲条例は陸相の権限を不当に強め、武官進級条例は古参者への不当な優遇になるというのが反対理由であった。天皇も四将軍の意見に近かったようである。

ところで三浦は、敵軍が侵入した現地での固定的防衛を主眼とする民兵的な「護郷軍」を構想しており、三年の兵役を一年に短縮してよいと考えた。そうすれば、兵数を増やしつつ財政および徴兵者の負担は軽減できる。井上の軍備縮小論と共鳴する余地があったといえる。

当時、自主的な勉強会たる月曜会が四将軍に接近していたことが、陸軍主流派の危惧を強めた。月曜会は一八八一年に創設された少人数の兵学研究団体であったが、一八八七年には一七〇〇人を擁するにまで拡大し、優秀な少壮軍人のほとんどは会員であるとまでいわれた。月曜会は専門知識の習得を目標としており、会内では薩長閥による情実人事への不満が渦巻いていた。

月曜会―四将軍―井上馨―水雷学派がもたらしたゆらぎの大きさについては、慎重な検討が必要である。海軍におけるフランス派の復活は、陸軍の動向と直接関連するものではなかった。さらに四将軍の唱える軍備縮小は、月曜会の追求する専門化とは方向性が異なっていた。メッケル招聘で専門化の主導権を桂太郎らが奪い返すことで、四将軍が少壮軍人の幅広い支持を糾合する機会は乏しくなったといえる。条約改正の方法や西洋化をどこまで受容するか、といった重要な論点について、井上と四将軍の意見は大きく隔たっていた。陸軍の専門化という潮流と財政ひっ迫とが、異質なものを一時的に接近させたのだといえよう。

海軍については、フランスは結局その技術的優位性を証明することはできなかった。三景艦は建造に想定以上の時間がかかり、かつ故障を繰り返した。一八九〇年、ベルタンは帰国し、佐双が復権して甲鉄戦艦の建造を推進した。富士、八島をイギリスのテームス社とアームストロング社にそれぞれ発注し、イギリスモデルへの回帰を明確にしたといえる。

陸軍はより強硬な措置をとった。一八八八年には官製の研究団体、偕行社への合併を勧告し、月曜会がこれを拒否すると、翌年二月、ついに解散を命じたのである。四将軍も相次いで予備役に編入された。

陸軍紛議と月曜会事件を経て、山県を中心とする藩閥、特に長州派の支配が確立した。その下で、桂太郎（長州）・川上操六（薩摩）・児玉源太郎（長州）らにより陸軍の建設が進められる。一八八九年二月に発布された明治憲法には天皇の統帥権が明記され、統帥権の独立が確認されたものとみなされた。

7．日清・日露戦争

在野の自由民権運動は、征韓論を唱えて下野した板垣らの提唱で活発化したものであり、国防の重要性を否定することはなかった。だが財政規律も重視しており、一八九〇年に国会が開設されると、厳格な予算査定を試みて政府と衝突し、藩閥政府は信用できないという理由で軍事費、特に建艦費の削減に踏み込むこともあった。小林道彦〔小林、二〇一二、小林・黒沢文貴、二〇一三〕によれば、児玉源太郎は、陸軍が立憲制と共存するためには政治的自己抑制が必要であると痛感し、以後、参謀総長の帷幄《いあく》上奏権から軍備の平時編成を除外するといった制度改革を、日露戦後まで模索し続ける。

陸海軍はこうした政治的苦境から、日清戦争・日露戦争によって脱却することができた。二つの戦争における日本軍の成功は、ここまで述べて来た近代化がなければあり得なかったであろう。

一八九四〜九五年の日清戦争において、陸戦では訓練・装備・士気において日本軍が優勢であり、清より少ない兵数で勝利した。動員したのは約二四万、出征したのは一七万四〇〇〇であり、予備役を用いて、七個師団を平時編成から約二倍の戦時編成に移行させるだけでほぼ済んだ。

だが動員されなかった国民も戦況を注視し、戦勝に興奮し、三国干渉に憤慨して、国家と自らの運命を一体視する傾向を強めた。軍拡への政治的抵抗が弱まり、戦前には二〇〇〇万円を超える程度（歳出総額の三割）であった陸海軍費が、戦後は一億円を超えるようになった（歳出総額の四割前後）。

陸軍は武官の質低下に悩みながら、六個師団を新設した。一九〇一年に軍拡は完了し、以後、専門教育を受けた者の抜擢進級が、幕末期の戦争経験によって任官した武官に代替していく。大江洋代〔小林道彦・黒沢文貴、二〇一三〕によれば、日清戦争後には中佐・大佐レベルまでは抜擢進級制度に基づく能力主義が実現した。

日清戦争の海戦においては、海軍がイギリスモデルへ転換したことの正しさが証明された。黄海海戦では、主力のはずの三景艦のフランス製の主砲は故障によりほとんど発射の機会がなく、命中もしなかったが、厳島・松島に副砲として搭載されたイギリス製のアームストロング式速射砲が鎮遠・定遠以下に大打撃を与え、敗走に追い込んだ。かつ鎮遠・定遠がそれでも沈没しなかったことで、甲鉄艦の装甲の重要性が再評価された。イギリスから購入した浪速・高千穂は、期待どおりに活躍した。

日清戦争と三国干渉により、大型甲鉄艦による制海権確保の必要性は海軍部内のみならず日本国内で広く認知された。その後の海軍拡張を主導したのが、海軍省軍務局長の山本権兵衛（薩摩）であった。

山本の路線の特徴は二つある。

第一に、イギリスをモデルとした、甲鉄艦を主体とする大海軍の整備を推進したことである。具体的には、甲鉄戦艦六隻と甲鉄巡洋艦六隻の建造である。そのうちのそれぞれ六隻、四隻をイギリスに発注することで、日本は日露戦争までに六六艦隊の編成を実現した。山本は一八九八年一一月に海軍大臣に就任し、以後長く海軍に君臨した。

第二に、基礎となる産業力・技術力を重視した点である。大臣就任後、山本は一九〇〇年に海軍機構の大改革を行ったが、その目玉が海軍艦政本部の設置である。ここが大臣に直属して艦船・兵器の計画・造修を管轄し、各国に派遣されていた造船造兵監督官と緊密に連携することで、軍艦建造技術は急速に発展した。山本はさらに呉造兵廠を拡張して呉海軍工廠とし、装甲板に必要な特殊鋼を生産させることで大型甲鉄艦の国産化を推進した。

他方で山本は、八幡製鉄所を海軍所管として建設するのには反対した。呉の製鋼所は軍艦製造のための装甲板や兵器に特化させ、八幡が船体材料を含む国内一般の鉄鋼需要に応じ、規模の経済を活かして生産力を拡大するという分業を構想していたのである。

畑野勇が強調するように、日本の軍産学複合体は、イギリスの軍産学複合体のサブシステムとして成立したといえる〔畑野、二〇〇五〕。同じく畑野が指摘するように、日本のサブシステムの成立は、イギリスにおける軍産学複合体の確立にも寄与した。イギリスでは、一八八九年の海軍国防法（National Defence Act）の成立により、海軍の大規模拡張および民間兵器産業への発注が始まった。民間に発注するというのは、拡張の規模が海軍工廠の生産力を上回っていたためである。だが入札に参加するリスト（Admiralty List）に入れるのは軍艦建造経験のある企業であり、アームストロング社のような後発企業には著しく不利であった。アームストロング社は日本からの発注を受けることでノウハウと実績を蓄積し、しかも海軍の造船技術者を雇い、建造を主導させることで海軍との結合を強化した。海軍の軍艦建造主任からアームストロング社に入社し、浪速・高千穂の建造を主導し、海軍の艦船造船部長へと復帰したウィリアム・ホワイトがその典型である。

以上のような陸海軍の整備にもかかわらず、一九〇四〜〇五年の日露戦争ははるかに困難な消耗戦であった。動員は一一〇万弱で、九四万五〇〇〇が出征した。既存の一三個師団では足りず、戦時中に四個師団が新設された。予備後備兵のみならず未教育兵を六五万あまり召集しなければならず、人的資源の限界に近かったといえる。

軍事費も一七億円を超え、増税と外債に依存した。ロシアからは賠償金は取れず、戦後財政は困難をきわめたが、軍事費は二億円前後を占めるようになった（歳出総額の三分の一）。

日清戦争において日本軍の軍紀は比較的に良好であった。一九〇〇年の義和団事件に対する出兵においても同様のことがいえる。日露戦争においても、戦闘の激しさ故に逃亡や上官への反抗は増えつつも、軍紀はおおむね維持された。

機関銃を含め、日本軍の兵器が質量で劣っていたわけではなかった。だがこうした新兵器の登場は攻勢をとる側に不利に働き、火力で勝敗を決することができなかった日本は白兵戦においてロシア兵の頑強さに苦戦した。この教訓を受けて、一九〇九年改訂の歩兵操典は「攻撃精神を基礎とし白兵主義を採用」すると謳った。白兵戦に苦労したことを認めたものであったが、後世、日本軍の強みは精神力であるとして、物量や兵器の不足を正当化する口実となっていく。

8．日露戦後への遺産

日露戦争までの時代、日本陸軍は専門的な軍隊と合理的な用兵の達成に成功したといえる。明治維新直後、新政府が大名の軍事力に依存している状況から、これを達成することは容易ではなかった。徴兵制が制度として成立した後も、不平士族の不満やこれに妥協しかねない新政府、平民の徴兵忌避や自由民権運動の浸透といったリスクに陸軍は直面した。統帥権の独立は、こうした政治化を防ぐ歯止めとして導入された面が強かった。

やがて政党の台頭に伴い、統帥権の独立はこれに対抗し、介入する手段と変貌する。一八九八年に短命ながら初の政党内閣（隈板《わいはん》内閣）が成立したことに反発した山県は、続く第二次山県内閣において軍部大臣現役武官制を導入し、軍部の自律性をさらに強めようとした。もっとも、藩閥が統治集団であったこと、文民側の伊藤博文が藩閥の筆頭であったことなどから、日露戦争後しばらくはシビリアンコントロールが機能していた。

陸軍でも児玉のようにこれに対する理解があったことはすでに述べた。児玉は、日清戦争で植民地となった台湾の総督となり、後藤新平といった文民の裁量を尊重し、辣腕を振るわせた。児玉は早世するが（一九〇六年）、上司にあたる桂・寺内正毅《まさたけ》は陸軍の軍拡要求を抑制し、政党側との協調に務めた。これが、政友会総裁西園寺公望《さいおんじきんもち》と桂の間で政権が授受される、桂園《けいえん》体制という安定期をもたらした。

だが陸軍全体がこうしたリーダーシップにいつまでも従うとは限らなかった。中佐・大佐レベルまでは能力主義が貫徹したことは前述したが、言い換えればそれより上、勅任官レベルにおいては長州閥の優位が続き、したがってそれに対する不満は鬱積していた。しかも多大の犠牲を払った満州の経営へのこだわりは陸軍全体で強く、児玉も例外ではなかったので、韓国の発展を優先と考える伊藤とこの点では衝突した。さらに最長老の山県は第一線から離れているが故に、部内の強硬論に迎合する傾向があった。

イギリスは日露戦争における日本海海戦等の戦績を踏まえ、大艦巨砲の効用を確認し、かねてより検討していたドレッドノート型の開発・竣工に乗り出した。ドレッドノートや、それに続くオライオン級戦艦は、日本語でそれぞれ弩級、超弩級といわれるように、これまでの軍艦の意義を薄れさせるほどの性能を備え、あらたな世界的海軍拡張競争を惹起するものであった。イギリスの軍産学複合体のサブシステムとして発展した日本海軍は、こうした動向に敏感であった。海軍が軍拡要求を強め、これに刺激された陸軍の軍拡要求が抑制困難となったとき、桂園体制は終焉を迎えるのである。

しかし軍部のセクショナリズムに対する制裁は強かった。桂園体制に終止符を打った大正政変においては、陸軍の二個師団増設要求は世論の強い指弾を受け、第三次桂内閣は退陣に追い込まれた。続く海軍の山本権兵衛による内閣は、シーメンス事件によってやはり退陣に追い込まれた。陸海軍は藩閥元老の制御から離れつつあったものの、かわって統治勢力として台頭しつつあった政党と協調しなければならなかった。本書が戦前後半に軍についての独立の章を置かないのは、その重要性が低いからではなく、右に述べた意味での政軍関係が政治史の主旋律の一つとなるからである。

学習課題

1. 陸海軍におけるフランスの影響は、どのような盛衰をたどったか。
2. 統帥権の独立には、いかなる背景があったか。
3. 山本権兵衛の海軍指導には、どのような特徴があるか。

参考文献

大澤博明『近代日本の東アジア政策と軍事―内閣制と軍備路線の確立―〔熊本大学法学会叢書〕』（成文堂、二〇〇一年）
加藤陽子『徴兵制と近代日本―1868－1945―』（吉川弘文館、一九九六年）
北岡伸一『官僚制としての日本陸軍』（筑摩書房、二〇一二年）
北岡伸一『日本陸軍と大陸政策―１９０６－１９１８年―』（東京大学出版会、一九七八年）
小林道彦『児玉源太郎―そこから旅順港は見えるか―』（ミネルヴァ書房、二〇一二年）
小林道彦・黒沢文貴編著『日本政治史のなかの陸海軍―軍政優位体制の形成と崩壊 1868－1945―』（ミネルヴァ書房、二〇一三年）
篠原宏『陸軍創設史―フランス軍事顧問団の影―』（リブロポート、一九八三年）
高橋秀直『日清戦争への道』（東京創元社、一九九五年）
戸部良一『逆説の軍隊』（中公文庫、二〇一二年）
畑野勇『近代日本の軍産学複合体―海軍・重工業界・大学―』（創文社、二〇〇五年）

6 「大陸国家」日本

奈良岡聰智

《ポイント》 日露戦争に勝利した日本は、その後東アジアの「大陸国家」として勢力拡張を続け、しだいに近隣諸国や欧米列強との間に軋轢《あつれき》が生じるようになっていった。その一方で、日本国内では議会や世論が力を増していった。本章では、日露戦争を乗り越えた日本が、外交、国内政治において目指し、実現したものが何だったのかを検討する。

1．日露戦争の意義

日露戦争は、日本が大国ロシアを相手に国力を賭して戦った「総力戦」であった。司馬遼太郎が小説『坂の上の雲』で描き出したように、日本の勝利の背景には、開国以来の「富国強兵」への努力があった。講和に向かうターニング・ポイントとなった日本海海戦での鮮やかな勝利は、日本の艦艇運用能力の高さ、下瀬《しもせ》火薬・伊集院信管など最新兵器開発の成功、日英同盟を活用した情報収集などの成果によるものであった。日本は兵力数で劣る陸上戦でも健闘し、激戦の末に旅順要塞を陥落させ、ロシア軍を北満州に駆逐することに成功した。情報・宣伝戦でも日本のパフォーマンスはロシアと互角以上であり、日本はアメリカによる好意的仲介、英米金融界からの資金獲得に成功した。結果として日本は、賠償金獲得はならなかったものの、南満州の租借権および同地域の鉄道使用権、南樺太の領有権を獲得し、「大陸国家」になった。欧米列強は、それまで東京に置いていた公使館を大使館に昇格させ、日本を「一等国」として処遇するようになった。

日本はこの戦争を、西洋列強からの支持獲得を強く意識しながら戦った。そのことをよく示すのが、日本によるロシア人捕虜の厚遇であった。激戦が相次いだこの戦争では、実に約八万人ものロシア人兵士が日本側の捕虜（当時の言葉では俘虜）になった。彼らは日本各地に作られた捕虜収容所に入れられた。一八九九年締結のハーグ陸戦条約では、捕虜は「博愛の心」で取り扱うべきものとされ、交戦国は捕虜を「給養」する義務を負い、自国の兵士と同等の食糧、寝具や衣服を提供するものとされた。また、捕虜の虐待は禁止された。将校を除けば捕虜を労働させることもできたが、その場合には給与を支払う必要があった。日本はこの条約を一九〇〇年に批准しており、同条約を遵守しながら戦った。日本政府がロシア人捕虜の家族の訪日を認めたため、金銭的に余裕のある将校の捕虜の中には、家族を呼び寄せ、収容所の外で一緒に暮らす者もいた。またロシア人捕虜は、一定の制約の中で自由行動を認められており、愛媛県松山市では彼らが道後温泉に入浴し、心身を癒すという光景も見られた。日本政府はこうした「人道的対応」を、「文明国」の証として積極的に宣伝した。このような捕虜待遇も、国際世論の日本に対する支持につながったものと考えられている。

日露戦争がもたらしたものは、「正」の面ばかりではなかった。日本はこの戦争で国力をギリギリまで使い果たした。賠償金を獲得する確信がないにもかかわらず、アメリカの仲介に乗って講和に踏み切ったのは、桂太郎首相、小村寿太郎外相をはじめとする政府首脳が、国力の限界をよく弁えていたからである。しかし終戦後、この「勝利」が薄氷を踏むようなギリギリのものであったことは忘却されていった。旅順陥落の立役者・乃木希典《まれすけ》、日本海海戦時の連合艦隊司令長官・東郷平八郎はその活躍を讃えられ、英雄視された。日露戦後に編纂された公式戦史『明治三十七八年日露戦史』（参謀本部編）、『極秘明治三十七八年海戦史』（海軍軍令部編）は、陸海軍のごく限られた範囲でのみ閲覧され、戦訓の客観的な検証は疎かにされたようである。これが過度に精神主義を強調する陸軍の体質、日本海海戦の勝利体験に固執する海軍の姿勢を助長したともいわれている。威信を高めた軍部は政治的影響力を増し、日露戦後に日本の朝鮮半島や満州への勢力拡大を推進していった。軍部の発言力の増大は、以後しばしば外交や財政の舵取りを危うくすることになる。

世論が膨張主義的な性格を強めたことも、この戦争がもたらした「負」の側面の一つであった。戦争中日本国民は、日清戦争時と比較にならないほどの犠牲や増税に堪えた。しかし、ポーツマス講和条約では賠償金が得られず、日本が獲得した領土も期待されていたほどではなかった。これに不満を爆発させた民衆は暴徒と化し、内務大臣官邸、政府系と見なされていた国民新聞社や交番を襲撃し、焼き討ちした。この日比谷焼き討ち事件は、死者一七名、負傷者五〇〇名以上、検挙者二〇〇〇名以上を出す大暴動となり、近衛師団の出動によってようやく鎮圧された。この事件は、一面では民衆の強い政治参加欲求を示し、日露戦後の政党政治の発展や大正デモクラシー運動の底流となったが、他面では日本の大陸へのさらなる勢力拡張を求める推進力ともなった。こうした民衆の声をバックに、満州は「十万の英霊と二十億の国帑《こくど》」によって獲得した特別な土地であるという観念が広まっていき、それは日本外交の制約条件となっていく。

このように発言権を強めた軍部、膨張主義的な世論という危うい要素を内に抱えつつも、日露戦後の日本政治は比較的安定していた。この時期は、桂太郎、西園寺《さいおんじ》公望《きんもち》という二人の有力政治家によって交互に政権が担われたため、両者の苗字を取って「桂園《けいえん》時代」と呼ばれる。

西園寺は、摂関家に次ぐ家格の公家出身で、明治初期にフランスに一〇年近く留学した経験を持つ自由主義的政治家であった。外交官、文部大臣などを経て立憲政友会に参加し、伊藤博文を継いで二代目の総裁となった。西園寺は、満州経営における陸軍に対する主導権の確保や政党政治の発展に意を用いた。二次にわたる西園寺内閣（一九〇六～〇八年、一九一一～一二年）では、実力者原敬《たかし》が内相として内閣を支えた。政友会は「積極政策」と称するインフラ整備を推進して、地方における支持を拡大した。しかし、この時期の政友会は、衆議院では第一党の座にあったものの、貴族院には勢力が及ばず、官僚組織を統御できる人材もまだ乏しかった。そのため西園寺内閣には、政友会員以外の者も入閣している。「桂園時代」は、政友会の側からすれば、将来本格的な政党内閣を実現するために実力と経験を蓄えた時期であった。

一方桂は長州出身の陸軍軍人で、ドイツへの留学経験を持ち、軍政家として有能さを発揮した人物である。第一次内閣（一九〇一～〇六年）では日英同盟を締結し、日露戦争を勝利に導いた。第二次内閣（一九〇八～一一年）では、満州経営や韓国併合を積極的に推進した。彼は、元老山県有朋《やまがたありとも》の影響下にあった陸軍、貴族院を主たる政治基盤としていたため、山県の子分と見なされがちであるが、山県とは異なる政治志向も持っていた。桂は、日露戦後の財政悪化を懸念しており、財政を再建するために大蔵省との関係を重視していた。また、第一次内閣時には政友会と対立し、衆議院の解散を繰り返したが、第二次内閣では議会対策を重視し、西園寺と政権を交互に担当する密約を結ぶ代わりに、政友会と提携した。このように「桂園時代」は、桂と西園寺の下でさまざまな政治勢力が拮抗・提携する一種の挙国一致体制であった。

2．日露戦争後の対欧米外交

日露戦争での勝利によって、日本は国防上の大きな脅威を除去することに成功した。他方でロシアは、北東アジアでの南下を断念し、勢力拡張の矛先はヨーロッパに向かった。ロシアはバルカン半島で汎スラブ主義を唱え、オーストリア＝ハンガリーやその同盟国ドイツと対立を深めていった。

そもそも日露戦争は、二国間で完結していた戦争ではなかった。日本はイギリス、ロシアはフランスというそれぞれの同盟国から実質的に支援を得ながら戦っており、この戦争は世界的な拡がりをもって戦われていた（日英同盟は一九〇二年、露仏同盟は一八九四年に締結）。戦後、日露両国は和解を進め、一九〇七年に第一次日露協約を締結した。この年、ロシアはイギリスとの間でも英露協商を締結しており、すでに一九〇四年に結ばれていた英仏協商と併せ、三国協商と呼ばれる提携関係が成立した。他方でドイツは、一八八二年以来オーストリア＝ハンガリー、イタリアと三国同盟を締結し、海軍ではイギリス、陸軍ではロシア、フランスを仮想敵国としていた。すなわち一九〇七年には、協商国（英仏露）対同盟国（独墺）というのちの第一次世界大戦の基本構図が出来上がり、日本は日英同盟を通して協商国側に組み込まれていたと見ることができる。このように、日露戦争がグローバルな戦争として戦われ、第一次世界大戦の基本構図が形成される引き金となった側面があることから、近年の歴史研究では、日露戦争のことを「第ゼロ次世界大戦」（World War Zero）と呼ぶことがある〔Wolff, 2007〕。

日本は日露戦後しばらく、ロシアからの復讐戦の可能性を懸念していたが、第一次日露協約の締結によってその不安は払拭された。同協約では、公開協定部分で清国の独立、門戸開放、機会均等の実現などが掲げられる一方で、秘密協定ではロシアの北満州、日本の南満州での勢力範囲を確定するとともに、ロシアの外蒙古、日本の朝鮮半島（韓国）での特殊権益を相互承認していた。一九一〇年には第二次協約、一九一二年には第三次協約が締結された。第三次協約では、辛亥革命後の状況に対応して、内蒙古の西部をロシアが、東部を日本がそれぞれ勢力範囲とすることが決定された。

日本は、ロシアとの和解を進めつつ、南満州の経営を積極的に進めた。日本はロシアから継承した東清鉄道南部支線（長春以南）を南満州鉄道と改称し、南満州鉄道株式会社（満鉄）に経営させた。同社は鉄道事業のみならず、鉱山開発、インフラ整備や農林業まで行う「国策会社」であり、日本の大陸経営を担う中核的機関であった。日本は、日露戦争中に敷設した軽便鉄道を拡充するなどして、南満州に満鉄の支線網を拡げていった。それにつれて沿線開発も進み、日露戦前は四〇〇〇人に満たなかった南満州在住の日本人は、一九一〇年には七万六〇〇〇人にまで膨れ上がった。

南満州において、日本にとって特に重要な拠点となった都市は、商業や交通の中心で最大の人口を擁した奉天、満鉄本社が置かれた貿易都市大連、軍港都市旅順などであった。他方でロシアは、戦後も引き続き北満州を勢力圏としており、ハルビンの開発を進めた。ハルビンは、東清鉄道の建設が開始された一八九八年から急激に発展した都市で、ロシア正教会の教会、駅舎など、ロシア風の街並みが拡がっていた。ロシアは、沿海州の軍港ウラジオストクも維持していた。ウラジオストクでは日露戦争前から日本人が旺盛な経済活動をしており、彼らは戦時中一時的に日本に引き揚げたものの、戦後に復帰し、一九一四年には四〇〇〇人近い日本人が在住していた。ウラジオストクの市街には、銀行、商店など日本人が建設した建物が数多く存在した。

このように日露両国は信頼関係を醸成していったが、日本にとって最も信頼すべき国は同盟国イギリスであった。一九〇二年に締結された日英同盟は、締結国が他の一国以上と交戦した場合に、同盟国は中立を維持するという防守同盟であったが、日露戦争中の一九〇五年に改定されていた。改定後の第二次日英同盟は、締結国が他の一国以上と交戦した場合に、同盟国はこれを助けて参戦する義務を有する攻守同盟という形に強化された。有効期限は一〇年間とされていた。日英同盟は、日露戦後もきわめて大きな意味を持っており、日本の満州における勢力拡大、韓国併合は、いずれもイギリスの承認の下で行われた。また、一九〇七年に日英共同出資で日本製鋼所が設立されたように、同盟関係を背景として、イギリスから日本への投資や技術移転も進んだ。

日本では、一般に日英同盟は「外交の基軸」と認識されていた。日露戦後の外相に駐英大使経験者（小村寿太郎、加藤高明、林董《ただす》）が多いのは、日本がイギリスを重視していたことの一つのあらわれと見ることができよう。イギリスでは、一九〇五〜一六年に自由党政権（ただし一九一五〜一六年は挙国一致内閣）で外相を務めたエドワード・グレイが、日本とは同盟関係を維持し、満州における日本の優先権を認める考えを持っていた。日英両国は、機会があるごとに、同盟関係にあることを確認した。一九〇六年には、コンノート公爵家のアーサー王子が、イギリス最高位のガーター勲章を明治天皇に授与するため来日した。この答礼使として、日本からは翌年に伏見宮貞愛《さだなる》親王が訪英した。同親王は、一九一〇年にロンドンで開催された日英博覧会に臨場するため再び渡英したが、その途中でイギリスの国王エドワード七世が死去したため、その大葬にも参加した。翌年に行われた新国王ジョージ五世の戴冠式には、東伏見宮依仁《よりひと》親王が、東郷、乃木両大将を引き連れて参列している。

もっとも、ロシアという「共通の敵」が消滅し、日本が「大陸国家」として勢力拡大を続けたため、イギリスは日本に警戒感も持ち始めていた。一九一〇年の韓国併合をイギリスは承認していたものの、日本のさらなる勢力拡大を懸念していた。また、一九一一年四月の新日英通商航海条約の調印によって、日本が関税自主権を回復し、英国商品に課せられる関税の割合が従来に比して高くなったため、イギリスの貿易関係者は日本に対して不満を持った。移民問題のためにアメリカ、カナダ、オーストラリアで反日感情が高まっていたことも、同盟存続のマイナス材料であった。

こうした中で、一九一〇年にアメリカから英米仲裁裁判条約締結の話が持ち上がったのをきっかけとして、日英外交当局者の間で、同盟存続のための非公式協議が開始された。日本の小村寿太郎外相、イギリスのグレイ外相は、いずれも同盟存続の必要性を認めており、翌年七月に第三次日英同盟が成立した。この同盟は、攻守同盟という同盟の根幹を残し、存続期間を一〇年間とする一方で、仲裁裁判条約との齟齬《そご》が懸念されるため、同盟の対象国からアメリカを除外した。これは、仮に日本がアメリカと交戦した場合、イギリスが日本側に立って参戦することがないということを意味していた。日本は、アメリカと戦争することはないだろうと考えてこの条件を受け入れたが、この点において日英同盟は弱体化したといえる。英独海軍間の建艦競争をはじめ、悪化するヨーロッパ情勢に対処する必要から、イギリスは依然日本との同盟を必要としていたものの、日露戦後の日英同盟は疑いなく「下り坂」にあった。

日英同盟にも微妙な影響を与えていたように、日露戦争後の日米関係も悪化の兆しを見せていた。日露講和を仲介したセオドア・ローズベルト大統領は、「日本贔屓」であったと評されることもあるが、それは正確ではない。確かに彼は、新渡戸稲造《にとべいなぞう》の『武士道』や『忠臣蔵』に感銘を受けるなど親日家としての側面を持っていたし、ポーツマス講和会議の際は、同窓の金子堅太郎からの働きかけに応じ、日本に好意的な姿勢もとった。しかし、彼の基本的な立場は、一八九九年・一九〇〇年にジョン・ヘイ国務長官によって出された門戸開放宣言に則って、中国とりわけ満州における「門戸開放」「機会均等」を実現し、戦後に同地域に経済進出することにあった。しかし、南満州の開発は満鉄主導で進められた。アメリカ資本は満鉄の社債は引き受けたが、満鉄への資本参加は認められなかった(一九〇五年一〇月に訪日したアメリカの鉄道王ハリマンによる日米共同経営の提案は、日本側に拒絶されている)。

一九〇六年、ローズベルト政権は、初めての組織的対日戦争計画であるオレンジ計画を立てた。その結論は、第一に日本は今や太平洋における敵国となる可能性がある、第二にアメリカはハワイとグアムは防衛できるが、フィリピンは守ることができないというものであった。アメリカが対日開戦を視野に入れていたというわけではないが、日米関係はこうした計画が作られるようなライバル関係に入ったとはいえる。ローズベルト政権は、一九〇七年には海軍力を誇示するために、「グレート・ホワイト艦隊」を世界巡洋航海に出発させた。同艦隊は翌年日本に到着し、盛大な歓迎を受けたが、日本の一部新聞は、幕末の黒船になぞらえて「白船来航」などと煽動的な報道を行った。当時日米において、両国がいずれ戦争に突入するという未来架空戦記が大流行していたことが、こうした報道の背景にあった。

この頃日米間では、日系移民も大きな問題となっていた。一八九〇年時点でアメリカ西海岸のカリフォルニアに約二〇〇〇〇人の日本人が居住していたが、一九〇〇年には約二万四〇〇〇人に増加した。そのためこの年、カリフォルニア州知事が日本は「脅威」であると発言したほどであったが、その後も日系人は増え続け、一九〇〇年から一九〇八年までの間に、四万人以上の日系人が西海岸に流入した。西海岸の白人社会の間では、日系移民排斥運動が起こり、一九〇六年にはサンフランシスコで学童隔離問題（学校の過密化を理由に、市当局が公立学校に通学する日本人学童約一〇〇名を東洋人学校に転校させた事件）が起こった。この問題は、ローズベルト大統領の介入により、市当局の隔離命令撤回という形で決着したが、一九〇八年には日米両政府の間で紳士協定が結ばれ、米国への労働移民は日本政府によって自主的に制限されることとなった。

このように日米関係は緊張関係をはらんで推移したが、対立関係までには至らなかった。日露戦争中の一九〇五年には、桂・タフト協定が締結され、日本の朝鮮支配とアメリカのフィリピン支配が相互承認されている。一九〇八年には、高平・ルート協定が結ばれ、中国の領土保全と機会均等が認められるとともに、日米の特殊権益の承認が再確認された。ローズベルト（一九〇一～〇九年）、タフト（一九〇九～一三年）と二代続いた共和党政権下では、日米関係はそれなりに良好であったが、その後両国の関係は、親中傾向を持ったウッドロウ・ウィルソンの民主党政権（一九一三～二一年）の下で、ぎくしゃくしたものとなっていく。

3．日露戦争後の対東アジア外交

日露戦争中、日本は韓国政府との間で日韓議定書、第一次日韓協約を締結し、朝鮮半島における軍事行動の自由を確保した。ポーツマス講和会議を経て、列強から朝鮮半島支配への承認を取りつけた日本は、一九〇五年一一月の第二次日韓協約で韓国から外交権を接収し、保護国とした。当時の国際法では、列強が弱小国を保護することは合法とされており、これ以前にはチュニジア（一八八一年、フランス）、ザンジバル（一八九〇年、イギリス）、これ以後にはモロッコ（一九一二年、フランス）、エジプト（一九一四年、イギリス）といった国が保護国となっていた。保護国は、植民地とは異なる一種の国家形態であり、外交権は持たないものの、政府が一定の範囲内で内政権を行使していた。上記の国々が併合されなかったように、韓国も形式的ではあっても国家として存続し、一定の独立性を維持する可能性はあり得た。

日本は保護国となった韓国に統監府を設置し、初代統監に伊藤博文を任命した。韓国が伊藤統監の下で独立性を失っていき、最終的に日本に併合されたため、伊藤は「韓国併合の立役者」として見られがちである。しかし、近年の研究成果によれば、伊藤は当時の日本の有力政治家の中にあっては最後まで韓国併合に反対していた。研究者の間で見解は分かれているが、伊藤が韓国に地方議会的なものの設置を検討していた可能性があることも指摘されている。日本の指導の下で近代化が成し遂げられれば、日韓は友好的な提携関係に移行できるというのが、伊藤の考えだったようである。そのため彼は、日本の近代化経験に基づいて、韓国皇室改革（宮中・府中の別の確立など）、近代的財政制度の確立（財務顧問として目賀田種太郎を派遣）、教育改革（伝統的な儒教教育の否定）などに取り組んだ。しかし、一八九七年の大韓帝国成立以来、皇帝高宗の下で曲がりなりにも近代化政策を進めていた韓国側の反発は大きかった。高宗は、一九〇七年にオランダのハーグで第二回万国平和会議が開催された際、自国の外交権回復を訴える使者を派遣したが、列強からは認められなかった。伊藤統監はこれを厳しく糾弾し、高宗は純宗に譲位することを余儀なくされた。

同年、第三次日韓協約が締結され、韓国政府は内政権も喪失し、韓国軍は解散させられた。以後、韓国内では義兵闘争と呼ばれる反日抵抗運動が起こった。駐韓日本陸軍は、これを厳しく弾圧した。伊藤は文官であったが、韓国統監として軍への指揮命令権を認められていたため、積極的に軍政に介入し、抗日運動の鎮圧に際して過度な軍事行動を控えるよう指示した。しかし、これはむしろ陸軍との間に軋轢《あつれき》を生んだようである。他方で伊藤が進める諸改革は、韓国側からの支持を得られなかった。四面楚歌となった伊藤は、最終的に韓国併合に同意し、一九〇九年六月に統監を辞任した。

晩年の伊藤は、軍部の台頭に強い危機感を抱いていた。伊藤は自らの主導により、一九〇七年に公式令の制定と内閣官制の改正を行い、軍令事項の限定と軍政を内閣の統制下に置くことを目指したが、山県有朋を中心とする陸軍の巻き返しに遭い、改革は中途半端なものに終わった。伊藤は日本の満州進出にも批判的であり、東アジアの将来についてロシアや清と協議する必要性を感じていた。一九〇九年一〇月、伊藤はその一環としてロシアのウラジミール・ココツェフ蔵相と非公式会談を行うため、ハルビンに入った。しかし伊藤は、ハルビン駅で待ち構えていた韓国の民族運動家・安重根に射殺された。死の直前に自分を撃ったのが朝鮮人だったのを聞かされた伊藤は、「俺を撃ったりして、馬鹿な奴だ」とつぶやいたといわれている。

伊藤の暗殺は、日本による韓国併合を加速させることになった。桂首相、小村外相は、欧米列強から併合への承認を取りつける一方で、親日団体である一進会に「韓日合邦を要求する声明書」（一九〇九年一二月）を出させ、併合の準備を進めた。一九一〇年八月、韓国併合条約が締結された。条約は「韓国皇帝が大韓帝国の一切の統治権を完全かつ永久に日本国皇帝に譲与する」ことなどを規定しており、寺内正毅《まさたけ》統監と李完用総理が調印した。日本側が武力を背景に調印を強制していたとし、韓国皇帝の署名や批准がなかったことから、条約は無効であったとする説もあるが、少なくとも当時これを違法とする欧米諸国は存在しなかった。併合によって韓国は、日本の植民地である朝鮮となり、首都漢城（現ソウル）は京城と改称された。韓国皇室は、朝鮮王公族として日本の皇族に準じる待遇を受け、東京に在住することになった。また李完用ら韓国の有力政治家は、朝鮮貴族に列せられ、日本の華族に準じる処遇を受けた（彼らは王公族とは異なり、東京在住は義務づけられなかった）。

日露戦争中、清は中立を維持した。満州の地は戦場と化し、住民には少なからぬ被害が出たが、日清関係は必ずしも悪化しなかった。むしろ、大国ロシアに対する日本の勝利は、日本に学ぼうという気運をもたらし、日本在住の清からの留学生は、一九〇五・〇六年には少なく見積もっても八〇〇〇人にのぼった（一万二〇〇〇人とする説もある）。日露戦後の「日本ブーム」は、当時アジアにある程度共通した現象であった。ベトナムでも反仏運動の指導者ファン・ボイ・チャウ（潘佩珠）の呼びかけによって、日本に学ぼうという「東遊運動《ドンズー》」が起こり、二〇〇名以上の青年が日本に留学した。インドやオスマン帝国でも、日本のロシアに対する勝利は彼らのナショナリズムを覚醒させた。インドの民族運動の指導者ネルーは、日露戦争が彼を熱狂させ、「アジア人のアジア」が実現可能だという声が沸き起こったと振り返っている。これと裏腹に、ヨーロッパでは黄色人種の連帯を警戒する「黄禍論」が高まることにもなった。ドイツ皇帝ヴィルヘルム二世などは、その代表的な論者であった。

もっとも、「日本ブーム」の内実については慎重な検討が必要である。第一に、日本に来た留学生の多くは、日本を通して「西洋」を学ぼうという志向が強かったことを考慮する必要がある。日露戦争直前のデータになるが、一九〇一年から一九〇四年までに清で出版された翻訳書籍五三三種のうち、西洋人の原著からの訳本は合計一三一種であるのに対して、三二一種が日本人の著作であるとされており、この時期清で日本の影響力が急速に高まっていたのは間違いない。しかし、中国語に翻訳された日本語書籍の内容を検討すると、矢島玄四郎訳『ナポレオン伝』（斯文館、一八八八年）、上野貞正『欧米政体通覧』（東京堂出版、一九〇一年）のように欧米の制度や文物を解説したものが多く、日本の伝統・文化への関心は必ずしも強くない〔常・張、二〇一三〕。いわば、日本は中国が西洋を学ぶ過程において、「仲介者」の役割を果たしていたともいえる。

第二に、「日本ブーム」が、結果として必ずしも日本とアジア諸民族間の相互理解を深化させ、友好関係を構築することに結びつかなかったことも指摘しておかなければならない。例えば清では、地理的に近接し、生活費が安い日本は、欧米に比べて圧倒的に人気のある留学先であり続けたが、一九〇六年以後留学生数は減少に転じ、一九一一年には四〇〇〇人ほどになった。この要因として、革命運動を懸念した清政府が留学生の取締りを強化したこと、日本人からの差別が存在することを懸念し、留学先として日本を敬遠する者もいたこと、留学生の質の向上を図るため、日本政府が留学生の受け入れ基準を厳しくしたことなどが指摘されているが、日本の勢力拡大と軌を一にして、日清関係がしだいに悪化していったことも背景にあったものと考えられる。一九〇八年には、密輸船の取締り問題に端を発した第二辰丸事件が起き、武力を用いた日本政府の強圧的な態度に反発した広東市民の間で、初めての組織的な日貨排斥運動（日本製品に対するボイコット運動）が発生している。

日露戦争での勝利は、日本の近代化の到達点を示すものであった。「大陸国家」となった日本は、戦後も勢力を拡張し、幕末以来の悲願であった条約改正も達成した。しかし、自信を深めた日本は対欧米、対東アジア関係いずれにおいても、しだいに摩擦を生じていくようになった。こうした摩擦は、辛亥革命後の中国情勢の混迷と第一次世界大戦という未曾有の事態の勃発により、やがて深刻な対立を生み出していくことになる。

学習課題

1. 日露戦争が日本の国内政治および世論に残した影響がどのようなものであったかを、歴史的事実に即して説明しなさい。
2. 日露戦争後の日本の外交政策を、イギリス、アメリカ、ロシアとの関係を軸に説明しなさい。
3. 日露戦争後、日本は朝鮮半島および満州への勢力拡張をどのように進めたか。歴史的事実に即して説明しなさい。

参考文献

伊藤之雄『伊藤博文—近代日本を創った男—』(講談社学術文庫、二〇一五年)
伊藤之雄・李盛煥編著『伊藤博文と韓国統治—初代韓国統監をめぐる百年目の検証—』(ミネルヴァ書房、二〇〇九年)
常雲平・張周「近代中国における留日学生の主要な学習対象—鄒容とその著書『革命軍』を例として—」〈趙力傑訳〉(『東北学院大学論集　歴史と文化』第四九号、二〇一三年)
瀧井一博『伊藤博文—知の政治家—』(中公新書、二〇一〇年)
千葉功『旧外交の形成—日本外交一九〇〇～一九一九—』(勁草書房、二〇〇八年)

日露戦争研究会編『日露戦争研究の新視点』（成文社、二〇〇五年）
伏見岳人『近代日本の予算政治 1900－1914─桂太郎の政治指導と政党内閣の確立過程─』（東京大学出版会、二〇一三年）
細谷千博／イアン・ニッシュ監修『日英交流史 1600－2000（1）政治・外交1』（東京大学出版会、二〇〇〇年）
松山大学編『マツヤマの記憶─日露戦争一〇〇年とロシア兵捕虜─』（成文社、二〇〇四年）
簑原俊洋『カリフォルニア州の排日運動と日米関係─移民問題をめぐる日米摩擦、１９０６～１９２１年─』（有斐閣、二〇〇六年）
吉村道男『増補版　日本とロシア』（日本経済評論社、一九九一年）
ウォルター・ラフィーバー『日米の衝突─ペリーから真珠湾、そして戦後─』〈土田宏監訳・生田目学文訳〉（彩流社、二〇一七年）
David Wolff et al., *The Russo-Japanese War in Global Perspective*, Brill, 2007

7 第一次世界大戦と日本

奈良岡聰智

《ポイント》 ヨーロッパで突如勃発した第一次世界大戦に対して、日本は即座に参戦し、積極的に勢力を拡張する政策をとった。日本は戦勝国側に加わることによって、「大国」としての地位を確固たるものとしたが、その露骨な勢力拡張政策は、中国の反発や欧米列強からの警戒を招き、日本が国際的に孤立していく端緒ともなった。本章ではこのような視点に立ち、国内政治との連関をも踏まえつつ、日本外交の「転換点」として第一次世界大戦を描く。

1．辛亥革命と大正政変

日露戦後の日本政治は、それなりに安定的に運営されていたが、一九一二～一三年に国内外の大きな変動に直面した。外交面の大きな変化は、一九一二年一月の中華民国臨時政府の成立である。清末の政治的閉塞感から漢民族の間に広まった反満州族の意識は、日清戦争、義和団事件、日露戦争を経てしだいに強くなり、「満洲駆逐、中華回復」を目指す革命運動が拡大していった。そのリーダーの一人である孫文は、一九〇五年に東京で中国革命同盟会を組織し、革命思想を普及した。一九一一年一〇月、武昌で起きた反乱をきっかけとして辛亥革命が勃発し、翌年一月に孫文が南京で中華民国の成立を宣言するとともに、初代臨時大総統就任のための宣誓を行った。二月には宣統帝が退位した。この間臨時政府内部の主導権は袁世凱《えんせいがい》が握るに至り、翌月彼が北京で二代目の臨時大総統に就任した。

突如東アジアに誕生した共和国は非常に脆弱であり、以後中国は大きな変動期に突入した。一部の陸軍軍人や大陸浪人たちは、これを日本の勢力拡張の好機と見なし、少なからぬ新聞やジャーナリストもそれを期待した。清朝が倒れた一九一二年二月前後には、陸軍で盛んに出兵論が唱えられた。翌年七月の第二革命（袁世凱の打倒を目指して孫文らが起こした武装蜂起）に際しては、混乱に伴って日本人に被害が出たこともあって、再び出兵論が盛り上がった。政権与党政友会の実力者・原敬《たかし》（第二次西園寺公望《さいおんじきんもち》内閣、第一次山本権兵衛内閣で副首相格の内相）が対中内政不干渉を唱え、閣内や陸軍の出兵論は抑え込まれたが、政友会政権でなかったら出兵は行われていた可能性もある。日露戦後に台頭した軍部、膨張主義的な世論は、以後も中国での勢力拡張に強い関心を示していく。

一九一二年七月の明治天皇の崩御をきっかけに、国内政治秩序も急速に流動化を始めた。明治天皇が亡くなると、健康面に不安を抱える大正天皇を支えるため、桂太郎元首相が内大臣兼侍従長に就任した。実はこの人事は、桂の政治的台頭を快く思っていなかった元老山県有朋《やまがたありとも》が、彼を宮中に押し込めようとして画策したものであった。しかし桂は、財政再建、積極的大陸経営といった持論を実行するため、近い将来政友会に対抗できる新政党を創立し、首相の座に復帰したいと考えていた。そのような中で、陸軍軍拡（陸軍二個師団増設）を主張する上原勇作陸相が辞職し、陸軍が後任陸相を出さなかったことから、第二次西園寺内閣が総辞職に追い込まれた。元老会議の結果、後任首相は桂と決まった。再登板に強い意欲を持っていた桂は、一九一二年一二月に第三次内閣を組織し、翌月に衆議院第二党である立憲国民党と自派の官僚を糾合して新党を結成した。

この間、元老山県、桂、陸軍は一体として動いていたわけではない。むしろ、山県からの自立を目指していた桂とそれを警戒する山県は互いに牽制し合っており、山県は西園寺前首相の再組閣を期待していた（元老会議でも一度は西園寺の再組閣を決定したが、西園寺が辞退した）。しかし、世論はそのようには見なかった。陸軍が軍拡問題を利用して西園寺内閣を倒し、陸軍の大御所・山県が、子分の桂を宮中から引き出して再登板させたと考えたのである。それゆえ新聞各紙は、元老山県・桂・陸軍を「軍拡問題で政党内閣を倒した」「宮中・府中の別を破った」として強く批判し、桂内閣に退陣を迫った。

これに対して桂首相は、大正天皇の勅語を利用して事態収拾を図ったが、世論はかえって反発し、護憲運動と呼ばれる大衆運動に発展した。西園寺、原敬ら政友会幹部は事態を静観していたが、政友会、国民党からも多くの政治家が運動に加わった。衆議院には内閣不信任決議案が出され、尾崎行雄（政友会代議士）が賛成演説で、「玉座を以て胸壁となし、詔勅を以て弾丸に代へて政敵を倒さんとするものではないか」と桂を弾劾したのは有名である。ついには議事堂が数万人の群衆に取り囲まれる事態になった結果、桂内閣はわずか五三日で総辞職に追い込まれた。後継内閣は、政友会を与党とする山本権兵衛内閣であった。この一連の出来事は、大正政変と呼ばれている。

大衆運動によって内閣が倒れたのは憲政史上初めてのことであり、大正政変は民衆の政治的欲求の高まりを象徴する事件であった。山県ら元老は、護憲運動を収めるための有効な手段を示し得ず、影響力の低下を露呈した。以後大正・昭和初期の日本政治は、しばしば世論や大衆運動の影響を決定的に受けながら進行していくことになる。

桂は首相を辞任した八ヵ月後、胃がんのため死去した。しかし彼の結成した新党は、一九一三年一二月に立憲同志会となり、党首加藤高明の下で結束を固めた。同志会は一九一六年に憲政会、一九二七年に立憲民政党へと改組しつつ発展を続け、昭和初期には二大政党の一翼として政権を担った。大正・昭和初期の日本政治は、紆余曲折を経ながらも、二大政党政治が形成、展開した過程としてとらえることができる。

2. 第一次世界大戦の勃発と日本の参戦

一九一四年七月、第一次世界大戦が勃発した。よく知られているとおり、戦争勃発の直接の原因となったのは、六月二八日のセルビア人青年によるオーストリア＝ハンガリーの皇位継承者夫妻の暗殺事件である。オーストリア＝ハンガリーはセルビアに謝罪、原因の究明、犯人の引き渡しなどを求めたが、セルビアが十分にそれらに応じなかったため、七月二八日に前者は後者に宣戦布告を行った。その後、八月一日にドイツがロシアに宣戦布告を行った後、八月四日にかけてロシア、フランス、ベルギー、イギリスが次々と参戦し、一挙に戦火は拡がった。当初はバルカン半島の局地紛争でとどまる可能性があった戦争は、こうしてわずか一週間のうちにヨーロッパ全土を巻き込む大戦に発展した。戦争拡大の背景には、三国同盟（オーストリア＝ハンガリー、ドイツ、イタリア）対三国協商（イギリス、フランス、ロシア）という対立構図があった（ただしイタリアは中立を宣言し、翌年に三国協商側に立って参戦）。かつてはドイツの膨張主義的な「世界政策」に開戦責任を帰する見方が有力であったが、近年は、オーストリアの強圧的外交、セルビアの非妥協的姿勢や各国の外交指導者たちの錯誤（相手が譲歩すると考え、強気の姿勢を続けた）に戦争拡大の要因を見出す研究者が多い。大戦研究の権威クリストファー・クラークは、ヨーロッパ各国の指導者たちは「夢遊病者」のようであったと評している〔クラーク、二〇一七〕。

当時日本の政権は、立憲同志会を与党とする第二次大隈重信内閣であった。大正政変の後成立した山本内閣がシーメンス事件（海軍の汚職事件）で倒れたため、元老は世論からの藩閥・軍閥批判をかわすため、大衆に人気のある大隈重信を後継首相に据えた。しかし、急ごしらえの大隈内閣は、衆議院の過半数を占めていない少数与党政権であり、確たる政権運営の見通しを持っていなかった。そこに突如勃発したのが、大戦であった。元老井上馨《かおる》が、大戦勃発を「日本国運の発展に対する大正新時代の天佑」と評したことはよく知られている。この受け止め方は、大隈首相、副首相格の加藤高明外相も同様であった。大隈内閣は、早くも八月七日に同盟国イギリス側への参戦を決定し、八月一五日にドイツに最後通牒を発した。この間イギリスは、日本海軍の協力を希望しつつも、大戦の影響が東アジアに波及し、日本が権益を拡張する事態は避けたいと考えていたが、イギリスにとってのみ都合の良い形で日本の協力を得ることは困難であった。結局イギリスは、日本海軍の協力を得る代償として、日本の権益拡張を事実上是認した。ドイツが最後通牒に回答しなかったため、日本は八月二三日にドイツと戦争状態に入った。

大隈内閣の公式説明によれば、ドイツの軍事的脅威の除去が参戦の目的であった。実際、一八九七年の占領以来、ドイツが青島《チンタオ》を急速に要塞化していたため、その軍事的脅威の除去は、日本の望むところであった。ドイツが山東半島や南洋に持っていた権益の獲得も、日本の参戦目的の一つであった。特に、山東半島（青島港）は貿易量を急速に伸ばしており、経済的重要性が高まっていた。しかし、日本が山東半島を領有する名目は立たず、欧米列強もそれを是認するとは考えにくかった。大戦後、列強は山東半島の中国返還を日本に求めることが予想され、加藤がその獲得を主目的に参戦したとは考え難い。

加藤外相にとって、参戦の主目的は、山東半島の返還を「取引材料」として、中国からより大きな利益を得ることにあった。加藤は、山東半島を無償で返還するつもりはなく、来るべき日中交渉で、青島の自由港化、鉄道・鉱山の合弁化、専管居留地の設定などを、返還の代償として要求するつもりであったが、最終的に中国に返還するという考えでは一貫していた。山東半島を返還するという「好意」を中国側に示すことによって、当時懸案となっていた満州問題で中国側に譲歩を迫るというのが、加藤外相の考えであった。すなわち、満州問題の解決こそが、加藤を参戦に向かわせた最大の動機であった。

日本は、日露戦争によってロシアの満州権益を継承していたが、その返還期限は最も早いもの（旅順・大連の租借権）で九年後（一九二三年）に迫っていた。そのため駐英大使だった加藤は、一九一三年一月にイギリスから帰任した際、エドワード・グレイ外相に満州権益の租借期限延長への理解を求め、一応の合意を取りつけていた。すでにこうした布石を打っていた加藤にとって、大戦勃発はまさに好機であった。元老山県や陸軍上層部も、満州権益の租借期限延長を目指す点では同様の認識であった。こうして加藤外相は、参戦のいわば必然的帰結として、翌年に中国に二十一ヵ条要求を提出し、山東問題と満州問題の決着を目指すことになる。

日本陸軍は、一〇月三一日にイギリス陸軍とともに青島要塞への総攻撃を開始し、一一月七日にドイツ軍は降伏した。日本軍総兵力は約二九〇〇〇人、ドイツ軍総兵力は約五〇〇〇人（このうち日本から応召したドイツ兵は一一八名）で、戦死者は日本軍約四〇〇名、ドイツ軍約二〇〇名であった。海軍も、順調に作戦を展開した。九月三日、日本海軍は南遣支隊を南洋に派遣すると、一〇月一四日までに、ヤップ島、パラオ島、サイパン島などを占領し、グアム島（アメリカ領）を除く赤道以北の南洋諸島（ミクロネシア）は日本の占領下に入った。九月二四日までには、イギリス艦隊が赤道以南のドイツ領の島々を占領しており、これをもって太平洋のドイツ海軍の根拠地は一掃された。

青島で降伏した約四七〇〇名のドイツ兵は捕虜となり、日本各地の捕虜収容所（俘虜収容所）に入れられた。日本は、日露戦争のときと同様、ハーグ陸戦条約に従って彼らを人道的に処遇することに努めた。捕虜収容所は、当初は一二ヵ所に設置されたが、大戦中に青野ヶ原（兵庫県）、板東（徳島県）、久留米（福岡県）など六ヵ所に統合された。このうち最も有名なのが、小説や映画にもなった板東俘虜収容所である。この収容所は一九一七年四月に開設され、約一〇〇〇名の捕虜を収容したが、寛容で行き届いた管理体制がとられ、「模範収容所」と評された。収容所内では講演会、球技大会や演劇が頻繁に開催され、新聞が発行されるなど、文化活動が盛んであった。

もちろん、問題がなかったわけではない。日本側の受け入れ体制の不備や生活習慣の相違のため、捕虜の不満はある程度は不可避であった。また、一口にドイツ兵といっても民族構成は多様で、ドイツ人、オーストリア人、ユダヤ人、ポーランド人の間の食事、宗教や文化をめぐる対立は、各収容所の悩みの種であった。とはいえ、日本での捕虜生活は概して安定しており、ヨーロッパの模範的収容所と比べても遜色はなかった。捕虜たちは、製パン、タイヤ製造などさまざまな技術を日本に伝えた。また、日本初のベートーヴェン「第九」の全曲演奏が板東で行われるなど、一般大衆が西欧的な生活習慣や文化に触れる機会も提供した。

3．対華二十一ヵ条要求

参戦以降、日本国内では権益拡張を求める声が澎湃《ほうはい》として沸き起こった。新聞や雑誌は、かつて日本が三国干渉によって大陸進出を妨害されたと書きたて、ドイツに対する復讐心を煽った。新たな権益獲得に対する期待感も高まり、山東半島や南洋に関する文献が大量に出版された。陸軍では、大陸への進出論が日増しに強くなっていった。こうした膨張主義的な世論を背景として、大戦中日本は勢力拡張政策を推進した。そうした政策を代表するのが、一九一五年中国に対して出された対華二十一ヵ条要求と、一九一八年に開始されたシベリア出兵である。以下まずは、前者について見ていく。

一九一四年一一月に青島が陥落すると、大隈内閣は日中交渉の基礎となる対中要求事項一七ヵ条をまとめた。加藤外相は陸海軍など各方面との調整を進めたが、外務省にさまざまな権益拡張の要求が持ち込まれ、その取扱いに苦慮した。国粋主義者のグループ黒龍会や対支連合会からは、中国を事実上併合するかのような強硬な要求案が提案された。与党同志会内部でも、山東半島の返還にすら反対する意見が強くなっていった。こうした声を無視できなかった結果、大隈内閣が一二月三日に決定した要求事項は最終的に二十一ヵ条になった。

要求は、第一号から四号までの「要求条項」と第五号の「希望条項」に大別されていた。第一号は山東省に関するもので、ドイツが持っていた山東省の権益を日本が継承することを要求していた。第二号は満州に関するもので、遼東半島や南満州鉄道の租借期限を九九ヵ年に延長することとなどを要求していた。第三号は漢冶萍公司《かんやひょうコンス》の日中合弁化を、第四号は中国沿岸部の不割譲を求めていた。以上の「要求条項」は、全部で一四ヵ条あった。

第一号から四号までの要求は、強圧的なものではあったが、当時の帝国主義外交の慣行に照らせば、特異なものとはいえなかった。実際、日本は翌年一月一八日にこれらの要求を中国に提出した後、列強に第五号を除いた要求内容を内示したが、イギリスのグレイ外相は、要求は「妥当の措置」だと応じたし、ロシアの駐日大使も「日本の要求は合理的」だと語っている。誤解を恐れずにいえば、二十一ヵ条要求は、第一号から四号までであれば「洗練された帝国主義外交」であり、中国からの激しい抵抗は不可避だったものの、列強からは異議なく承認されたものと思われる。

しかし実際は、日本の要求には「希望条項」とされた第五号が含まれていた。これは、第四号まではとは別に中国に「勧告」する事項とされ、中国政府への日本人顧問の招聘（一）、日中警察の一部合同（三）、日本への鉄道敷設権の供与（五）、中国における日本人の布教権の承認（七）など、雑多な七項目から成っていた。各方面から出された多様な要求が苦し紛れに盛り込まれたものであったが、第四号までと異なり、中国の主権や欧米の既得権に抵触するという点で、大いに問題であった。「希望条項」とされたのは、加藤外相自身が「要求条項」との質的相違を認識し、中国や欧米列強に認めさせるのが相当困難だと認識していたからだと推定される。

加藤外相は、第五号が列強の強い反発を招くと懸念していた。そのため、第五号の存在自体を列強に秘匿することにし、中国に要求を提出した後、列強には、第五号を除いた内容を内示した。一方加藤は、中国には要求内容を他国に絶対漏洩しないよう申し入れた。しかし、中国側による情報漏洩を深刻視しなかったのは、きわめて甘かったといわざるを得ない。要求を示された袁世凱政権は、すぐさま総力を挙げて抵抗する覚悟を固め、要求内容を国内外の新聞にリークした。「二十一ヵ条要求」という呼称は、リークに基づく報道が繰り返される中で定着していったものである。一月末からは、アメリカ、ロシア、イギリスの外交官にも要求内容が少しずつリークされ、二月に入ると加藤外相は、列強に第五号の存在を明かさざるを得なくなった。加藤から話を聞いたイギリスのカニンガム・グリーン駐日大使は衝撃を受け、厳重に抗議した。グレイ外相も、加藤外相に対する失望を隠さなかった。ここに至って日本政府は、中国の日本批判と欧米の対日不信に包囲される一方で、国内からは要求貫徹を求める声に督促されるという苦しい立場に追い込まれた。

二月以降本格的に始まった日中交渉で、日本は交渉方針に一貫性を欠き、譲歩条件も効果的な形で示すことができなかった。加藤外相は、中国に駐屯する兵を一時的に増強し、武力的威圧によって交渉の打開を図った。しかし、四月中旬になると、アメリカが対日姿勢を硬化させ、中国に同情を示し始めた。イギリスも、日英同盟の目的との齟齬《そご》を指摘するなど、厳しい姿勢を示した。このような動きに力を得た中国政府は、強硬姿勢を貫いた。日本の新聞各紙は、大隈内閣の「軟弱外交」を批判し、対中開戦も辞さずという論陣を張った。こうして四月末には、交渉は暗礁に乗り上げた。

最終的に交渉を妥協させたのは、最後通牒であった。五月三日、大隈内閣は、第五号のいくつかの条項を残した最後通牒案を決定したが、翌日の元老を加えた会議の場で、山県らが加藤外相を叱責し、第五号の削除を求めた。その結果大隈内閣は、第五号を事実上撤回して（他日の交渉に留保するという文言を付した）、中国に最後通牒を発することにした。最後通牒は、五月七日に、四八時間の期限つきで提出された。中国側には、拒絶すべしという意見もあったが、第五号が削除されていたことと、イギリスが妥協を働きかけたことから、九日に要求を受諾するに至った。アメリカは、一一日にウィリアム・ブライアン国務長官の名前で覚書（第二次ブライアン・ノート）を発表し、同要求の否認を表明している。

五月二五日、二つの条約（山東省に関する条約、南満州・東蒙古に関する条約）と一三の交換公文が締結され、日中交渉は終結した。これによって、日本は念願の満州権益の租借期限延長を実現した。他方で、山東半島の最終的帰属は大戦後の交渉に委ねられたため、以後も「山東問題」として日中間の火種となった。この後中国では、日本の要求を受諾した五月九日が「国恥記念日」と称され、二十一ヵ条要求は反日運動の原点として記憶されていく。二十一ヵ条要求は、日本と中国および欧米列強との関係を著しく悪化させ、日本外交に大きな禍根を残したのであった。

二十一ヵ条要求を国内政治の観点から見ると、これは同志会という政権担当能力の不十分な政党が、拙速な外交を展開したことの帰結だと見ることができる。しかし、同要求は政党政治に皮肉な結果をもたらした。大隈内閣は、参戦、青島陥落による熱気が続く中で、一九一四年一二月に衆議院を解散し、翌年三月に総選挙が実施された。二十一ヵ条要求をめぐる外交交渉が難航し、対中批判が高まる中で行われた総選挙は、大隈首相の個人的人気と巧みな宣伝も相俟って与党に有利に働き、同志会は第一党に躍進した。原敬率いる政友会は、結党後初めて第二党に転落した。日中交渉が何とか妥結した後、多くの識者は二十一ヵ条要求が失敗であったと認識したが、この要求によって、結党後間もない同志会は二大政党の一翼として飛躍する足がかりを得たのであった。

4. シベリア出兵

一九一六年一〇月、元老の支持を失った第二次大隈内閣は総辞職を余儀なくされ、長州出身の陸軍軍人・寺内正毅《まさたけ》が後継首相に就任した。寺内内閣は成立後間もなく衆議院を解散し、総選挙では政友会が第一党に復帰した。政友会総裁の原敬は、「是々非々」を掲げて寺内内閣の準与党的存在となり、寺内内閣の後の政権獲得を目指した。他方で同志会は非政友会諸派を糾合して憲政会を創立し、加藤高明総裁の下で、寺内内閣と政友会に対抗した。寺内首相は、一九一七年六月に臨時外交調査会を設置して、原、犬養毅《いぬかいつよし》（国民党党首）や牧野伸顕《のぶあき》（元外相）を委員に任命し、外交政策における挙国一致の実現を図った（ただし、加藤高明は委員就任を拒絶した）。

同年一一月、ロシアで十月革命が発生し、ボリシェヴィキ政権が誕生した。この史上初の社会主義国家は、資本主義に依拠する列強にイデオロギー的脅威を与えたが、従来連合国としてロシアとともに戦ってきたイギリス、フランスにとってより深刻だったのは、同政権の大戦からの離脱であった。ボリシェヴィキ政権の離脱によって、ヨーロッパの東部戦線が崩壊すれば、ドイツ、オーストリアの大兵が西部戦線に移動し、連合国が総崩れになりかねないと懸念された。そのためフランスは、早くも一二月にシベリア鉄道の共同占領計画を日本に打診した。イギリスも翌年一月に、日本軍を主力とする連合軍がシベリアで共同軍事干渉作戦を行うことを提案した。

ロシア革命後、寺内内閣は事態を注視しながら連合国の出方を見きわめる方針をとっていたが、英仏両国からの共同出兵の提案を受け、シベリアへの出兵を検討し始めた。三月には、ボリシェヴィキ政権がついにブレスト・リトフスク条約を結び、ドイツと単独講和した。これを受けてドイツは西部戦線で攻勢をかけたため、英仏両国の出兵要請はより切実なものとなり、日本も検討をより真剣に進めた。日本政府内では、ボリシェヴィキ政権に脅威を感じていた本野《もとの》一郎外相、革命後の混乱に乗じてシベリア方面での勢力拡張を図るべきとする上原勇作参謀総長、田中義一参謀次長らが、出兵に積極的であった。

当時シベリアには、十数万ともいわれるドイツ人捕虜が各地の収容所に分散して入れられていたが、ボリシェヴィキ政権によって彼らが解放され、連合国側に脅威を与えることが懸念されていた。この脅威は「独禍東漸」と表現され、日本ではそれを防止する必要性が喧伝されていた。また、シベリアにはボリシェヴィキ政権を支持しない現地政権が割拠し、日本や連合国側からの支援を期待していた。さらにシベリアや北満州が内戦状態に陥っていたことから、ウラジオストク、ハルビン、ブラゴヴェシチェンスクなどに居住する日本人からは、政府に居留民保護を求める声がたびたび出された。こうしたさまざまな状況も、出兵論を後押ししていた。

他方で、寺内首相、元老山県、原、牧野らは、出兵に慎重であった。広大なシベリア・北満州に陸軍兵力を展開するのはかなりの難事業であり、事態がそれほど深刻ではない以上、慎重論はある意味で当然のことであった。また、シベリアに出兵するとなると、アメリカが日本とともに大きな役割を果たすことになることが予想されたが、同国のウッドロウ・ウィルソン大統領は出兵に否定的な考えを示していた。彼らは、アメリカが同意しない以上、日本の出兵は非現実的だと考えていた。

事態が動き出すきっかけとなったのは、一九一八年五月のチェコ軍団事件であった。これは、連合国の一員としてヨーロッパの西部戦線に向かうため、シベリア鉄道を移動していたチェコ軍団

（ロシアで捕虜となっていた元オーストリア＝ハンガリー帝国兵などから構成され、太平洋・米国経由で連合軍に加わり、戦後のチェコ独立を実現しようとしていた）がボリシェヴィキ軍と衝突した事件で、チェコ軍団に同情したウィルソン大統領は、彼らの救出のために出兵を決定したのであった。

寺内内閣の外相は、四月に本野（病気のため辞職）から後藤新平（前内相）に交代していた。後藤外相は、アメリカの方針転換に呼応して日本も積極的に出兵すべきだと主張した。一方原や牧野は、外交調査会の場で消極論を示し、仮に出兵するにしても日米共同歩調を図る必要があると主張した。日本政府内および日米間の調整により、最終的に日米同数の七〇〇〇名の陸軍部隊を派遣することが決定された。日米両政府は八月に派兵宣言を行い、ウラジオストクに兵力を上陸させた。しかし、日米両政府間および日本政府内部には、大きな認識の食い違いがあった。アメリカ政府はチェコ軍団救出のための限定出兵というつもりであり、原や牧野はそれに歩調を合わせるべきだという認識であった。これに対して、寺内首相、山県の認識は曖昧で、後藤外相、大島健一陸相らは自主的出兵の余地があると考えていた。すなわちシベリア出兵は、日米の政府当局者が同床異夢の中で決定したものであった。実際日本は、すぐさまなし崩し的に約七万三〇〇〇人もの兵を派遣し、アメリカをはじめ各国から領土的野心を疑われた。

シベリア出兵には、日本、欧米に加えて、中国も参加している（一九一八年秋の兵数は、アメリカ九〇〇〇、イギリス七〇〇〇、中国二〇〇〇、イタリア一四〇〇、フランス一三〇〇）。中国の段祺瑞《だんきずい》政権は、一九一七年八月にドイツ、オーストリア＝ハンガリーと断交し、連合国側に立って参戦していた。中国は、ロシアに約二〇万人、西部戦線に約一四万人もの労働者を派遣して、塹壕掘りや弾薬運搬などの業務に従事させ、連合国側の勝利に貢献しようとしていた。シベリア出兵への参加も、その延長線上でとらえることができる。

中国はロシア革命後、中東鉄道（旧東清鉄道南部支線のうちハルビン・長春間）沿線の旧ロシア権益の回収を目指していた。それに目をつけた日本は、一九一八年五月に段祺瑞政権と日中軍事協定（日華陸軍共同防敵軍事協定）を締結し、北満州の居留民保護のための出兵およびそれを名目としたシベリアへの進出を図った。中国では反対の声が上がり、抗議のため日本から中国人留学生が大量に帰国する事態となったが、日本はこの協定を利用して、北満州の満州里経由でザバイカル州に兵力を送り込んだ。段祺瑞政権は日本の勢力拡張を懸念したが、軍費と武器の援助と引き換えに、北満州への出兵を承認した。このようにシベリア出兵には、中国も深くかかわっていた。

なおロシア革命当時、シベリアには数万人のポーランド人政治犯や難民も在住していた。その後の混乱の中で多数の孤児が発生したが、内戦や武力干渉が進行する中で、救済はままならなかった。そうした中で、彼らの窮状を知った日本政府は、日本赤十字社を中心として救済に乗り出した。一九二〇年七月、一九二二年八月と二度にわたって行われた活動によって、約八〇〇名のポーランド孤児がウラジオストクから敦賀に入り、日本・アメリカを経由して祖国への帰還を果たした。このエピソードは、シベリア出兵がいかに複雑な構図の中で展開されていたかを如実に示しているといえよう。

出兵開始後、米価高騰への不安から米騒動が発生し、寺内内閣は総辞職を余儀なくされた。元老会議の結果、後継首相に選出されたのは原であった。原は元来シベリア出兵に反対であったが、すでに大量の兵がシベリアに展開していたため、即座に撤兵するのは難しかった。一九一八年一一月に第一次世界大戦が終結し、翌年一一月、英仏両国はシベリアからの撤退を決定した。アメリカも一九二〇年一月に撤兵を日本に通告した。原内閣もこれに続いて撤兵を検討していたが、同年三月に尼港事件（アムール川河口のニコラエフスクで日本人約七〇〇名が惨殺された事件）が発生し、世論が沸騰したため、撤兵は不可能となった。結局撤兵は、原内閣期には実現されず、加藤友三郎内閣期（一九二二年）まで持ち越された。

シベリア出兵は、当初連合国から要請されたものであった上に、シベリア・北満州に多くの居留民を抱えていた日本にとっては、一定の合理性がある政策であった。しかし、目的と出兵範囲を限定せずに大量派兵を行った結果、膨大な国費を無駄にし、各国から領土的野心を疑われるだけの結果に終わった。陸軍などが狙っていたシベリアへの勢力拡張は、結局ほとんど何も実現しなかった。当時一部の識者から「無名の師」（大義名分のない出兵）と批判されたように、シベリア出兵は第一次世界大戦期日本の手痛い失政であった。その後日本は、一九二五年にソビエト連邦（一九二二年成立）と国交を樹立するに至る。四年間にわたった武力干渉は、日本では忘れ去られていったが、ソ連では記憶され続け、日ソ（日露）関係に大きな爪痕を残すことになった。

学習課題

1. 辛亥革命と大正政変が日本の政治・外交に及ぼした影響について、相互の連関を踏まえつつ、説明しなさい。
2. 日本はなぜ、どのようにして第一次世界大戦に参戦したか。加藤高明外相の構想、国内政治の動向に触れながら、説明しなさい。
3. 対華二十一ヵ条要求とは何か。その提出に至った経緯と妥結に至るまでの外交交渉について、歴史的事実に即して説明しなさい。
4. シベリア出兵の開始から撤兵に至った過程を、国際関係と日本の国内政治に留意しながら、説明しなさい。

参考文献

麻田雅文『シベリア出兵─近代日本の忘れられた七年戦争─』（中公新書、二〇一六年）

クリストファー・クラーク『夢遊病者たち─第一次世界大戦はいかにして始まったか─（1・2）』〈小原淳訳〉（みすず書房、二〇一七年）

小林道彦『大正政変─国家経営構想の分裂─』（千倉書房、二〇一五年）

小林道彦『桂太郎─予が生命は政治である─』（ミネルヴァ書房、二〇〇六年）

斎藤聖二『秘　大正三年日独戦史　別巻2　日独青島戦争』（ゆまに書房、二〇〇一年）

高原秀介『ウィルソン外交と日本─理想と現実の間　1913－1921─』（創文社、二〇〇六年）

等松春夫『日本帝国と委任統治─南洋群島をめぐる国際政治　1914－1947─』（名古屋大学出版会、二〇一一年）

冨田弘『板東俘虜収容所─日独戦争と在日ドイツ俘虜─』（法政大学出版局、二〇〇六年）

奈良岡聰智『加藤高明と政党政治─二大政党制への道─』（山川出版社、二〇〇六年）

奈良岡聰智『対華二十一ヵ条要求とは何だったのか─第一次世界大戦と日中対立の原点─』（名古屋大学出版会、二〇一五年）

平間洋一『第一次世界大戦と日本海軍─外交と軍事との連接─』（慶應義塾大学出版会、一九九八年）

Mahon Murphy, *Colonial Captivity during the First World War: Internment and the Fall of the German Empire, 1914–1919*, Cambridge University Press, 2017

8 二大政党政治の展開と崩壊

奈良岡聰智

《ポイント》 大正政変以降しだいに進展した二大政党化の潮流は、第一次世界大戦以降確固たるものとなり、一九二四〜三二年には、政友会、民政党（憲政会）が交互に政権を担当する時代が訪れた。この時代は、戦前の民主化の頂点であったが、二大政党は硬直した政治指導、腐敗など多くの問題を抱えており、政党政治の時代はあっけなく終焉する。本章では、原敬内閣、加藤高明内閣について詳しく検討した上で、二大政党政治の展開過程とその崩壊の原因について論じる。

1．本格的政党内閣の誕生

一九〇〇年の立憲政友会創立以降、日本の政党政治は、政友会の一党優位の形で発展した。日露戦争後の「桂園《けいえん》時代」において、第二党（憲政本党、次いで立憲国民党）は政権運営から完全に排除され、一貫して不振であった。一九一三年の立憲同志会の結成によって、二大政党政治の実現を目指す動きが本格化したが、同党の政権担当能力はまだ不十分であり、第二次大隈重信内閣の与党として確たる実績を残せないまま下野した。一方、政友会総裁の原敬《たかし》は、寺内正毅《まさたけ》内閣の政権運営に協力して元老の信頼を獲得し、一九一八年に首相に就任した。

原は、盛岡藩の家老格の家の次男として生まれた。「賊軍の子」として苦学を重ね、司法省法学校を中退した後、ジャーナリスト、外交官、大阪毎日新聞社長などを経て、政友会に入党した。第四次伊藤博文内閣の逓相として初入閣した後、第一次・第二次西園寺公望《さいおんじきんもち》内閣、第一次山本権兵衛内閣の内相を務め、いずれも実質的な副首相として閣内を切り盛りした。原は構想力に富むだけではなく、調整力にも長けた政治家で、「桂園時代」には桂太郎、西園寺の間で政権授受の交渉を担当した。また、元老山県有朋《やまがたありとも》との意思疎通に意を用いる一方で、地方官人事や鉄道・港湾などのインフラ整備事業を通して藩閥を切り崩し、政党政治の基盤を強化することに努めた。政友会が国家的大政党として発展したのは、こうした原の尽力によるところがきわめて大きい。

原内閣は、陸海相、外相以外の閣僚は全員政友会員であり、しばしば「初の本格的政党内閣」と称される。また、爵位を持たず、衆議院に議席を有する首相は初めてだったため、原は「平民宰相」と称された。実は、閣僚として政治的実績を積んでいた原には、何度か叙爵の打診がなされていた。しかし、もし爵位を受けて華族になれば、衆議院議員選挙法の規定により代議士になることは不可能となる。そうなると的確な政党指導ができなくなると考えた原は、各方面に根回しをして自らに叙爵が行われないよう働きかけていた。こうした涙ぐましい努力も重ねて政友会内での地位を確立した原は、長年の政治生活で培った人脈や見識を活かして、強力なリーダーシップを発揮した。

原内閣の最大の業績は、第一次世界大戦終結後の日本外交の基本路線を設定したことである。一九一九年開催のパリ講和会議には、アメリカのウッドロウ・ウィルソン大統領、イギリスのデービッド・ロイド＝ジョージ首相、フランスのジョルジュ・クレマンソー首相ら錚々《そうそう》たるメンバーが全権として参加した。原首相は、大戦後の世界の趨勢である国際協調主義、デモクラシーに順応する考えであり、信頼する西園寺元首相、牧野伸顕《のぶあき》元外相らを全権として派遣した。日本は「五大国」の一員として認知され、会議後に創設された国際連盟で常任理事国となった。しかし、ヨーロッパを中心に行われた戦争の処理で、日本が存在感を発揮することはそもそも難しく、最重要事項は英米仏三ヵ国首脳が非公式協議で事実上決定することが多かった。直接利害関係がない事項への発言が少なかったことから、日本は欧米から「サイレント・パートナー」と揶揄《やゆ》された。

この会議で日本が最も重視したのは、大戦中に日本が占領した旧ドイツ領の膠州《こうしゅう》湾租借地および赤道以北の南洋諸島を、ドイツから継承することであった。後者については、新設された国際連盟の委任統治領とし、事実上日本領に近い扱いとすることで決着がついたが、前者については紛糾した。中華民国政府が、ドイツからの直接返還を求めたからである。これに対して日本は、まずは日本が継承することを主張し、列強から承認された。中国では、これに憤激した市民・労働者による反日暴動が発生し、中国全権はヴェルサイユ条約への調印を拒絶した。この五・四運動は、以後中国ナショナリズムが高まっていく象徴的事件となった。パリ講和会議中には、朝鮮の独立を求める三・一運動も発生している。

このようにいわゆる山東問題では中国と対立したものの、原内閣の対中政策は、全体として従来の勢力拡張政策からの訣別を図るものであった。原は中国の内政には干渉せず、政治制度の自発的改善を促し、経済的提携関係を構築していくべきだという考えであった。中国政策のイニシアティブを陸軍から取り戻すために、植民地の行政組織や人事の改善も図った。関東州で軍政を廃止し、関東都督府から関東庁へと改組したこと、植民地官制を改正し、総督に文官を任用できるようにしたことなどは、その一環であった。

一九二一年一一月～二二年二月に開催されたワシントン会議は、原の推進した国際協調外交の総決算であった。同会議は、アメリカのウォレン・ハーディング大統領（共和党）が提唱したもので、史上初のアメリカ主催による大規模な国際会議であった。かねてアメリカの台頭に着目し、日米協調の必要性を強く認識していた原首相は、招請に積極的に応じた。原は開催直前に暗殺されたが、会議への参加と基本方針はすでに決定されており、加藤友三郎海相、幣原喜重郎《しではらきじゅうろう》駐米大使らが全権として出席した。

会議の主要な議題は、海軍軍縮問題、太平洋問題、中国問題で、それぞれ五ヵ国条約、四ヵ国条約、九ヵ国条約に結実した。五ヵ国条約（ワシントン海軍軍縮条約）とは、米英日仏伊が主力艦の数を減らし、以後その保有比率を米英対日本対仏伊で五対三対一・六七にすることを決めたものである。この比率の固定化は、日本にとって不利であったが、それまで海軍の方針であった八八艦隊（戦艦・巡洋艦各八隻）の整備は、日本の国家財政には負担が重過ぎた。加藤全権は、日米関係と財政という大局的見地から、「対米六割」を冷静に受け入れた。

四ヵ国条約は、期限を迎えていた日英同盟を破棄する代わりに、日英米仏で太平洋における相互利益の尊重などを約したものである。軍事同盟ではなく、実効性の薄いものであったが、同盟を多国間安全保障体制に発展的に解消するために、幣原があえて提案した。かねて同盟存続に反対していたアメリカ、同盟存続を検討していたイギリスともにこれを受け入れ、二〇年続いた日英同盟はここに終わりを告げた。

九ヵ国条約は、中国の領土保全、門戸開放、機会均等などの原則に基づき、各国の中国進出を抑制することを約したものである。この他、山東問題解決に関する条約も締結され、膠州湾租借地は中国に返還されることになった。膠州湾租借地は、アヘン戦争以来、列強から中国に返還された最初の租借地であった。青島《チンタオ》の返還（中国では「回収」と表現される）は、以後の中国による「国権回収」の先駆けとして象徴的意味合いを持っている。

原内閣は、国内では交通機関の整備など、従来からの「積極政策」を推進したが、より重要なのは、第一次世界大戦後に新たに浮上した政策課題にも取り組んだことである。例えば、同内閣は一九一八年に大学令を出し、慶應義塾、早稲田、同志社といった私立学校を大学として認可した。これは高等教育の機会を拡充するもので、より高い学歴や知識を求めるようになっていた社会の需要に応えるものであった。また一九一九年には都市計画法を制定し、大都市行政の枠組みを整備した。この枠組みの下で関一市長が市域拡張や各種都市事業を推進し、一時は人口で東京を上回る「大大阪」を実現した大阪市は、大都市行政の成功例だと評価されている。この他原内閣は、一九二〇年に内務省社会局を新設し、労働政策、社会政策に本格的に取り組む体制を整えている。こうした政策は、原首相個人の構想に基づくというよりは、官僚たちの新たな政策への取り組みを政権がうまく体系化・制度化したものだといえる。原内閣は、官僚組織をうまく使いこなしたという点でも、卓越していた。

大戦後の新たな政策課題の中で、大きな政治的対立点となったのが、選挙権拡張問題である。総力戦を戦い抜いたヨーロッパ諸国では、国民の間で政治参加を求める声が強くなっており、一九一八年一二月には、イギリスで初めての男子普通選挙が行われていた（三〇歳以上の女性にも投票が認められた）。この影響で、日本でも普通選挙（普選）を求める声が高まり始めた。しかし原内閣は、普通選挙は時期尚早と考え、一九一九年の衆議院議員選挙法改正によって、選挙権の納税資格要件を緩和（一〇円から三円に引き下げ）するにとどめた。これでも国民に占める有権者の比率は従来の四倍になった。原は政治・社会の不安定化を懸念し、急激な変化を避けたのだといえる。もっとも、野党憲政会や主要新聞はこれに満足せず、なお普通選挙の実現を主張した。普選問題は、原内閣以降に未解決の課題として残されることになる。なお原内閣期には陪審制の導入が行われており、原が「司法の民主化」という先進的な考えを持っていたことは特筆される。

原は、衆議院のみならず、貴族院、宮中や植民地などにも強い影響力を及ぼした。しかし、政権末期には、政友会絡みの疑獄事件、皇太子の婚約をめぐる宮中某重大事件などが発生し、政権の求心力はやや弱まった。そうした中で、一九二一年一一月、原首相が東京駅で暗殺された。犯人は国鉄の若い駅員で、単独犯による犯行として処理されたが、背後には国粋主義者たちからの働きかけがあったことが明らかになっている。真相は闇の中であるが、原内閣の政策に反発した国粋主義者たちが暗殺の引き金を引いた可能性も否定できない。

原は、第一次世界大戦終結後の世界秩序の変動期に政権を担当し、対中内政不干渉、国際協調といった日本外交の基本路線を設定した。シベリアからの撤兵を実現できなかったのは惜しまれるが、原の外交指導はおおむね的確であった。原首相は内政面でも強力な指導力を発揮した。政党嫌いだった元老山県有朋ですら原の実行力は認めており、原暗殺の報を聞いて、「あれほどの人物を殺されるようではたまったものではない」と語ったといわれている。原が暗殺されなければ、政友会内閣はしばらく安定的に継続し、政党政治の基盤はさらに強化されていたことだろう。また、原は首相を退任したとしても、元老あるいは後継首相決定の権限を持つ重臣として処遇され、引き続き重要な政治的役割を果たした可能性が高い。その意味で、原の暗殺は、その後の日本政治に計り知れないダメージを与えるものであった。

2．二大政党政治の出発

原の後継首相には、高橋是清《これきよ》蔵相が任命された。高橋は日本銀行出身で、外交政策が原に近く、ワシントン会議を控えた時期の首相として適任だったが、党内統率力を欠いていた。そのため政友会では派閥抗争が激しくなり、高橋内閣は半年余で総辞職に追い込まれた。以後内閣は、政友会が準与党的立場となった加藤友三郎内閣、革新倶楽部が与党となった第二次山本権兵衛内閣と続いた。強力な指導者を失った政友会は、当時「秀吉亡き後の豊臣家」になぞらえられたように、内部分裂の芽を抱えながら迷走した。

一方、第二党の憲政会は攻勢を強めた。憲政会は、結党後間もない寺内内閣期こそ党勢不振にあえいでいたが、原内閣が成立すると積極的に新政策を打ち出し、支持を拡大した。憲政会が目玉政策として掲げたのは、普通選挙であった。原内閣の末期には条件付（有権者を戸主に限定）で、原が死去すると無条件・即行での普通選挙実施を主張し、政友会を批判した。また、一九二〇年に大戦景気が終了し、不況が始まると、憲政会は従来の「積極政策」の結果であると批判し、緊縮財政、行財政改革の必要を訴えた。もっとも、対華二十一ヵ条要求提出の責任者であったことから、元老西園寺、松方正義が党首加藤高明の外交手腕に懸念を抱いていたため、憲政会は政権から疎外され続けた。

このような中で、第二次山本内閣が虎の門事件（皇太子裕仁《ひろひと》親王の暗殺未遂事件）の責任を取る形で総辞職すると、元老は山県系官僚の清浦奎吾《けいご》（枢密院議長）を後継首相に任命した。清浦内閣は貴族院を基礎として組閣したが、政友会、憲政会、革新倶楽部はこれに反発して護憲三派を結成し、清浦内閣を否認した（第二次護憲運動）。清浦内閣はこれに対抗して衆議院を解散し、政友会から分裂した政友本党を支援したが、総選挙の結果、護憲三派（憲政会一五一、政友会一〇〇、革新倶楽部三〇）が政友本党（一一三）を上回った。選挙結果を受け、清浦内閣は総辞職した。元老西園寺は総選挙の結果をできるだけ尊重する考えであり、加藤を首相に推薦した。こうして加藤は、一九二四年六月に護憲三派を与党とする連立内閣を組織した。

加藤は尾張藩の下級武士の次男として生まれ、東京大学を経て、三菱に入社した。三菱時代に岩崎弥太郎社長から期待されて、イギリス留学を許され、帰国後には岩崎の長女と結婚している。その後外務省に転じ、駐英公使、駐英大使として計約八年間イギリスに駐在したが、一九一三年、桂太郎が創立した立憲同志会に入り、党首に就任した。加藤は、同志会・憲政会の政権担当能力向上に力を注ぎ、「苦節十年」を経て、ついに政権獲得に至った。野党が総選挙で勝利して政権に就いたのは、日本の憲政史上初めてのことであった。

憲政会の政権政党化は、なぜ可能だったのだろうか。第一に、党首加藤高明のリーダーシップが挙げられる。加藤は、イギリス流の政党政治を日本で実現するという確固たる目標を持っていた。政党政治には健全な野党が必要だという加藤の主張に党員たちは鼓舞された。

加藤には、決断力がある、出処進退が明確など、政党党首に求められる人格的条件も備わっていた。長い野党生活の間には何度か党分裂の危機が生じたが、加藤はその都度的確な判断を下し、憲政会は大きな分裂に至らなかった。この間、若槻礼次郎《わかつきれいじろう》、浜口雄幸《おさち》らが加藤を支え、中堅クラスの人材育成も進んだ。

第二に、社会状況の変化に応じた新政策を打ち出すのに成功した。加藤・憲政会は、第一次世界大戦後の世界の新しい状況を的確に把握し、普通選挙、行財政改革、国際協調外交を主張し、支持を拡大した。こうして当初は「反政友会」というだけで結束していた同志会・憲政会は、体系的な政策を持つ政党へと脱皮した。

第三に、憲政会はメディアをうまく活用した。政友会は元老との交渉や取引により政治的影響力を拡大したため、政策的立場を鮮明にしないのが常だった。「是々非々」「白紙主義」というのが、政友会がよく使う言葉だった。これに対して憲政会は政策をはっきりと打ち出し、有権者に真摯に訴える努力をした。毎年通常議会の前には「大正時代版マニフェスト」ともいうべき主要公約リストを発表している。当時の有権者の目には清新に映ったことだろう。憲政会は、政策を訴えるため自ら複数の雑誌を刊行した。大正デモクラシーの風潮を支持する当時の主要新聞も、概して憲政会に好意的だった。

護憲三派内閣（加藤高明内閣）の最大の政治的業績は、普通選挙を実現したことである。普選実現の最大の障壁は、枢密院や貴族院に拠る保守派であったが、加藤内閣は閣僚総出で枢密顧問官を説得し、枢密院に普通選挙の趣旨を認めさせた。衆議院では、政友会の一部が倒閣を画策していたため、護憲三派が多数を握っているにもかかわらず、法案審議が紛糾した。貴族院でも、普選そのものに対する反対が強く、審議が難航した。しかし加藤首相・憲政会は、普選を無条件・即時に実現するという方針で一貫する一方で、低姿勢で丁寧な答弁に徹するなど、法案成立のために粘り強く努力を重ねた、その結果、法案は会期最終日に何とか成立した。

改正された衆議院議員選挙法は、俗に普通選挙法と呼ばれているが、選挙権が与えられたのは男性のみだったため、このとき実現したのは、厳密にいえば「男子普通選挙」である。普通選挙法により、有権者数は全人口の約二〇パーセントにまで増えた。明治以来、普選は政党の中心的要求の一つであったが、その実現は日本の民主化が一定の到達点に達したことを示すものであった。

このとき政界では、治安維持法案の扱いも問題になっていた。ロシア革命の影響を受けた社会主義運動取締りのため、司法省や内務省では、すでに治安立法の強化が検討されており、枢密院は、普通選挙実現のためには、同時に治安維持法の制定が必要だと考えていた。加藤首相は、「普選・治安維持法を共に実現するか、共に実現しないか」という選択を迫られていたといえるが、前者を選択した。加藤内閣は、枢密院の承認を得た上で、一九二五年二月に治安維持法案を衆議院に提出し、同法案は三月に可決された。

治安維持法は、普選という「アメ」に対する「ムチ」（交換条件）として成立したとしばしば評価される。確かに、司法省や枢密院の中には「ムチ」を求める者もいたと思われるが、加藤内閣は治安立法の強化にむしろ消極的だったのであり、法案の成立は、各政治勢力の拮抗と妥協によるものだったというほうが現実に近い。本来望んでいなかった治安維持法と引き換えでしか普選を実現できなかったのは、加藤・憲政会あるいは当時の政党政治の力の限界を示していた。

なお普通選挙法では、官吏と議員の兼職が原則として禁止される一方で、大臣、内閣書記官長、法制局長官、政務次官（加藤内閣で新設）などはその例外とされ、議員との兼職が認められることになった（第一〇条）。それまでも、大臣などに政党員が就任した例は多数あった。しかし、明治憲法では、議院内閣が許容も否定もされておらず、議員が大臣になれることを明文で認めた法律も存在しなかった。すなわちこの規定は、明治憲法体制の下で議院内閣が許容されることを、法律で初めて明文化するものであった。日本国憲法のように、大臣の相当数が「国会議員の中から選ばれなければならない」とまではされていなかったものの、これは従来の政党政治の発展を踏まえ、不十分ながらも議院内閣制の制度化を目指したものであった。

この他加藤内閣では、①「政」と「官」の境界線を明確化するために、各省の次官、局長クラスを自由任用から試験任用（高等文官試験を通った官僚しか任命できない）にする、②各省に政務次官、参与官を新設し、大臣の補佐と議会答弁を担当させる、③議会答弁は原則として政府委員（各省の局長クラスが中心）ではなく、大臣、政務次官が行うことにする、④従来の内閣書記官長室を内閣官房へと改組し、人事管理を強化し、公文書の整理・保存体制を整備する、といった改革が行われている。これらは総じていえば、日本の統治機構のあり方をウェストミンスター型（イギリスの議院内閣制を柱とする統治機構）に近づけるものであった。

加藤首相は、義弟幣原喜重郎を外相に任命し、国際協調、対中内政不干渉を柱とする堅実な外交を一貫して推進した。加藤内閣期の外交は、外相の名を冠して「幣原外交」と称されるが、それは加藤首相も強く支持していたものであった。

一九二六年一月、加藤首相は衆議院の議場で倒れて病死した。後任には腹心の若槻内相が任命され、憲政会内閣が存続した。原敬内閣によって本格的に始動した政党政治は、その後の政治的混乱や関東大震災によって、一時停滞を余儀なくされたが、加藤が再び政党内閣を組織し、着実な政治指導を行ったことにより、政党政治は再び息を吹き返した。しかも、加藤内閣期の統治実績によって、憲政会が政権政党として認知され、一九二七年には政友本党の吸収にも成功したため、加藤没後の政党政治は、政友会対立憲民政党（憲政会・政友本党が合同して結成）の二大政党対立を軸に展開することになった。

3. 二大政党政治の展開

加藤の没後、若槻礼次郎（憲政会、一九二六～二七年）、田中義一（政友会、一九二七～二九年）、浜口雄幸（民政党、一九二九～三一年）、犬養毅《いぬかいつよし》（政友会、一九三一～三二年）と、二大政党の党首が交互に首相を務める時代が続いた。この間「最後の元老」西園寺は、首相の決定権は握っていたものの、基本的に政策にはタッチしなかった。枢密院、貴族院といった「非選出勢力」の政治力も弱体化した。この時期の各内閣は衆議院の多数を握るのみならず、各官僚機構にも勢力を浸透させており、議院内閣制に近い状態が現出していたと見ることができる。しかし、結果的に見れば、いずれの内閣も短命に終わり、二大政党時代はあっけなく終焉することになる。

若槻首相は、大蔵官僚、加藤首相の補佐役としてはきわめて有能だったが、首相としては指導力が欠けていた。一方野党政友会は、政権奪取のためには手段を選ばない姿勢をとり、朴烈《ぼくれつ》事件（朝鮮人無政府主義者とその愛人の収監中の怪写真が流出し、騒動となった事件）、与党議員がかかわった汚職事件（松島遊郭事件）を契機に、国粋主義者とも連携して内閣を攻撃した。若槻内閣は、一九二六年末開会の通常議会で、かねてから問題になっていた銀行の不良債権処理に取り組んだが、野党政友会はこれに協力せず、国会で政府を激しく責めた。その結果、翌年片岡直温《なおはる》蔵相の失言をきっかけとして銀行の取り付け騒動（金融恐慌）が発生し、事態収拾のため若槻内閣が緊急勅令を制定しようとしたところ、憲政会に批判的スタンスをとる枢密院がこれを否決し、若槻内閣は総辞職を余儀なくされた。若槻内閣期の与野党間の抗争は、以後の二大政党による泥仕合の幕開けとなった。

憲政会内閣が行き詰まったと見た元老西園寺は、政友会総裁田中を後継首相に選んだ。田中は長州出身の陸軍軍人で、原内閣で陸相を務めた後、一九二五年に高橋の後任総裁として政友会に迎えられていた。田中内閣はモラトリアムを発して金融恐慌を収拾させたが、翌一九二八年に発生した張作霖爆殺事件で躓《つまず》いた。この事件は、関東軍参謀の河本大作らが張作霖の乗った列車を爆破した、「満州事変」未遂事件というべきものである。関東軍首脳部は、中国情勢の混乱に乗じて「居留民保護」の名目で軍を派遣し、満州を支配下に置く計画を立てていたが、陸軍上層部は許可しなかった。田中首相は、責任者を厳罰に処するつもりであったが、陸軍や政友会出身の閣僚たちが反対し、事件はうやむやにされた。しかし、当初厳罰を約束していながら、前言を翻す形となった田中首相に対して、昭和天皇が強い不信感を抱き、叱責した上に弁明の機会を与えなかったため、田中内閣は総辞職した。田中内閣は、憲政会内閣期の幣原外交を批判し、三度にわたって山東出兵を行うなど、大陸権益を積極的に擁護する姿勢を鮮明にしていた。その政権が、首相の出身母体である陸軍を制御できなかったということは、政党政治による陸軍統制がすでに危うい状態にあったことを示している。

田中の後任首相に任命されたのは、民政党総裁の浜口であった。大蔵官僚出身の浜口は、高潔で強い胆力の持ち主で、民政党結党当初からすでに党員を掌握していた。経済再建のため、財政緊縮を断行するというのが、浜口内閣の看板政策であった。ロンドン海軍軍縮会議への参加も、その一環であった。しかし、巡洋艦など補助艦艇の保有比率が、対米英七割未満に抑え込まれたことで、海軍内は軍縮条約賛成の条約派と反対の艦隊派に分裂した。また、最終的には条約批准に漕ぎ着けたものの、国粋主義者と結んだ野党政友会が「統帥権干犯」を叫んで攻撃したため、浜口内閣は強い批判にさらされた。さらに、その後世界恐慌の最中に金解禁を実施したため、日本は不況（昭和恐慌）に突入し、浜口首相はこうした政治状況に不満を持った青年に狙撃され、重傷を負った。浜口は、強いリーダーシップを発揮した信念の人ではあったが、世界恐慌という非常時に緊縮財政路線を固守したのは失敗であった。

執務不可能となった浜口は辞職し、後任には若槻元首相が再登板した（浜口は辞職後間もなく死去）。この頃陸軍では、政党内閣への不満から、三月事件、十月事件というクーデター未遂事件が起きていた。また、中国権益の危機を叫ぶ声、大陸への進出によって不況脱出を図るべきだとする声が大きくなっており、ついに一九三一年九月に満州事変が勃発した。この事変は、柳条湖事件（奉天郊外の南満州鉄道を関東軍が自ら爆破した謀略事件）をきっかけに、関東軍が南満州で起こした軍事行動である。関東軍に呼応して、朝鮮軍も越境出兵を行った。若槻首相、幣原外相は不拡大方針をとったが、軍事行動の拡大を阻止できなかった。昭和天皇、宮中側近も同様であった。内閣倒壊を恐れる若槻内閣は事態を追認し、関東軍は、錦州爆撃（一〇月）、溥儀《ふぎ》擁立（一一月）と突き進んだ。結局事態を収拾できなくなった若槻内閣は、一二月に内閣総辞職した。

若槻内閣が倒れると、元老西園寺は、政友会の犬養総裁を首相に推薦した。犬養首相は、満州事変不拡大・満州国不承認を方針としたが、軍事行動が拡大する中で日中交渉を進めるのは困難であった。むしろ犬養の和平を目指す動きは、陸海軍や国粋主義者の側から反発を生み出し、犬養首相は一九三二年五月に首相官邸で暗殺された（五・一五事件）。事ここに至ったのを見た西園寺は、政党内閣の継続は困難だと判断し、挙国一致体制の構築を期待して、海軍軍人の齋藤実《まこと》を後任首相に推薦した。この後二大政党は大政翼賛会結成（一九四〇年）まで存続し、閣僚も出したが、統治を担う中心的存在ではなくなった。ここに二大政党政治は終焉し、以後陸海軍が政治的影響力を強めていくことになる。

いったい二大政党政治は、何が問題だったのだろうか。問題点は多岐にわたるが、三点指摘しておきたい。第一に、二大政党が政策的差異を強調し過ぎたことが挙げられる。不況だったこともあり、両党が実際に取り得る政策的選択肢はそれほど多くなかった。また、外交政策の面では、そもそも政権交代によって政策が頻繁に変わるのは好ましくない。しかし、政友会、民政党は「積極政策」「緊縮財政」など単純化したスローガンを掲げ、差異を競った。メディアや有権者もそれに付和雷同する傾向があり、二大政党時代は一種のポピュリズムが横行する時代だったとする見方もある。その結果、田中内閣による山東出兵、浜口内閣による緊縮一辺倒の財政運営のように、政権交代のたびに外交政策、財政政策は大きくぶれた。

第二に、二大政党が激しい政争を「飼い慣らす」ことができなかったことである。両党は、与党になると権力維持のため、選挙干渉、官僚の大量馘首など、なりふり構わぬ行動をとった。他方で野党になると、国粋主義者や軍の強硬派と提携するなど、政権奪取を目的とした策動に走りがちであった。昭和初期の二大政党政治には、健全な政党間競争のためのルールや節度が欠けていた。

第三に、政治とカネの問題である。二大政党は、普通選挙によって激増した有権者の支持を獲得するため、膨大な政治資金の調達が必要となり、昭和初期には政治資金絡みの疑獄事件が頻発した。本格的な党費制の導入、政治献金のルール作りなど、抜本的な改革はなされず、有権者は政党の腐敗に失望を深めた。政治とカネの問題は、戦前の政党政治の癌であったといえる。
このように多くの問題を抱え、あっけなく崩壊した二大政党政治であったが、明治憲法の枠内で、議院内閣制に近いところまで民主化を推し進めた意義は大きい。結果的に失敗に終わったとはいえ、戦前の二大政党政治の経験は戦後の民主化の一つの土台になったと見ることも可能である。

学習課題

1. 原敬内閣が行った政策とその意義について、第一次世界大戦後という時代状況と外交・内政の連関を踏まえつつ、説明しなさい。
2. 加藤高明内閣が行った政策とその意義について、二大政党化という国内の政治状況を踏まえつつ、説明しなさい。
3. 一九二四〜三二年の日本の政党政治はどのように展開し、なぜ崩壊に至ったか。歴史的事実に即して説明しなさい。

参考文献

伊藤之雄『大正デモクラシーと政党政治』（山川出版社、一九八七年）
伊藤之雄『原敬―外交と政治の理想―（上・下）』（講談社、二〇一四年）
加藤高明『滞英偶感』（中公文庫、二〇一五年）
川田稔『原敬　転換期の構想―国際社会と日本―』（未來社、一九九五年）
川田稔『浜口雄幸―たとえ身命を失うとも―』（ミネルヴァ書房、二〇〇七年）
小林道彦『政党内閣の崩壊と満州事変―1918〜1932―』（ミネルヴァ書房、二〇一〇年）
筒井清忠『戦前日本のポピュリズム―日米戦争への道―』（中公新書、二〇一八年）

中澤俊輔『治安維持法―なぜ政党政治は「悪法」を生んだか―』（中公新書、二〇一二年）
奈良岡聰智『加藤高明と政党政治―二大政党制への道―』（山川出版社、二〇〇六年）
原奎一郎『ふだん着の原敬』（中公文庫、二〇一一年）
松尾尊兊『普通選挙制度成立史の研究』（岩波書店、一九八九年）
三谷太一郎『増補　日本政党政治の形成―原敬の政治指導の展開―』（東京大学出版会、一九九五年）

9 第二次世界大戦と日本

奈良岡聰智

《ポイント》 一九三〇〜四〇年代に日本が行った戦争は、しばしば「十五年戦争」と総称されるが、その内実はきわめて複雑である。日本が、アメリカ、イギリス、中国、ソ連と同時に戦争を行い、敗れたのは、多くの選択と錯誤を繰り返した結果であって、日中戦争や太平洋戦争は決して必然でも不可避でもなかった。本章では、あり得たかもしれないさまざまな「可能性」を視野に入れながら、第二次世界大戦と日本のかかわりについて検討する。

1．満州事変から日中戦争へ

ヨーロッパにおける第二次世界大戦勃発の原因は、比較的明瞭である。第一次世界大戦の敗戦国ドイツは、ワイマール共和国となって再出発したが、多くの領土を喪失し、多額の賠償金も課せられていた上に、再軍備を厳しく制約されていた。世界恐慌後、こうした状況に対する不満が高まると、ヴェルサイユ体制の打破を訴えるアドルフ・ヒトラーが台頭し、一九三三年にナチス政権が誕生した。一九三八年一〇月、ナチス・ドイツはズデーテン地方（チェコスロヴァキア）を併合した。英仏両国は前月のミュンヘン会談でこれを承認していたが、翌年九月のポーランド侵攻までは看過できず、同月ドイツに宣戦布告を行い、第二次世界大戦が始まった。一九四〇年五月、ドイツはフランスへの侵攻を開始し、同大戦はいよいよ本格化した。イギリスの歴史家E・H・カーが著書『危機の二〇年』で描き出したように、この大戦は第一次世界大戦の戦後処理の失敗に起因している。ヨーロッパでは、第一次・第二次世界大戦は一連の戦争であり、「二〇世紀の三〇年戦争」と呼ぶ歴史家もいる。

これに対して、東アジアにおける第二次世界大戦勃発の経緯は非常に複雑で、とらえ難い。それは、同地域においては、異なる文脈を持つ日中戦争、太平洋戦争（日米戦争、日英戦争）が合流し、ヨーロッパの戦争とも接続することによって「第二次世界大戦」と呼ばれるようになったためである。

元来、東アジアにおいて敵対関係にあったのは日中であった。第一次世界大戦後、日本は非拡張主義・国際協調政策をとったが、一九三一年の満州事変以降、再び中国大陸での勢力拡張を開始し、翌年には日本の傀儡《かいらい》国家である満州国が建国されるに至った。満州事変は、対外危機を利用した軍部のクーデターという側面も持っており、以後一九四五年の終戦まで、日本は軍部が政治的実権を握り、対外戦争を行っていた期間が多かった。そのため、日本の歴史家の間には、一九三一年から四五年までを「十五年戦争」の時代として一括りにとらえる見方がある。満州事変が日本の国内政治体制や対外政策に及ぼしたインパクトの大きさに注目するならば、この見方には一定の説得力がある。

もっとも、満州事変と満州国建国によって日中戦争が不可避になったわけではないし、日本がこの間ずっと戦争を行っていたわけでもないので、「十五年戦争」という呼称はややミスリーディングであろう。日中両国は一九三三年に塘沽《タンクー》停戦協定を締結し、満州事変以降の軍事的衝突は停止された。英米仏などは満州国を承認しなかったものの、日本と決定的対立関係に入るのを回避し、事実上日本の勢力拡張を黙認した。一九三七年に盧溝橋事件が勃発しなければ、日中が全面的対立に至らないまま対峙し続けた可能性も十分にあった。日本国内でも、一九三〇年代前半の陸軍はまだかろうじて政府の統制の下にあった。

中国内部では、蔣介石率いる国民党が共産党と対立しており、日中戦争勃発まで、両者は抗日統一戦線を形成していなかった。蔣介石は、ある意味では日本との戦い以上に共産党との戦いを重視していた。そのため、一九三六年には、張学良が共同抗日を促すために蔣介石を監禁した西安事件が発生している。こうした状況を反映して、現在中国では「十五年戦争」という見方は一般的ではなく、日中戦争勃発以降の八年間を「抗日戦争」とするのが普通である（ただし中国共産党は、二〇一七年に、「抗日戦争」の期間を「一九三七年から四五年までの八年間」から「三一年から四五年までの一四年間」に改めるとの通知を出した）。

いずれにしても、日中戦争が日中関係の大きな転機であったことは間違いない。この戦争のきっかけとなったのは、一九三七年七月に北京郊外で発生した盧溝橋事件である。同事件は、北京郊外で日中両軍の部隊が偶発的に衝突した局地戦に過ぎなかった。そのため、日本陸軍の間にも、参謀本部を中心に根強い不拡大論が存在した。しかし、近衛文麿《ふみまろ》内閣は戦争拡大を阻止するどころか、二度にわたる近衛声明を発して、外交交渉による解決の道を自ら閉ざし、東亜新秩序の建設を謳った。海軍も、戦争拡大を支持していた。日本陸軍は一九三七年末には首都南京を陥落させたが、蔣介石政権は首都を重慶に移し、それまで敵対してきた共産党と和解して（国共合作）、日本に徹底抗戦する姿勢を示した。英米両国は、いわゆる援蔣ルートを通じて蔣介石政権を支援した。ソ連も中ソ不可侵条約を締結して（一九三七年八月）、中国に軍事支援を行った。その後日本は占領地域を拡大していったものの、日本が占領したのは主要都市を中心とした「点と線」に過ぎなかった。

本来であれば、日本は中国を完全に屈服させることなど不可能であるという現実をある段階で認め、中華民国政府と和平・撤兵の交渉に入るべきであった。しかし、日本政府も陸軍も、いずれ戦局は打開されるのではないかという根拠のない楽観論に支配されていた。日本は、中国に宣戦を布告した場合、アメリカの中立法が発動されて軍需物資の輸入が困難になると考え、宣戦布告を行わなかった。中国も同様の観点から宣戦を布告しなかったため、日中戦争は太平洋戦争勃発までは、国際法的には戦争ではなかった。「日中戦争」ではなく「支那事変」と呼称され続けたところに、当時の日本の同戦争に対する認識の甘さが端的にあらわれている。

日本陸軍は、何度か試みられたドイツやイギリスの仲介による和平交渉を妨害し、中国での政治的謀略による事態打開を目指した。一九三八年末には、国民党幹部の汪兆銘《おうちょうめい》を重慶政府から脱出させ、親日政権の樹立を働きかけた。しかし、汪兆銘に呼応する勢力は多くなかった。近衛首相は、汪兆銘の重慶脱出後、第三次近衛声明を発表して、「近衛三原則」（善隣友好、共同防共、経済提携）を日中和平の基本方針とすることを呼びかけたが、それを実現する政治的意思を欠いていた。結局近衛内閣は、新党問題をきっかけとして一九三九年一月に総辞職した。こうして日中戦争は泥沼化していった。

2．日中戦争から第二次世界大戦へ

以後日本の歴代政権は、日中関係に正面から向き合うのではなく、ヨーロッパ列強との関係を再構築することによって、日中戦争を打開しようという考え方に傾いていった。しかし、結果的に見れば、日本はヨーロッパ情勢の激変に翻弄され続けたという感が強い。近衛内閣の後継・平沼騏一《きいち》郎《ろう》内閣は、ドイツとの提携関係を強化しようとしたが、一九三六年締結の日独防共協定が存在するにもかかわらず、一九三九年八月に独ソ不可侵条約が成立したことによって外交の見通しを失い、欧州情勢は「複雑怪奇」という迷言を発して総辞職した（後継は阿部信行内閣）。

翌月、ヨーロッパで第二次世界大戦が勃発した。ドイツはポーランドを占領した後、しばらく大規模な軍事作戦は行わなかったが、一九四〇年五月に西方で電撃戦を開始し、同月中にオランダ、ベルギーを降伏させ、六月にはパリを陥落させた。ここに至り、日本ではドイツの勝利に便乗しようという気運が高まった。第一次世界大戦の先例に倣い、「権力の空白地帯」となった東南アジア（フランス領インドシナ、オランダ領東インド）に進出すべきだとする声が大きくなっていったのである。「バスに乗り遅れるな」というスローガンが、この頃の雰囲気をよく示している。

当時陸軍の親独傾向が強かったことはよく知られているが、外務省にも同様の傾向があった。そのことを示すエピソードとして、杉原千畝《ちうね》によるユダヤ人難民救済をめぐる軋轢について紹介しておきたい。ドイツがポーランドに侵攻すると、ナチスの迫害政策から逃れるため、大量のユダヤ人難民が隣国リトアニアに避難してきた。当時リトアニアはソ連に占領されており、ソ連の要請により、各国の大使館・領事館は閉鎖されつつあった。ユダヤ人難民たちは、第三国に脱出するのに必要な通過ビザを取得するため、まだ業務を続けていた日本領事館に殺到した。当時日本の外務省はドイツを慮り、ユダヤ人に冷淡であったが、ナチスによるユダヤ人迫害の窮状を知っていた杉原千畝副領事は、外務省の訓令に反して、領事館閉鎖の直前まで手書きのビザを発給し続けた。

一九四〇年七・八月に杉原がユダヤ人難民らに発行した「命のビザ」は約六千にのぼったといわれる。しかし、難民たちの窮状を理解し、人道的措置をとった杉原の姿勢は、外務本省では十分に理解されず、杉原は戦後間もなく退官を余儀なくされた。日本政府が公式に彼の名誉回復を表明したのは、彼の死後一四年が経った二〇〇〇年のことである。

一九四〇年七月、日本では第二次近衛内閣が成立した。同内閣の松岡洋右《ようすけ》外相は、外務省、陸軍や世論の期待を背景にして、ドイツとの提携を梃子とした機会主義的外交を追求した。九月、日本は北部仏印（フランス領インドシナ北部）に進駐するとともに、日独伊三国軍事同盟を締結した。松岡は、この同盟にソ連を加えてアメリカに対抗する構想を持っていたとされる。しかし、ヒトラーは一二月から対ソ戦の準備を開始しており、ソ連と軍事同盟を結ぶ意思はなかった。一方ソ連は、すでに中ソ不可侵条約を締結しており、日中戦争が継続している以上、日本と不可侵条約や軍事同盟を結ぶことは考えていなかった。結局、松岡の主導によって、一九四一年四月に日ソ中立条約が成立するに至った。

ところが、同年六月、ドイツ軍がソ連に侵攻し、独ソ戦が始まった。これを北進の好機と見た松岡外相は、突如豹変してソ連に対する攻撃を主張した。陸軍も極東配備のソ連軍が弱体化することを期待し、北進に備えて、ソ連国境に約七〇万人を動員する関東軍特種演習を実施した。しかし、参謀本部が期待したソ連軍の兵力減少は起こらなかった。また、南方の石油資源獲得に関心を寄せる日本海軍は、陸軍の北進論を牽制した。その結果、北進は行われず、日本はソ連との中立関係を維持した。このとき北進をしていれば、その後の日米戦争はなかったかもしれない。ただし、ノモンハン事件（一九三九年に発生した日ソ間の軍事衝突）で日本軍が大きな犠牲（戦死者約八千人とされる）を出していたことを考えると、対ソ戦が日本有利に進んだとも想像し難い。

近衛首相は内閣を総辞職し、北進論に固執した松岡を閣外に放逐した上で再組閣し、七月に南部仏印（フランス領インドシナ南部）進駐を行った（後任外相は豊田貞次郎）。近衛内閣は、これが英米との決定的対立をもたらすとは考えなかったが、アメリカ政府は、在米日本資産の凍結、対日石油全面禁輸というきわめて厳しい対抗措置をとった。すでに一九四〇年一月に日米通商航海条約が失効し、アメリカは対日経済制裁をいつでも実施することが可能となっていた。実際アメリカは、同年八月に航空機用ガソリン、九月には屑鉄を禁輸としていた。しかし、日米関係が緊迫する中で、一九四一年二月から野村吉三郎駐米大使とアメリカのコーデル・ハル国務長官の間で日米交渉が開始されており、四月には野村大使から松岡外相に対して、交渉のたたき台として「日米諒解案」が伝達されていた。同案は野村大使ら日本側が作成したものに過ぎなかったが、近衛内閣はこれをアメリカ側の合意を得たものと誤解し、その有利な条件（アメリカが満州国承認や日中戦争解決を蔣介石に勧告する、日本の南方資源獲得に協力するなど）の実現に期待を抱いた。こうした日本政府の甘い観測も、南部仏印進駐を行う要因となっていた。

アメリカの強硬姿勢に困惑した近衛首相は、事態を打開するためにフランクリン・ローズベルト大統領と直接会見する構想を発表した。ローズベルトは当初こそ前向きに反応したものの、やがて会談前に日本側に明確な譲歩を要求する姿勢に転じた。近衛首相は譲歩案をまとめようとしたが、東條英機陸相が中国からの撤兵に断固反対し、作成には至らなかった。結局近衛首相は一〇月に内閣を投げ出し、後任には東條陸相が就任した。

これに先立って、近衛内閣は九月六日に御前会議を開催し、「帝国国策遂行要領」を決定していた。この決定により、日米交渉の期限を一〇月上旬頃とし、交渉と並行して対米英蘭戦争の準備をおおむね一〇月下旬までに完了するとともに、交渉不成立の場合には直ちに開戦することが、日本の「国策」となった。この頃日本海軍では、山本五十六連合艦隊司令長官の下で、開戦の準備が進められていた。山本は、対米戦争が無謀だと知りつつも、開戦が避けられない場合には、緒戦でアメリカ海軍に大打撃を与えることが必要だと考え、ハワイの真珠湾への奇襲攻撃を立案した。この奇襲作戦は、東條内閣成立後間もなく海軍部内で承認された。このように海軍が開戦決意を固めたことも、日米交渉の妥結を一層困難にした。

東條内閣は日米交渉を継続し、南部仏印からの撤兵を含む妥協案をアメリカ側に提示した。しかしハル国務長官は、一一月二六日に非公式提案を日本側に手交し、日本の中国・仏印からの撤兵、蔣介石政権以外の中国政府の否認、三国同盟の事実上の撤廃というきわめて厳しい条件を突きつけた。今日一般に「ハル・ノート」と呼ばれている覚書である。日本側はこれを最後通牒と受け止め、交渉継続への望みを断った。

実はハルは、直前まで対日妥協を模索しており、三ヵ月の期限つきで、日本軍が南部仏印から撤兵すれば資産凍結を解除するという暫定協定案を考えていた。これが日本側に示されていたら、日本は少なくとも一二月には開戦に踏み切れなかったかもしれない。一二月にモスクワの戦いでドイツ敗北が決定的となり、独ソ戦が膠着状態に入っていったことを考えると、三ヵ月開戦が遅れていれば、日米戦争は回避できた可能性もあった。しかしローズベルト政権は、すでに日米交渉の妥結を諦めており、日本との戦争も辞さない覚悟であった。これに対して日本も、戦争回避は不可能と見て、開戦を決断した。東條内閣は一二月一日の御前会議で対米英蘭開戦を決定し、八日の真珠湾攻撃とマレー作戦によって対米英戦争（太平洋戦争）を開始した（オランダ領インドシナ攻撃による対蘭戦争開始は翌年一月）。

蔣介石政権は、一二月九日に日本に宣戦布告を行い、日中両国も国際法的に戦争状態に入った。一一日には、ドイツ、イタリアがアメリカに宣戦を布告した。こうして、日中戦争、太平洋戦争は、ヨーロッパにおける戦争とリンクし、第二次世界大戦の一環としても戦われることになった。

本項の最後に、この戦争の性格と呼称について付言しておきたい。日本政府は、一二月八日に昭和天皇による開戦の詔勅（米英両国に対する宣戦の詔書）を発表している。この詔勅は、開戦理由に関して、米英両国が経済断交するなど日本を圧迫したことを受けて、日本が「自存自衛」のために立ち上がったとしている。すなわち、対米英戦争は自衛戦争であると述べているわけだが、そもそも米英両国による経済圧迫は、南部仏印進駐に至る日本の勢力拡張政策に起因するところが大きく、「自衛戦争」という説明は必ずしも説得的ではないだろう。

対米英戦争を、「大東亜共栄圏」建設やアジア解放のための戦争であったとする見方も存在する。確かに、近衛声明のように「東亜新秩序」建設を謳う言説はそれまでも存在したが、開戦当時東條内閣はそのような戦争目的を明示していない。「大東亜共栄圏」という戦争目的が強調されるようになるのは、一九四三年にアジア各国の代表を東京に招聘して大東亜会議を開催し、大東亜宣言を採択して以降のことであり、戦争当初はあまり意識されていなかったことには注意を要する。

一九四一年一二月八日に始まった対米英戦争は、一二月一二日の閣議決定により「大東亜戦争」と呼称された。翌年一月、東條内閣は、「支那事変」（日中戦争）も「大東亜戦争」に含まれることを確認している。しかし終戦後、この呼称は連合国によって禁止され、代わってアメリカの視点に立った「太平洋戦争」という呼称が定着していった。近年は、「太平洋戦争」という名称からは中国や東南アジアの視点が抜け落ちているとして、「アジア・太平洋戦争」という呼称が多く使われるようになってきている。もっとも、「大東亜」を単なる地域名称であると読み替えれば、指し示している地域としては「大東亜」も「アジア・太平洋」も大差がない。イデオロギーを抜きにすれば、戦争の呼称は先祖返りしたといえなくもない。

3．開戦から終戦へ

真珠湾攻撃、マレー作戦で劇的な勝利を収めた日本は、その後も香港、フィリピン、シンガポール、蘭印（オランダ領インドネシア）を破竹の勢いで攻略した。しかし、日本が戦争を優位に進めたのは、開戦後わずか半年間ほどであった。一九四二年六月、日本海軍はミッドウェー海戦で空母四隻を失うという大敗を喫した。一九四三年二月には、日本軍はガダルカナル島から撤退し、以後物資に勝るアメリカ軍との消耗戦で劣勢に陥っていった。一九四四年七月には、マリアナ諸島のサイパン島が陥落し、「絶対国防圏」が崩壊したことから、東條内閣は総辞職した。しかし、後継の小磯国昭内閣も戦局を立て直せず、一〇月にはレイテ沖海戦での敗戦によって、海軍が組織的攻撃能力をほぼ喪失した。一九四五年二月には、米軍が小笠原諸島の硫黄島への上陸作戦を開始し、三月二五日に陥落させた。

硫黄島上陸作戦の直前となる二月四～一一日、黒海沿岸のヤルタでアメリカのローズベルト大統領、ソ連の最高指導者ヨシフ・スターリンとイギリスのウィンストン・チャーチル首相が会談し、ヤルタ協定を締結していた。同協定は、対日参戦と引き換えに、満州の日本権益と南樺太、千島列島をソ連に与えることを米英両国が約束したものであった。これを踏まえてソ連は、四月に日ソ中立条約の不延長を日本に通告した。同条約は、不延長通告の一年後（この場合一九四六年四月）に廃棄されることになっていた。

四月に小磯内閣が総辞職し、鈴木貫太郎内閣が成立した。鈴木首相は穏健な海軍軍人で、二・二六事件で襲撃され九死に一生を得た経験があった。侍従長として昭和天皇に仕えたこともあり、天皇の苦衷を察して首相を引き受けたものと思われる。鈴木は、組閣当初から戦争終結を自らの使命と考えていた節がある。しかし、フィリピンのマニラ陥落（三月三日）、東京大空襲（三月一〇日）、米軍の沖縄上陸（四月一日）、戦艦大和沈没（四月七日）という厳しい状況にもかかわらず、陸海軍、国民ともに戦争継続への意思は衰えなかった。鈴木内閣が終戦工作に着手したのは、ベルリン陥落（五月二日）、沖縄陥落（六月二三日）を経て、六月末になってからであった。

鈴木内閣の終戦工作は、対ソ外交交渉を軸に行われた。六月二九日には広田弘毅《こうき》元首相がヤコフ・マリク駐日大使に日ソ関係改善の申し入れを行い、七月一三日にはモスクワの佐藤尚武《なおたけ》大使が使節派遣をソ連政府に申し入れた。昭和天皇は、近衛文麿元首相を特使として派遣することを希望していた。近衛は、無条件降伏に近い形で条約を締結し、天皇の聖断によって日本国内の反対論を封じ込めようとしていたと考えられている。しかし、結局特使派遣は実現しなかった。そもそも参戦を決意していたスターリンは交渉に応じる気持ちがなく、ポツダム会談への参加を理由に回答を引き延ばした。結果的に日本は、成算のない対ソ交渉に過剰な期待を寄せ、貴重な時間を無駄にした。

もし日本がヤルタ協定の内容を知っていれば、対ソ交渉に固執することはなかったはずである。

秘密裡に結ばれた同協定の詳細を日本が知ることは不可能であったが、実はソ連の対日参戦が近いという情報を得ていた陸軍軍人もいた。中立国スウェーデンの駐在武官・小野寺信《まこと》少将がその一人である。彼はいわゆるインテリジェンス活動に従事しており、ヤルタ会談での密約に基づき、ドイツの降伏から九〇日以内にソ連が日ソ中立条約を破って対日参戦するとの機密情報を日本に送っていた。しかし参謀本部はそれを信じず、情報を握りつぶしたようである。小野寺情報が仮に政府首脳に届いていたとしても、政策を変えることができたかどうかはわからない。ともあれこのエピソードは、当時の日本政府の中で、ソ連の対日参戦はしばらく先だという固定観念がいかに強かったかを物語っている。

アメリカ、イギリス、ソ連の首脳は、七月一七日からドイツのポツダムで会談し、七月二六日に日本に無条件降伏を求めるポツダム宣言を発表した。このときソ連の回答を待ち続けていた鈴木内閣は、同宣言を黙殺した。これは、アメリカの原爆投下、ソ連の対日参戦という重大な反応を招くことになった。

アメリカは、一九四二年六月から原爆開発計画（マンハッタン計画）を開始していたが、二年後に高濃縮ウラン製造の目処が立ち、一九四四年一二月には日本に原爆を投下する部隊を編成した。一九四五年四月にローズベルトが急死し、大統領はハリー・トルーマンに交代したが、新政権の下でも原爆投下準備は具体化していった。アメリカ政府内には、原爆は離島や砂漠に投下するだけで十分な示威効果がある、投下する場合には事前警告すべきであるといった意見もあった。しかし六月に、ヘンリー・スティムソン陸軍長官を委員長とする暫定委員会が、原爆はできるだけ早期に、事前警告なしに投下すべきであると決定した。七月二五日には、八月三日頃までに広島、小倉、新潟、長崎のいずれかに原爆を投下するとした原爆投下指令書が発令された。この決定は、日本の降伏を早期に確実なものにする、できればソ連の対日参戦の前に戦争を終結させる、原爆の使用実績を作ることで戦後国際秩序における優位を確立するといった思惑からなされたと考えられる。

一方ソ連は、日本の対ソ交渉に応じるふりをして時間を稼ぎつつ、ドイツ方面から極東に兵力を移し、対日参戦する準備を進めていた。日本が降伏する前に対日参戦し、ヤルタ協定に基づいて領土や利権を獲得するというのが、スターリンの狙いであった。それゆえ、八月六日の広島への原爆投下の報は、スターリンに大きな衝撃を与えた。スターリンは参戦準備を急ぎ、八月九日未明に満州・南樺太への侵攻を開始した。同日、アメリカは長崎に二発目の原爆を投下した。こうして、日本の敗戦は決定的な状況となった。

鈴木内閣は八月九日に二度臨時閣議を開催したが、意見がまとまらなかったため、一〇日午前零時過ぎに第一回御前会議が開催された。会議の席上、阿南惟幾《あなみこれちか》陸相は、国体護持、自主的武装解除など四条件が必要であると主張し、梅津美治郎《よしじろう》参謀総長、豊田副武《そえむ》軍令部総長がそれに賛同した。これに対して、米内《よない》光政海相、東郷茂徳《しげのり》外相、平沼枢密院議長は、国体護持のみでポツダム宣言を受諾すべきだとした。ここに至り、会議の進行役を務めていた鈴木首相は、天皇に「聖断」を仰ぎ、国体護持を条件としてポツダム宣言を受諾することが決定した。

一〇日早朝、日本政府は連合国にポツダム宣言受諾を申し入れた。一二日、連合国は日本に対する回答文（バーンズ回答）を発表した。その要旨は、①降伏後、天皇および日本政府の国家統治の権限は、連合国軍最高司令官の制限の下に置かれる、②最終的な日本国の政府の形態は、ポツダム宣言に従い、日本国民の自由に表明された意思によって決定される、というものだった。果して国体が護持されるのか曖昧な文面だったため、陸海軍の両総長は受諾反対の上奏を行った。昭和天皇も不安を抱いていたが、連合国の好意を信じる気持ちのほうが強く、日本国民の大多数は国体の変更を支持しないだろうとも考えていた。そこで異例にも、一四日に天皇の発意によって二回目の御前会議が開催された。陸相、両総長は受諾反対の意見を述べたが、天皇はこのまま戦いを継続すれば「国土も民族も国体も破滅し只単に玉砕に終るのみ」と訴え、二度目の「聖断」を下した。こうして、同日鈴木内閣はポツダム宣言受諾を決定し、その旨を即日連合国側に通知した。日本国民には、「玉音放送」を通して一五日に降伏が知らされた。ここに第二次世界大戦は終結した。

このように日本がポツダム宣言を受諾する上で、昭和天皇が果たした役割はきわめて大きかった。このとき天皇が決断し、イニシアティブをとっていなければ、日本は本土決戦に突入していた可能性が高い。実際、八月一四日深夜には、本土決戦を主張する近衛師団の一部将兵がクーデターを起こし、皇居を占拠するという事件が起きている。また米軍は、秋から九州上陸作戦（オリンピック作戦）を行う準備を進めていたし、ソ連軍は北海道占領計画を具体的に立てていた。日本の降伏は、まさにギリギリの状況で行われたのである。

戦後昭和天皇は、立憲君主たることを自らの行動規範にしていたと語っている（寺崎他、一九九五）。終戦の「聖断」は、田中義一首相の事実上の罷免、二・二六事件への処罰と並ぶ、きわめて例外的な政治介入であったというのが、天皇自身による総括である。逆にいえば天皇は、日中戦争や太平洋戦争を阻止するための積極的行動をとらなかったことを自ら認めていたともいえる。太平洋戦争開戦の直前、昭和天皇は九月六日の御前会議の場で明治天皇の御製「四方《よも》の海皆同胞《はらから》と思うだになど波風は立ち騒ぐらん」を読み上げ、開戦に批判的な考えを暗示したが、それ以上の強い意思表明は行わなかった。天皇は、戦争を防げなかったことを生涯悔悟し続けたものと思われるが、戦後そうした気持ちを率直に表明する機会はほとんどなかった。

天皇が憲法上広汎な天皇大権を有していたことを重視するならば、その権限を行使して、日中戦争や太平洋戦争の開戦を防ぐことができたのではないかという見方も成り立つ。このことは、戦争責任の問題とも結びついて、終戦以降ずっと議論されてきた。明治憲法下の天皇は、絶対君主的な顔と立憲君主としての顔の両面を持っており、その役割を一義的に定義することは困難である。日中戦争や太平洋戦争に際して、天皇が実際にどの程度の意思表示や政治関与ができたのかも大変難しい問題で、研究者の間でも決着はついていない。今後も論争は続くだろう。

第二次世界大戦の終結は日本では一般に「終戦」と認識され、八月一五日が「終戦記念日」とされている。これに対して、韓国では「植民地支配からの解放」と認識されている。同日は「光復節」として祝日になっており、毎年政府による記念行事が開催されている。一方中国では、戦争の終結は「抗日戦争勝利」と位置づけられている。同国では長年これを大々的に祝賀することはなかったが、「戦後七〇年」の二〇一五年には、九月三日（日本が降伏文書に調印した翌日）に大規模な祝賀行事が行われた。

複雑なのは台湾である。終戦後、連合国の一員だった中華民国は台湾に進駐し、一〇月二五日に日本降伏の式典を行った。以後同日は、「台湾光復節」として記念日になっている。当時台湾人の指導者層の中には、「祖国復帰」を喜ぶ者がいる一方で、中華民国よりもむしろ日本に親近感を持つ者も少なくなかったが、後者の多くが一九四七年二月の二・二八事件（中華民国政府による台湾人虐殺事件。犠牲者数は諸説あるが、少なくとも二万人以上といわれている）で殺害された。この事件は、以後本省人（戦前から台湾に在住していた人々）と外省人（戦後台湾に移住した人々）の間に深い溝を作り、ある意味では、終戦以上に台湾社会に強いインパクトをもたらした。民主化が進んだ一九九〇年代以降、台湾では同事件がきわめて重視されており、二〇一七年には、蔡英文《ツァイインウェン》政権（民進党）の下で、七〇周年の記念行事が行われた。他方で、二〇一五年に馬英九《マーインチウ》政権（国民党）の下で、事実上「抗日戦争勝利七〇周年」を記念した軍事パレードが陸軍基地で行われたように、「抗日戦争勝利」を重視する歴史観も台湾には存在する。このように第二次世界大戦の終結は、東アジアにおける多様な歴史認識の出発点ともなった。

学習課題

1. 「日中戦争」「太平洋戦争」「アジア・太平洋戦争」「十五年戦争」「大東亜戦争」という呼称の意味について説明しなさい。
2. 日本が対米英戦争を回避する方法はあったか。あったとすれば、それはいつ、いかなる形であったか。太平洋戦争開戦前の日米交渉の経過を説明した上で、あなたの考えを述べなさい。
3. 鈴木貫太郎内閣が行った終戦外交がどのようなものであったか、またその問題点がどこにあったかを、歴史的事実に即して説明しなさい。

参考文献

伊藤之雄『昭和天皇伝』（文春文庫、二〇一四年）
臼井勝美『新版　日中戦争—和平か戦線拡大か—』（中公新書、二〇〇〇年）
岡部伸『消えたヤルタ密約緊急電—情報士官・小野寺信の孤独な戦い—』（新潮選書、二〇一二年）
佐藤卓己・孫安石編『東アジアの終戦記念日—敗北と勝利のあいだ—』（ちくま新書、二〇〇七年）

白石仁章『杉原千畝―情報に賭けた外交官―』（新潮文庫、二〇一五年）
鈴木多聞『「終戦」の政治史―1943－1945―』（東京大学出版会、二〇一一年）
寺崎英成／マリコ・テラサキ・ミラー編著『昭和天皇独白録』（文春文庫、一九九五年）
服部聡『松岡外交―日米開戦をめぐる国内要因と国際関係―』（千倉書房、二〇一二年）
森靖夫『日本陸軍と日中戦争への道―軍事統制システムをめぐる攻防―』（ミネルヴァ書房、二〇一〇年）
森山優『日本はなぜ開戦に踏み切ったか―「両論併記」と「非決定」―』（新潮選書、二〇一二年）
山田康博『原爆投下をめぐるアメリカ政治―開発から使用までの内政・外交分析―』（法律文化社、二〇一七年）

10 戦後体制の成立

五百旗頭　薫

《ポイント》 敗戦後、米軍を事実上の主体とするＧＨＱによる間接統治が行われた。そのため日本政府は、一方ではマッカーサーおよびＧＨＱ各部局との複雑かつ困難な交渉に、他方では食糧難やインフレによる国内の不満や労働運動の台頭に、直面した。こうした状況の下、占領改革が行われ、中道左派政権が成立した。だが冷戦が本格化する中、吉田茂率いる保守政権の主導で講和が実現し、日米安保条約が調印された。

1．序

本章と次章において、一九七〇年代初頭までの歴史を扱うこととする。この時期、アメリカの対日・対アジア政策が、戦前以上に重要な影響を日本に及ぼしたことはいうまでもない。アメリカに対する順応と反発の中で、戦後の政党政治がいかに形成されたかの説明に、力点を置くこととする。

本章では、敗戦からアメリカによる占領改革を経て、講和・独立を達成するまでの政治史を概説する。

2. アメリカ対日占領の方針と態勢

日米開戦からほどなくして、アメリカ政府は対日占領政策の検討を開始していた。フランクリン・ローズベルト大統領は米英ソ中を世界の警察官とみなす戦後秩序を構想しており、その対日政策も、ソ連と協調的であり、日本に対しては分割占領の可能性をも含む厳しいものとなった。

だが一九四五年四月一二日、ローズベルトが急死し、トルーマンが大統領となると、しだいにソ連との対決色を強める。しかも、一九二〇年代の日本を知るグルー国務次官やスティムソン陸軍長官は、天皇制の存続を認めることで早期終戦を導くことを主張した。硫黄島や沖縄での日本の必死の抵抗がアメリカ側にも少なからぬ打撃を与えると、こうした知日派の意見が説得力を持つようになった。七月に原爆実験が成功すると、日本占領政策からソ連を排除することが確定した。分割占領しないこともこの時期に確定した。ポツダム宣言は米英中の三国によって発せられ、日本国民はみずからの政治形態を選択する自由を与えられる、という抽象的な規定によってではあるが、民主化すれば天皇制が存続し得ることが示唆された。

日本の外務省や和平派はこのメッセージを明確に読み取ったが、鈴木貫太郎内閣は陸軍の反発を受けて、記者会見でポツダム宣言を「黙殺」すると述べる。これがトルーマンに拒否と受け取られて、八月六日に広島、九日に長崎、に原爆が投下された。スターリンは対日参戦を急ぎ、同じ九日に参戦した。昭和天皇は一〇日、次いで一四日に終戦の意向を示し、一五日の玉音放送によってポツダム宣言の受け入れを周知した。

九月二日、ミズーリ号上で日本の降伏調印式が行われた。若干の混乱の後、米軍を主体とする連合国最高司令官総司令部（GHQ〈General Headquarters〉／SCAP〈Supreme Commander for the Allied Powers〉）による、日本政府を介在させた間接的な占領統治が始まった。だが、この統治を連合国の中でどう位置づけるかについては、米ソの対立の影響でなかなか決まらなかった。一二月のモスクワ外相会議において、極東委員会をワシントンに設置することがようやく合意された。

そもそもこのモスクワ外相会議において、東欧でのソ連の優位と、日本でのアメリカの優位が米ソ間で合意されたのである。このようにして冷戦の初期配置が設定された後、あらためて争奪が始まる。ヨーロッパおよび朝鮮半島を主戦場とする冷戦がかくて始まったといえる。

日本の占領政策を決める最高の権威は極東委員会が有したが、そこでは米英中ソが拒否権を持った。東京に出先として対日理事会が設置されるが、米ソのプロパガンダ合戦の場となっていく。アメリカ政府のみが独自の「中間指令」をGHQに伝達する権利を確保し、主導権を握った。ただしアメリカ政府にとっても、GHQを制御することは困難であった。

GHQ内部ではマッカーサーが君臨し、その下で民政局が、マッカーサーの分身といわれ、筆跡まで酷似していたコートニー・ホイットニーを年末に局長に迎えて以来、強大な権限を発揮する。間接統治なので占領政策は法律の形をとることとなり、日本の議会での立法に際して議会を所管する民政局の承認が必要であったことが背景にある。ここにニューディーラーが結集して意欲的に占領改革を推進していく。

もっとも、民政局や経済科学局といった各局は特別参謀部（Special Staff Section）に属しており、これらは参謀長・参謀部（General Staff Section）を通じてマッカーサーに責任を負う仕組みとなっていた。参謀部には四部局があり、マッカーサーの側近によって占められていた。特にマッカーサーに「小ヒットラー」と呼ばれたウィロビーを頂く参謀二部（G2）は保守勢力に親近感があり、政治信条面でも権力面でも民政局との軋轢《あつれき》が大きかった。

特別参謀部内には複数の局が並び立ち、個別の改革について民政局が深く立ち入ることは難しかった。各局は日本政府の各省と密接にコミュニケーションをとるようになり、日本政府内の主導権争いと連動して民政局に挑戦することがあった。大蔵省と連携して台頭した経済科学局は、その典型であった。

3. 日本側の占領受容の態勢

日本政府においては、リベラルな皇族（東久邇宮稔彦《ひがしくにのみやなるひこ》）や外交官（幣原喜重郎《しではらきじゅうろう》、吉田茂）が相次いで首相となった。国民と軍に敗戦を受け入れさせ、かつGHQと円滑に折衝することが至上命題であったためである。それは容易なことではなかった。国内の経済・社会の混乱・困窮に対応することは、さらに困難であった。

政党は再編過程にあった。戦前からの系譜と戦後の新しい機運に、民政局の主導で行われた公職追放が加味されて、複雑な経過をたどった。

一一月二日、日本社会党が結成される。戦前の左派（旧日本無産党系）、中間派（旧日本労農党系）、右派（旧社会民衆党系）、さらにその右（旧日本農民党系）が合同し、社会主義への期待を担ったが、戦前からの路線対立を引き継ぐことにもなった。一九四六年四月一〇日に明治憲法下の最後の総選挙が行われた際には九三議席を獲得、第三党となった。

一九四五年一一月九日、旧政友会の鳩山派によって日本自由党が結成された。鳩山一郎は戦中に軍部に抵抗しており、保守の中で最も清新な印象を与えた。GHQの公職追放にもかかわらず中核分子は温存され、翌年の総選挙に際しては各方面から広く人材を集め、一四一議席で第一党になった。

自由党結成の直後、一一月一六日には日本進歩党が結成された。戦中の大日本政治会所属の代議士のほとんどが集まった大政党であったが、公職追放で九五%の議員を失い、総選挙でも九四議席しか獲得できず、第二党であった。もっとも、その後、新時代の機運に適応すべく中道主義と修正資本主義を唱え、芦田《あしだ》均《ひとし》を迎えて個性的な保守第二党を形成していく（一九四七年に民主党を結成）。

一二月一日、日本共産党が徳田球一、野坂参三らを中心に再建された。五議席しか獲得しなかったが、知識人・ジャーナリズムへの影響力は強かった。

一八日に日本協同党が結成される。戦時中に翼賛政治会から脱退した護国同志会系によって、協同組合主義による修正資本主義を目指す政党として結成された。公職追放で大打撃を受け、総選挙で一四議席しか獲得できなかったが、諸派を合同して拡大を図り、やがて三木武夫が加わり中心となる（一九四七年に国民協同党を結成）。

占領改革はGHQの押しつけばかりとは限らず、日本政府からのイニシアティブもあった。そうなった理由の一つとして、軍部の崩壊と政党の再編の中で、政治権力の空白を官僚が埋め、そこに大内兵衛、有沢広巳《ありさわひろみ》、脇村義太郎《よしたろう》、中山伊知郎、大来佐武郎《おおきたさぶろう》といった社会主義の、ないしは社会主義への理解のある学者が参画し、影響を与えていたことがある。極端な困窮の中で、労働者の生活に配慮しつつその賃金を適正な水準に抑えることが、党派対立を超えて不可避の課題であったからである。こうした学者の多くは経済再生の期待を担って各省の企画部門を結集した巨大官庁、経済安定本部で活躍する。また、中道左派政権（片山哲、芦田均）が成立するのも社会主義の政策的構想力への期待を基盤にしてのことであった。

4．占領改革

したがって、占領下で行われた改革については、GHQと日本政府のいずれにイニシアティブがあったかに即して、三つの類型に整理できるであろう。

第一は日本政府先取り型というべきもので、労働組合法や選挙法などがそうである。労働組合法については在欧経験の長い東久邇宮がこれに理解を示し、首相として労働組合法の制定と労働省の設置を推進した。この方針は幣原内閣に引き継がれ、貴衆両院の可決を経て一九四五年一二月二二日に労働組合法が公布された。団結権・団体交渉権と公務員の争議権（警官・消防士・刑務所員を除く）を認めた画期的なものであった。

幣原内閣は、婦人参政権の付与と、選挙権・被選挙権年齢をそれぞれ二〇歳と二五歳に引き下げることを決定し、貴衆両院で可決された。選挙区制については、戦時中の人口流動化で中選挙区制の実施は困難であり、大選挙区制が採用された。前述の一九四六年四月の総選挙はこれにより行われたのである。

第二は混合型で、日本政府とGHQのイニシアティブが混合したものである。典型は農地改革である。戦前から農林官僚が構想しており、かつ敗戦後の飢餓状態を克服するためには小作農に土地を解放して増産を促す必要があった。一九四五年一〇月一三日には農林省農政局が原案を作成していた。これは閣議で激しい反対にあって微温化され、それに対してすら議会で自由党・進歩党が強く反対したが、GHQの支持により審議は加速し、一二月二七日に両院通過、二九日に公布された。第一次農地改革である。不在地主の全所有地と在村地主の五町歩以上を小作人に解放し、残った小作地についても物納から金納に改めた。だがGHQが翌四六年六月にさらなる改革を求め、一〇月一一日、農地調整法改正案・自作農創設特別措置法が無修正で議会を通過した。在村地主の土地保有は一町歩（北海道は四町歩）までに縮小され、小作地が全耕地に占める割合は敗戦直後の四六％から一〇％にまで縮小した。

第三はGHQ指令型といえるもので、財閥解体や内務省解体がこれにあたる。

経済界の指導者は、戦中に平和主義や自由主義といったレッテルをはられて圧迫を受けていたため、占領改革に期待する向きもあった。だがGHQは持株会社の下で企業がグループ化した財閥を軍閥・官僚と並ぶ好戦的勢力と見做し、その解体を政府に発表させた。

内務省は戦前最大の官庁であり、民政局はこれが人民への「中央集権的統制の中心」であったと認識して、権限を分けることを求めた。つまり最初から解体を標榜していたわけではなく、一九四七年五月にケーディス次長が挙げたポイントは地方局の廃止、財政関係事項の大蔵省への移管、土木関係事項の他省への移管であった。内務省側はここから読み取れる必要最低限の権限放出を、先手を打って行おうとした。民政省と改名し、総務・土木・調査などは内局として確保し、外局として公安庁を置く案であった。これが閣議に提出され、新聞にも報じられたところ、相談なしの改革にケーディスが激怒し、一二月末に内務省解体に至った。

5. 日本国憲法の誕生

だが最大の改革は、日本国憲法の制定であった。

マッカーサーは占領改革を成功させた後の帰国と大統領選挙出馬も思い描いており、円滑な改革遂行のためには天皇を利用するのが一番であると認識していた。天皇の戦争責任に対する連合国内の批判は強く、これを乗り越えるためには抜本的な憲法改正が一番であった。とはいえ、それをGHQ自らの手で遂行するのは難しかった。極東委員会は政治体制の変更問題を明示的に所轄していたわけではないが、連合国の最高政策決定機関であり、アメリカ本国もGHQに対して憲法押しつけを慎むよう釘を刺した。マッカーサーとしては、日本政府が自発的に衝撃的な憲法を作ったように演出するしかなかった。

だが日本政府の対応は積極的とはいえなかった。日本政府内でも松本烝治《じょうじ》国務大臣の主張で憲法問題調査委員会が設置されたが、「調査」とあるように、改正にはなお及び腰であった。これとは別に近衛文麿《このえふみまろ》は憲法改正の検討に着手していたが、近衛の戦争責任への批判が高まるとGHQは近衛を信任していないと声明し、さらに戦犯として逮捕を決めたことが近衛を自殺に追い込んだ。幣原・松本は最低限度の改正を模索する。

一九四六年一月二四日、幣原はマッカーサーと会見し、平和主義を国是とする決意を披瀝してマッカーサーに感銘を与えたが、自衛権の放棄を憲法に書き込むことまでは考えていなかったと思われる。二月一日、毎日新聞が「松本委員会案」をスクープしたが、GHQから見て不十分な内容であった。二六日に始まる極東委員会の先手を打つためには、残された時間はわずかであった。

マッカーサーは三日の日曜日にケーディスを呼び出し、いわゆるマッカーサー三原則を示し、一週間で憲法案を作成するよう指示した。三原則とは、憲法と民意に基づく天皇制、戦争放棄、そして封建制度の廃止であった。戦争放棄には、自衛権の放棄も含まれていた。ケーディスらは必死に作成作業にあたった。その際、自衛戦争の放棄は無理とマッカーサーに進言し、容れられた。

一三日、吉田茂外相と松本に憲法案を提示した。日本政府は困惑しつつもこれを原則的に受け入れた。天皇はこれを支持した。

GHQが重視したのは国際的にインパクトのある憲法を作るということであり、細部へのこだわりは少なかった。こだわっていては短期間では作れなかった。日本政府との協議も短兵急であり、特に松本とケーディスとの激論を交えたものであった。そのため、自衛権は救済するというケーディスの意図は、三月六日に日本政府が発表した案には明確には反映されていなかった。その第九条は、第一項において紛争解決の手段としての戦争を放棄し、第二項において陸海空軍その他の戦力を保持せず、交戦権を認めないと謳っていた。

憲法案は議会で審議され、芦田均を中心とする憲法改正案特別委員会において八月一日に重要な修正が行われた。第二項の冒頭に「前項の目的を達するため、」という文言が追加されたのである。これで自衛のための戦力保持が可能になったと解するべきであろう。芦田がGHQの了解を得ようとしてケーディスに面会したところ、ケーディスが「独断」で了承するのに驚いた。ケーディスとしては、マッカーサーが了承済みのことを明確にしたに過ぎなかったのであろう。

だが芦田は修正の意図を明確には説明しなかった。修正を実現するために、争点化を避けたのであろう。マッカーサーも吉田も、極東委員会ないし国際社会に対する新憲法のインパクトを最大化することを優先し、その平和主義が自衛権を認めることをことさらに説明しようとはしなかった。こうしたことが、後の九条解釈をめぐる論争の一因となる。

明治憲法第七三条が定める改正手続きを踏んで、一九四六年一一月三日、日本国憲法は公布された。議院内閣制を規定し、選挙権はあらためて成人の男女に認められた。

6. 中道左派政権の実験

幣原内閣は進歩党を与党としていたが、すでに見たように進歩党は一九四六年四月一〇日の総選挙で振るわず、第一党となった自由党の鳩山一郎が政権を得るかに見えた。ところが民政局が鳩山を忌避し、公職追放したため、鳩山の懇請で吉田茂が組閣した。第一次吉田内閣は、当面の食糧危機はアメリカの援助で乗り切ったものの、工業生産力の低迷とインフレに直面した。吉田は、後年、社会党左派で活躍することになる和田博雄を農相に起用するとともに、有沢・中山・大来や農政学者の東畑精一らと会合を繰り返し、石炭・鉄鋼に資金・資材・労働力を配分する傾斜生産方式によって活路を開こうとした。だが労働攻勢の高まりを回避することはできず、吉田がラジオでこれを「不逞《ふてい》の輩《やから》」と呼んだことも災いして、一九四七年二月一日を期して二・一ゼネストが計画された。

マッカーサーはこれに中止命令を下したが、吉田の統治能力も疑い、再度の総選挙を指示した。前回の選挙が小党分立となったことから、三月の法改正で中選挙区制が復活した。四月二五日の投票で社会党が一四三議席を獲得して第一党となった。ゼネスト中止に見られるようにGHQが共産党への宥和に明瞭な限界を画する中、社会党が人々の期待を集めたのであろう。

吉田・自由党は下野し、社会党委員長の片山哲が五月二三日の衆議院本会議で首班指名を受けた。民主党（進歩党の後身）・国民協同党との三党連立の中道左派政権として六月一日に組閣を完了する。経済安定本部（安本）の長官には和田が就任した。以後、社会党左派の実力者になっていく。組閣時の支持率は六八・七％と、一九九三年の細川護熙《もりひろ》内閣まで破られなかった高さであり、しかも民政局の絶大な支持があった。

物価を抑えるためには賃金を抑えなければならない。社会党、それも左派だからこそ、労働者に訴えかける力があった。和田は組閣直後には経済危機突破対策を内閣に示し、経済緊急対策を発表した。新憲法下最初の国会が開会されると、賃金を一八〇〇円ベースとする新物価体系を発表した。石炭三〇〇〇万トンの増産が危機打開に不可欠であった。そういうときに、安本の推進力を妨げる作用を及ぼしたのが、炭鉱国家管理問題であった。

炭鉱の所有の形態を論じている場合ではない、というのが政権の大番頭たる社会党の西尾末広《すえひろ》や和田の考えであったが、炭鉱の国家管理は社会党の政策上の看板であった。民主党が反対したため、法案の温和化を認めるが、これが左派の強い反発を浴びる、という板挟みとなった。衆議院本会議の採決において、民主党の幣原派二四名が反対票を投じて脱党する事態となった。幣原派は翌四八年三月、自由党と合流して民主自由党になる。

その後も政権・与党は内紛が続いた。社会党右派でG2と入魂《じっこん》であった平野力三のグループが脱党する一方、左派は党内野党を宣言した。強大な和田・安本に対して西尾が警戒、衝突することすらあった。最後は議会内での左派の造反によって、片山・西尾は政権を投げ出した。

民政局が中道左派政権の継続を望んだため、一九四八年三月、民主党の芦田が組閣した。片山の要請にもかかわらず、芦田は和田を安本長官に留任させることを拒否し、以後は大蔵省が、GHQ経済科学局と調整しながら財政運営の主導権を握った。

この内閣は、政権のたらいまわしとの冷評を浴びた。

戦前、外交官であった芦田は、アメリカに対し講和への打診を試みた。だがアメリカ本国の政策は、マッカーサーが考えるような早期講和を認めるものではなくなっていた。

当時、国務省政策企画室のジョージ・ケナンが、封じ込め政策を唱えて冷戦戦略を主導しつつあった。ケナンによれば、ソ連は自らの独裁を正当化するために資本主義との敵対を訴えなければならず、米ソの和解は困難であった。しかし同時に、資本主義は必然的に崩壊するというドグマから、ソ連が性急な決戦を挑む可能性も低いと考えた。アメリカがなすべきは、執念深く、かつ相手を挑発しない形で抵抗し続けることであった。したがって、対日政策についても、軍事力の牙を抜いて放置するのではなく、共産主義の浸透に抵抗できるように経済的に復興の目処がついてから一人立ちさせるべきであると唱えた。講和はその分、先延ばしにされたのである。

昭和電工の日野原節三がケーディスや政界に行った接待が導火線となって、昭電事件といわれるスキャンダルが起きた。閣僚の逮捕を機に芦田内閣は一〇月七日に総辞職を遂げた。その後芦田も逮捕されたが、無罪となった。民政局と中道政権に反対する勢力が主導権をうばいかえす中で、検察が強引な立件を行ったのであろう。

7．吉田路線と講和

一九四八年一〇月、第二次吉田内閣が成立した。

ときを同じくしてアメリカ政府は、ケナンの主張に従い占領政策の重点を改革から経済復興へと移した。経済復興の手段は、賃金・物価の抑制と財政均衡によってインフレを終息させ、私企業を発展させるというものであった。これを監督するために、銀行家のジョセフ・ドッジが一九四九年二月一日に来日する。マッカーサーの頭越しに采配をふるうことをトルーマン大統領に認められていた。吉田・大蔵省はドッジの頑固な財政均衡論に当惑したが、ニューディール派からの決別を保証する路線としてドッジラインに協力する。ドッジも吉田を高く評価し、講和に向けたアメリカ本国との交渉ルートの一つとなったのである。

一月の総選挙で、与党の民主自由党は戦後の政党としては初めて衆議院で単独過半数を占めていた（二六四議席）。社会党は解散前の三分の一に激減、党内では中道左派路線を否定する左派が台頭するようになった。共産党も三五議席へと躍進した。中道左派政権への失望が作用したのであろう。

民主党内の連立派が脱党して民主自由党に参加し、自由党となった。民主党の主流であった野党派は一九五〇年四月、国民協同党と合体して国民民主党になった。左派が強まった社会党の状況としては国民民主党との協力の余地は狭まっており、保革対立の前哨ともいえる構図であった。

吉田はこの選挙で佐藤栄作や池田勇人《はやと》を当選させ、重用することで、吉田学校と呼ばれる官僚出身の勢力を党内に扶植した。さらに短期間に内閣改造を繰り返すことで、人事により党内を従わせようとした。また、各省の事務次官を中心とする次官会議を定例化し、ここで閣議のアジェンダを決めておくことで与党の内閣への介入を制約した。こうして、吉田は講和に向けた良好な国内基盤を手に入れたのである。

一九四九年後半には、アメリカにとり冷戦は厳しさを増していた。八月にソ連は核実験に成功し、アメリカの核独占は失われた。一〇月には中国の国共内戦に共産党が勝利し、中華人民共和国が成立した。

その結果、ケナンの路線は二つの意味で修正を加えられた。第一に、軍部を中心に日本に再軍備させるべきであるという意見が台頭した。第二に、日本を政治的にひきつけておくためには、早期講和が望ましいという主張が国務省で強まった。軍部は、本土駐留および琉球支配の継続を条件に、これに歩み寄った。

一九五〇年の四月から五月にかけて、吉田からGHQおよびドッジ経由で、本土駐留を日本が必要としており、それを日本から申し出てよい旨のメッセージがアメリカ政府に伝えられた。吉田はアメリカとの同盟により日本の安全を確保するしかないと達観していた。したがって、本土駐留が日本の体面を傷つけるという問題は二義的であると割り切ることができた。冷戦下で講和を急ぐ場合、東側陣営を含めた条約をまとめるのは難しかったが、それについても西側陣営とのみ講和する覚悟であった。

日本政府からの申し出によって、マッカーサーも本土駐留への日本側の反発を危惧する必要がなくなり、早期講和に向けて協力的となった。

六月に朝鮮戦争が勃発し、日本列島の戦略的重要性はさらに増したが、その直前に日米が講和促進の方針を共有していたことは重要であった。

問題は再軍備であった。朝鮮戦争により再軍備への要請は強まった。ところが、吉田路線とは、安全面でアメリカに依存することで、経済復興を最優先にするものであった。再軍備の規模やスピードについては、吉田は粘り強い抵抗を示したのである。

朝鮮戦争の激化にともない、七月八日、マッカーサーは警察予備隊の創設と海上保安庁の拡充を命じた。参謀本部作戦課長として、太平洋戦争における陸軍のほとんどの作戦の立案にあたった服部卓四郎がG2の後ろ盾を得て警察予備隊の創設に関与しようとしたところ、吉田はマッカーサーに直談判してこれを阻止した。警察予備隊は、旧内務省警察官僚が中心となり、旧軍人の復活や実働部隊の暴走を強く警戒しつつ創設されることとなった。一般にシビリアンコントロールとは文民政治家が軍隊を統制することであるが、それだけでなく、いわゆる背広組の制服組へのコントロールが日本においては発達していくのである。

講和条約と日米安全保障条約の締結に向けて国務長官顧問のダレスと吉田の交渉が始まると、ダレスはさらなる再軍備を求めた。吉田は、五万人という、幹部・基幹要員＋αの規模までしか認めなかった。

その代わりに、安保条約において在日米軍が日本のみならず極東のために用いられることを認め、かつ日本を防衛する義務が文言上弱まることを受け入れた。さらに、日本の内乱に介入することをも認めた。「外部からの武力攻撃に対する日本の安全保障に貢献することを目的とする（would be designed）ものであつて」とあったのが、「この軍隊は、極東における国際の平和と安全の維持に寄与し、並びに、一又は二以上の外部の国による教唆又は干渉によつて引き起された日本国における大規模の内乱及び騒じよう〔擾〕を鎮圧するため日本国政府の明示の要請に応じて与えられる援助を含めて、外部からの武力攻撃に対する日本国の安全に寄与するために使用することができる（may be utilized）」に最終的には変更されたのである。

アメリカによる琉球の支配の継続を認める代わりに、日本の潜在主権が講和条約第三条においてぎりぎりの形で認められた。

一九五一年九月八日、サンフランシスコのオペラハウスで西側諸国との講和条約が締結された。同じ日、郊外の第六兵団プレジディオで日米両政府代表は日米安全保障条約に署名した。

翌年二月二八日、駐留米軍の広範な権限を規定した行政協定が締結された。個別の論点では、アメリカは吉田政権の立場を慮って譲歩した。例えば、緊急時に統合司令部を設置することや、アメリカが最高司令官を指名するといった、NATOやANZUSと同様の規定は、明文化されなかった。だが米軍がとどまることに対する反発は強く、裁判管轄権の問題などを通じて、野党のみならず与党内・閣内でも噴出した。

中国との講和については、アメリカの要請に応え、大陸を支配する中華人民共和国とではなく、台湾を支配する中華民国と締結した。中国市場との交流・貿易に困難を抱えることとなった。

吉田は、これらの譲歩の多くを、アメリカに安全を委ねる以上当然であり、実際にアメリカが日本を守るという現実を揺るがすものではないと考えた。こうしたいわば敗者としての思い切りの良さによって、吉田は講和・独立の道筋をつけたのである。だがこれによって講和・安保は国内的な批判を受けやすいものとなり、深刻な政治対立を引き起こしていくのであった。

学習課題

1. どのような占領改革が行われたか。
2. 政党政治はどのように復活し、展開したか。
3. 激化する冷戦は、講和・独立への道のりをどのように規定したか。

五百旗頭真『米国の日本占領政策—戦後日本の設計図—（上・下）』（中央公論社、一九八五年）
五百旗頭真『占領期—首相たちの新日本—』（講談社学術文庫、二〇〇七年）
五十嵐武士『戦後日米関係の形成—講和・安保と冷戦後の視点に立って—』（講談社学術文庫、一九九五年）
川人貞史『日本の国会制度と政党政治』（東京大学出版会、二〇〇五年）
楠綾子『吉田茂と安全保障政策の形成—日米の構想とその相互作用　１９４３～１９５２年—』（ミネルヴァ書房、二〇〇九年）
楠綾子『占領から独立へ—1945～1952—（現代日本政治史1）』（吉川弘文館、二〇一三年）
小宮京『自由民主党の誕生—総裁公選と組織政党論—』（木鐸社、二〇一〇年）
柴山太『日本再軍備への道—１９４５～１９５４年—』（ミネルヴァ書房、二〇一〇年）
下斗米伸夫『日本冷戦史—帝国の崩壊から55年体制へ—』（岩波書店、二〇一一年）
中北浩爾『経済復興と戦後政治—日本社会党　１９４５-１９５１年—』（東京大学出版会、一九九八年）
福永文夫『占領下中道政権の形成と崩壊—ＧＨＱ民政局と日本社会党—』（岩波書店、一九九七年）
福永文夫『日本占領史 1945-1952—東京・ワシントン・沖縄—』（中公新書、二〇一四年）
細谷千博『サンフランシスコ講和への道』（中央公論社、一九八四年）
御厨貴『戦後をつくる—追憶から希望への透視図—』（吉田書店、二〇一六年）
村井哲也『戦後政治体制の起源—吉田茂の「官邸主導」—』（藤原書店、二〇〇八年）

11 日米安保体制の確立

五百旗頭　薫

《ポイント》 日米安保条約は、憲法第九条に象徴される平和主義との間に緊張をはらんでいた。五五年体制による保革対立の定着を経て、安保改定、高度経済成長、沖縄返還などによって日米安保体制が安定度を高めていく経緯を概観する。

1．序

本章では、講和・独立後、五五年体制の成立と安保改定を経て、一九七〇年代初頭までの政治外交史を概説する。米ソの核競争が激化する中、キューバ危機が起こり、その後米ソはデタントの時代を迎えたが、アメリカはヴェトナム戦争で深く傷ついた。米中接近が実現することで、ようやくアメリカはヴェトナム戦争から撤退する糸口を得、かつ長期的に冷戦のパワーバランスを改善する布石を打ったのである。

日米安保の国内的な正統性も脆弱であり、これを高めるために自民党政権は大きな努力と犠牲を払わなければならなかった。岸信介《のぶすけ》政権は安保改定の批准と引き換えに退陣し、池田勇人《はやと》政権は政治的低姿勢をとりつつ高度経済成長を推進し、佐藤栄作政権は沖縄返還を執念深く交渉した。本章が扱うのは、こうした時期である。

平和と繁栄を謳歌しつつも、右に述べた意味での緊張状況の下で、保革間の、あるいは自民党内派閥間の、切磋琢磨が続いていたといえる。

アメリカの対日・対アジア政策が、引き続き重要な影響を及ぼしたことはいうまでもない。これに適応することで、各政権の内政・外交は活路を見出していく。経済成長が政治・社会に与えたインパクトについては、独立した章であらためて論ずることとする。

2．五五年体制の成立

講和が実現したとき、吉田茂の名声と権勢は絶頂にあった。だがその直後には、吉田を排除しつつ保守合同が進展する。なぜそのようなことになったのであろうか。

講和調印の前後に、石橋湛山《たんざん》、三木武吉《ぶきち》、鳩山一郎、河野一郎らが公職追放から復帰してきた。彼らは党人派といわれ、占領改革と吉田路線に批判的なことが多かった。特に鳩山は、鳩山が政界復帰したら総裁の座を返すと吉田が約束したと主張していた。だが吉田は簡単に辞める気はなかった。すでに吉田の周囲には、池田勇人や佐藤栄作を中心に官僚派というべき勢力が成長しつつあった。鳩山は反吉田新党の結成を模索したが、追放解除直前に軽い脳溢血で倒れたため、三木や河野は自由党に復帰し党内で分派活動を行った。

党人派の動きを封じるため、その態勢が整わないうちに吉田は一九五二年八月に衆議院の「抜き打ち解散」を行った。だが自由党は苦戦し、かろうじて過半数を維持した。その後も吉田が人事で鳩山派を排除したので、鳩山らは民主化同盟を作って公然たる党内反主流派となった。一九五三年二月に吉田が失言し、不信任案が提出されると、民主化同盟は賛成に回り、不信任案を可決してしまった。吉田はなおも屈せず、重ねて衆議院を解散した（「バカヤロー解散」）。だが四月の総選挙で、吉田自由党は少数与党に転落した。社会党の、特に左派が勢力を伸ばした。

岸信介も政界に復帰し、迷った末に自由党から出馬し、ほどなく代議士四〇名ほどを動かす力を得た。鳩山らは三五議席を掌握した。少数与党の下では、鳩山や岸の動向が大きな意味を持った。

社会党は一九五一年九月にサンフランシスコ講和条約が調印された後、講和賛成・安保反対の右派と、両方に反対の左派に分裂していた。左派を支えて講和反対を主張していたのが、日本労働組合総評議会（総評）である。

追放解除組は国民民主党にも流入し、一九五二年二月に改進党となっていた。寄り合い所帯故になかなか総裁が決まらず、追放解除組の重光葵《まもる》が総裁に擁立されたのは、六月のことであった。その間に幹事長の三木武夫を中心とする少壮派が党組織における影響力を増していた。昭電疑獄の無罪判決をまだ勝ち取っていない芦田は、潔く重光を推すことで威信を保持したが、三木を警戒するが故に、社会党右派まで視野に入れた中道政党の構想への熱意を失いつつあった。さりとて保守合同にも収れんしたくないので、再軍備を強く唱えて吉田との差異化を図った。

吉田は劣勢に陥りつつも、再軍備のペースをコントロールしようとし続けた。それは不可能ではなかった。鳩山らや改進党の積極論と社会党の反対論の間に吉田らが位置していたからである。吉田は警察予備隊を増員して保安隊とし、一九五二年四月に海上保安庁内に発足していた海上警備隊とともに保安庁下に置き、幹部人材の養成に重点を置いた再軍備を進めていく。改進党と協力した結果、自衛隊の設置を決めた防衛二法も一九五四年六月までに両院でスムーズに可決された。

政策が接近したことはしかし、保守合同の可能性を高め、吉田の立場を不安定にした。アメリカ政府においては、再軍備を急がせることよりも、安定した保守政権の確立を優先する傾向が強まっていた。日本の財界も、ドッジライン終焉後に拡大した利益政治を制御するためには、保守政党が単一化することが望ましいと考えた。日本経済団体連合会（経団連）がこの時期、経済再建懇談会を設置したのは、政治資金の流れを一本化するためであった。こうした中、政権に固執する吉田は、保守合同の障害と見なされるようになる。

一九五四年の一月から、造船疑獄が保守党を直撃した。佐藤栄作幹事長に捜査が及んだとき、吉田は犬養健《たける》法務大臣に検事総長への指揮権を発動させて逮捕を阻止した。左右社会党は内閣不信任案を提出したが、かろうじて否決された。疑獄のさなかの三月二八日、副総理緒方竹虎《おがたたけとら》は「政局の安定は現下爛頭《らんとう》の急務」という保守合同構想を発表した。だが改進党が吉田の引退が前提であると主張したため、この合同交渉は失敗に終わった。

そのため、岸、石橋、芦田らによって、より反吉田の色彩の強い計画が進展した。岸は四月一九日に新党結成促進協議会を結成させ、両院の議員一八〇名以上を集めた。改進党も一部含まれていた。九月二一日、これを新党結成準備会に切り替えた。このときには吉田打倒の旗幟は鮮明であった。吉田派はこの準備会になだれ込んでのっとりを図ったが、一〇月二〇日の大会で鳩山が委員長に選ばれた。一一月二四日、日本民主党が結成され、総裁が鳩山、副総裁が重光、幹事長は岸となった。所属議員は衆議院一二〇名である。社会党と提携すれば吉田を倒すに十分であった。一二月六日、民主党と左右社会党は内閣不信任案を提出した。七日、吉田はついに退陣したのである。

鳩山はついに組閣に成功した。不運の政治家鳩山は独立後のシンボルと見なされ、鳩山ブームが起きた。一九五五年二月の総選挙の結果、保守勢力が優越すること、だが憲法改正に必要な三分の二には達しないことが明確になった。革新陣営では共産党が、第六回全国協議会において武装闘争方針を撤回した。左右に分裂していた社会党も鳩山ブームへの警戒感で一致し、一〇月に合同した。

社会党合同の機運に刺激を受けて、保守の側でも鳩山側近の三木武吉を中心に合同への交渉が本格化した。一一月、民主党と自由党が合同して自由民主党となった。対立をはらんだ寄り合い所帯であり、総裁も決められず、鳩山・緒方・三木・大野伴睦《ばんぼく》の代行制による出発ではあったが、アメリカと財界の望む安定勢力が成立したのである。

こうして、自民党が政権を掌握し、革新勢力が憲法改正を阻止するという、一九五五年体制が成立した。

3．岸政権と安保改定

鳩山内閣は吉田路線からの差異化を図った。例えば、小選挙区制の導入を企図した。憲法改正に必要な議席を得るためには、自民党が得票率以上の議席を得る小選挙区制が望ましかったのである。だが多数党の横暴との批判の前に、小選挙区制の導入は挫折した。日米安保条約には日本にとって不利な条項が含まれており、重光葵外相はダレス国務長官に安保改定を打診するが、峻拒された。

結果、鳩山内閣のおもな業績は日ソ国交回復となった。領土問題については、ソ連が歯舞・色丹の返還を申し出たが、自民党内、およびダレス国務長官から四島一括返還でなければ認めないという圧力がかかり、交渉がまとまらなかった。一九五六年一〇月、病身を押して鳩山自らが訪ソし、日ソ国交回復に関する共同宣言に調印する。宣言は領土問題について、将来の平和条約締結後に歯舞・色丹を引き渡すと謳った。領土問題の解決は先送りとなったが、この宣言によって日ソの国交が正常化し、かつソ連が日本の国連加盟に反対しなくなった。国連加盟は一二月に実現する。この日ソ共同宣言を花道に、鳩山内閣は退陣した。

これを受けて、自民党で初めての総裁選挙が行われた。中選挙区制が続いたことは、選挙区で複数の自民党候補が競い、したがって党内で複数の派閥が競い合う傾向を助長していた。五六年一二月の総裁選挙は派閥間の駆け引きが熾烈に展開された。最も有力なのは岸信介であったが、石橋湛山が逆転勝利し、組閣した。だが石橋は病気のため一九五七年二月に退陣し、岸に禅譲した。

岸首相はアジア諸国を歴訪し、日本の存在感をアピールした上で、六月に渡米して安保改定を提起した。講和後、日本人の独立意識は高まっており、一九五五年頃からの経済成長により自信の回復もあった。こうした日本人のアメリカに対する反米意識を高める事件が、続発していた。一九五四年三月にはアメリカの水爆実験によって日本の漁船が被爆する第五福竜丸事件が起き、一九五六年秋の砂川闘争（立川基地の拡張への反対運動）と一九五七年一月のジラード事件（在日米軍兵士が薬きょうを拾っていた農婦を射殺）によって米軍基地への反発が強まった。当時、米軍としては核を搭載できる大型爆撃機のための滑走路の拡張が必要であったが、横田基地以外ではすべて失敗に終わり、出撃機能が沖縄に集中する状況であった。安保への不満を緩和する措置が必要だったのである。

アメリカの対日政策は、安保改定にとって好適であった。アイゼンハワー政権（一九五三～六一年）は、核兵器の抑止力によって通常兵力の削減を進め、長期化する冷戦を財政的に支える、というニュールック戦略を推進していた。ところが、一九五三年八月にソ連がアメリカより先に水爆実験に成功すると、核だけに頼ることはできないとの認識が強まった。それでも陸上兵力の軽減を継続するためには、有事の即応力が重視される。迅速に同盟国に派遣・増派するためには現地の基地が重要であり、同盟国が基地の存続を政治的に受け入れることがきわめて重要となった。そのために必要であれば、基地をめぐる条約の改正にも応じた。こうして、西ドイツ、フィリピン、韓国などと条約の改正交渉が行われた。日本の安保改定もその一環だったのである。基地機能が沖縄に集中しつつあったことも、日本本土について米軍部が妥協することを容易にしていた（沖縄はアメリカの施政権下にあったため、安保の適用範囲外であった）。

ただし、交渉を本格化するためには、アメリカの譲歩に応えて米軍の立場を安定させることのできる保守政権が日本に成立する必要があった。保守合同と岸内閣の登場が、この条件を満たしたのである。

当初、日本側は交換公文による運用の改善を模索したが、アメリカ側の積極姿勢もあって新条約の調印を目指す方針へと転換した。一九六〇年一月、岸は訪米して新安保条約に調印した。新条約において米軍は引き続き極東のために基地を利用できる一方、日本を防衛する義務が明文化された。それ以外にも、内乱条項を削除するなど、対等性を高める修正が加えられた。在日米軍の装備や作戦については、事前協議制が導入された。ただし、核兵器の持ち込みや朝鮮有事の出撃などについて、事実上、事前協議制の対象外とする密約が結ばれた。

交渉の過程で、岸内閣の国内基盤は弱体化していた。岸は安保改定に伴う混乱を予期し、一九五八年、警察官職務執行法改正案を国会に提出したが、元戦時指導者が戦中の統制を復活させるという印象を与え、反対運動が大衆化、審議未了となり、党内の威信が低下した。警職法を改正し、安保を改定し、憲法改正を狙う、という岸の布石の周到さが、反対勢力の警戒と結束を招いたのは皮肉であった。

党内では池田勇人、三木武夫、河野一郎らが反旗を翻し始めた。彼らの要求で岸は行政協定の改正も要求しなければならなくなった。新安保条約と同時に、地位協定が調印された。だがこれには米軍部が強く反対し、実質的な変更はしないということを条件としていた。全面改定でありながら、日米間の議事録が事実上の裏マニュアルとなり、一部で行政協定に近い運用を残した。

安保改定を記念して、アメリカ大統領としては初の、アイゼンハワーの訪日も決まった。岸としては、それまでに条約批准を済ませる必要に迫られた。五月二〇日未明、衆議院で強行採決が行われた。これへの反発から大規模なデモが発生し、六月一五日には国会に突入しようとして樺《かんば》美智子が圧死する事件が起きた。六月二三日、批准書交換を見届けて岸は退陣を表明した。

岸内閣を犠牲にしつつも、安保改定によって安保の正統性が高まったのはたしかであった。しかも社会党の急進化は西尾末広《すえひろ》や河上丈太郎派など右派の離反と民主社会党の結成を招き、社会党の力では自民党から政権を奪取できないことが確定した。これをもって一九六〇年体制と呼ぶかどうかは論者によって分かれるが、この年に五五年体制が固定化したことはたしかである。

大きな課題として残ったのは沖縄である。当初、岸は沖縄返還交渉を望んでいたが、安保改定を優先した。むしろ本土の基地使用への制約が強まったことで、米軍にとって沖縄の重要性は高まってしまったといえる。

4．池田政権と所得倍増計画

一九六〇年七月に自民党の後継総裁選挙が行われ、池田勇人が当選した。多数派工作は熾烈であったが、佐藤派が支持し、直前に岸派も池田支持を決めたことが帰趨を決した。党人派は大野伴睦が撤退し、石井光次郎に一本化したにもかかわらず、一四日の投票で敗れた。官僚派の優位を示す選挙結果であり、同じく党人派の河野一郎が一時、分党を考えたほどであった。

池田勇人政権は経済重視と低姿勢を掲げ、所得倍増計画を提示した。一〇年で倍増のためには年七・二％の成長率が必要であったが、九月五日、自民党が発表した新政策はなんと九％の成長率を想定してみせた。池田は周囲の危惧を押し切ってこれを政府の計画にしてしまい、全国を遊説してアピールした。

池田が憲法改正をしないと表明したこともあり、経済論争が政治の主軸となった。経済成長は一九五五年から始まっていたが、池田の言動は政治的な雰囲気も安保闘争から一変させたのである。

国際環境も幸いした。アメリカのケネディ政権（一九六一～六三年）は、アイゼンハワー政権が核戦争の危機を増大させたと批判し、核兵器のみならず通常兵器によりあらゆる軍事的事態に対応できる柔軟反応戦略を採用し、軍事予算の拡大を認めた。これは国際収支の悪化を招いたが、アメリカ経済はなお強く、輸入制限よりも貿易の拡大均衡によって国際収支を改善させようという考えが主流であった。一九六四年に始まったケネディ・ラウンドは六七年に妥結し、参加国五五、関税譲許品目三万余、関税引き下げ幅三〇～三五％という大きな成果を挙げた。そしてそれによる「真の勝者」といわれたのが日本であった。

安保闘争の反省もあり、ケネディ政権は日本に対し防衛力の拡大よりもアメリカからの兵器購入とアジアへの経済協力を求めた。同盟国に求め過ぎないことで、政治経済体制の魅力をめぐる、ソ連との長期の競争に打ち勝とうとしたのである。一九六一年六月に訪米した池田をケネディは温かく迎え、日米貿易経済合同委員会の設置に合意する。両国の閣僚が毎年訪問しあうことを定例化したもので、当時、カナダ以外には認めておらず、日米の経済関係はますます強固となった。日本での経験と知識が豊かなライシャワー大使を起用したことも、両国関係にプラスであった。

帰国後、池田は七月一八日に改造内閣を発足させた。佐藤栄作を通産大臣、河野一郎を農林大臣に取り込んだ、実力者内閣であった。佐藤ではなく、大野伴睦を副総裁に起用したように、党人派の包摂を意図していた。

一九六二年七月一四日の臨時党大会において事実上の無競争で総裁に再選されると、池田はこの傾向をさらに強めた。党人派の大野・河野は早々と池田再選を支持し、総裁選後、大野は副総裁に留任し、河野は建設大臣となり、東京オリンピックの準備に活躍した。佐藤は直前まで出馬を模索し、断念はしたものの閣外に出て池田を牽制した。佐藤との個人的紐帯は健在であり、党人派の支持も得た池田は、もはや実力者内閣に頼る必要もなかった。

内政で官僚派の外にウィングを広げたように、外交においてはアメリカ以外の国々との関係拡大を進めた。それは輸出拡大による経済成長の継続に資するものであった。

中国に対しては政経分離の原則に基づいて貿易交渉を行い、一一月九日、高碕《たかさき》達之助元通産相と廖承志《りょうしょうし》華僑事務委員会主任との間で覚書が調印された（LT貿易）。

年末には、欧州共同市場によって存在感を増すヨーロッパを、大平正芳外相・池田首相が相次いで歴訪した。OECDへの加盟を認めさせ、かつ対日貿易差別措置を撤廃させることが狙いであった。

一九六三年二月二〇日、日本はGATT一一条国への移行を表明した。国際収支を理由とした輸入制限は行わないということである。一九六四年四月一日、日本はIMF八条国に移行した。国際収支を理由とした為替制限は行わないということである。四月二八日、ついにOECDに加盟した。資本の自由化を受け入れるということである。こうして日本は、先進国として認められるに至った。これをヨーロッパ諸国が受け入れるためには、アメリカがヨーロッパ産品の輸入拡大を容認したことが、重要な側面支援となった。

日韓交渉も、大平外相の下、対日請求権を経済協力に読み替える方向で進展した。

こうしたアメリカ以外の国々との関係拡大には、アメリカの支持ないし黙認が不可欠であることを池田は理解していた。池田は日本が自由陣営の一員であることを強調した。また、核保有によって自立性を高めたいという気持ちがあったにもかかわらず、国内世論と対米関係を配慮して沈黙した。アメリカの核搭載艦の日本への寄港をめぐっては、国内世論とアメリカとの板挟みにあって苦しんだ。

そのような機会をとらえて、社会党は日米安保体制を批判し、自民党を苦しめた。だが自民党政権下での経済成長と、日中貿易の進展は、社会党への期待を減退させるものであった。社会党内でも、江田三郎書記長を中心に、資本主義の枠内での構造改革を模索する現実路線が提起された。だが左派からの反発により、一九六二年一一月二七日からの第二二回党大会で、江田ビジョンに反対する決議案が僅差で可決され、江田は書記長を辞任した。

一九六四年七月の自民党総裁選挙で、三選を目指す池田はとうとう佐藤と激突した。佐藤は沖縄返還と、高度経済成長によるひずみの是正を謳い、大野伴睦が死去（五月二九日）したばかりの大野派をはじめとする他派を必死で切り崩した。一〇日の投票で、池田が第一回投票で二四二票を獲得し、何とか過半数を確保して当選を決めた。だが佐藤が一六〇票を獲得し、藤山愛一郎の七二票を加えると池田に迫る勢いであった。

翌月、池田の喉に異常が見つかった。がんであった。東京オリンピックに向けて、世界で最も速い東海道新幹線が一〇月一日に開業し、東京・大阪が四時間で結ばれたが、池田は療養を余儀なくされていた。日本中が熱狂したオリンピックは一〇月二四日に閉会し、その翌日に池田は辞意を表明した。七月に総裁選挙を実施したばかりということもあり、話し合いでの後継総裁選びとなった。河野は支え続けたことの報いを期待したが、党内世論は佐藤に傾いた。池田に挑戦し、善戦したことが佐藤に幸いしたのである。池田は佐藤を後継に指名した。

池田は低姿勢の中に高度経済成長を定着させ、国際関係においても党内統治においても政治的地平を拡大することに成功した。だが高度経済成長そのものがあらたな危機を招いていた。それは都市化や、物価高騰・公害をもたらし、自民党政権の支持基盤を動揺させつつあった。池田政権は国政選挙に勝利し続けたが、それは低投票率や社会党の内紛・硬直化によるものであり、得票率自体は低落傾向にあったのである。

5. 佐藤政権と沖縄返還

一一月九日、佐藤内閣が成立した。佐藤は二つの要請に直面していたといえる。第一に、池田政権の低姿勢に対して、自民党内で不満が蓄積されていた。佐藤には、保守政権としての政治姿勢を発揮することが期待されていた。第二に、高度経済成長の弊害の是正という、革新陣営のアジェンダと重なる課題に取り組むことである。

後者について、佐藤は「社会開発」を標榜した。これが意味するところは多岐にわたったが、結局、佐藤が的をしぼったのは住宅政策であった。一世帯一住宅をスローガンに、七〇年度までに六八〇万戸の住宅建設を目指す第一期住宅建設五ヵ年計画がスタートし、八期四〇年、二〇〇六年まで続けられた。また、公害問題に対して、佐藤は周囲が予想していた以上に真剣に対応した。一九七〇年一一月に召集された第六四回臨時国会（公害国会）では関連一四法案を成立させ、翌年に環境庁が設置された。

そのような例外はあるが、成長の弊害への対処は、基本的には状況対応的であったといえる。佐藤政権の基調はやはり、第一の要請に応えた硬派な政治性にあった。日米協調の下に沖縄返還を実現し、一九七〇年の安保自動延長を乗り切る（一九六〇年に改定された安保条約は、一〇年経過後は日米いずれかが終了の意思を通告すると、一年後に終了することを規定していた）ことに政治生命をかけていくのである。

統治スタイルとしても、池田のように党人派には譲歩せず、佐藤派・岸派といった官僚派の優位が再び顕在化した。大野に続き、河野一郎（一九六五年七月八日）、池田（八月一三日）といったライヴァルが次々と死去したことが、佐藤の党内統治を容易にした。中曽根康弘が新たに立ち上げた派閥を、第一次佐藤内閣の第三次改造（一九六六年一二月）から排除するといったように、厳しさを見せつけることも忘れなかった。しかし中曽根が接近してくると、一九七〇年一月発足の第三次内閣の防衛庁長官に起用し、主流派の厚みを増すことに努めるなど、その人事は周到であった。

泣き所はむしろ参議院であった。日本国憲法において参議院の自立性は高かった上に、選挙で政権交代が行われない中、国会日程をめぐる駆け引きが政治の焦点であり、法案が後になって回ってくる参議院のほうが死命を制する場面が多かった。したがって、参議院での審議を促進するためには、池田政権は松野鶴平参議院議長（一九五六〜六二年）に、池田・佐藤政権は重宗雄三議長（一九六二〜七一年）に依存しなければならなかった。

参議院は派閥化が緩やかであり、参議院議長は閣僚に参議院議員を推薦することができた。参議院の自民党議員はしたがって議長の采配に従い、歴代政権が議長に依存しなければならず、その推薦を尊重しなければならない状況を作り上げていた。

とはいえ、直接的に対米協調の阻害要因となり得るのは革新陣営であった。都市中間層は自民党を支持せず、美濃部亮吉都政に象徴される革新自治体を成立させ、政権に衝撃を与えた。だが国政レベルでは、現実化路線をとれない社会党も伸び悩んだ。かわって、それ以外の中道政党が伸長した。一九六四年一一月、公明政治連盟は公明党に発展し、六七年総選挙で初めて衆議院議席を得た。民社党も保革対立の間の中庸を模索し続け、公害問題に熱心であり、公害国会の前後、両党は合併寸前までいったという。こうした野党の多元化が、佐藤のフリーハンドを拡大したといえる。

アメリカでは、ケネディ暗殺によりジョンソン政権が成立していた。そのときにはヴェトナム戦争が始まっていた。アメリカは苦戦し、出撃基地としての沖縄に依存した。日本国内でこの戦争は不評であったが、佐藤はこれに耐えてアメリカを支持し、アメリカに沖縄返還を了承させていく。

当初、教育権など可能な分野の分離返還のみという意見も有力であったが、佐藤は施政権返還を早くから求めた。時期については、外務省が、なるべく早く、といった表現を目指していたときから、佐藤は「両三年内」と明記させることにこだわり、京都産業大学教授の若泉敬《わかいずみけい》を密使として活用して一九六七年一一月の日米首脳会談で認めさせた。やはり外務省が慎重であったにもかかわらず、核抜き本土並みということも主張して認めさせた。佐藤の「待ちの政治」とは何もしないことではなく、早くから持説を決め、周囲が理解するまでがんばるという意味であった。

この間、ライシャワー大使が沖縄返還の必要性を本国に説いた。アメリカ側では日本に歩み寄りつつ、沖縄の軍事的な機能を損ねないための保証を求め、しばしば密約という形式に訴えようとした。日本外務省はこれをなるべく回避しようとしたが、交渉の結果、非常時の核持ち込みと緊急時の韓国への出撃を、沖縄での事前協議制から外すために、密約が結ばれた。沖縄返還に伴う巨額の出費の負担もアメリカは求めた。大蔵省はこれを値切りつつ、負担を秘密にすることを望んだ。これも密約となった。

一九六九年に、これらの密約含みではあるが沖縄返還合意が成立し、これが歓迎されて年末の衆議院議員選挙で自民党は圧勝し、七〇年の安保自動更新を乗り切った。沖縄を平和的に取り返すことで、日米安保体制の正統性はさらに高まったといえる。

しかし沖縄における基地の返還は進まず、基地負担が集中する沖縄にどう向き合うかが、政治の大きな課題となっていく。

経済の時代（池田）、政治の時代（佐藤）の後には、経済が政治化する時代が待っていた。沖縄返還と引き換えにアメリカは日本の繊維産業の輸出自主規制を求め、佐藤は密約でこれを認めた。若泉ルートが、ここでは佐藤への圧力として働いた。だが佐藤はニクソン政権の高圧姿勢に反発し、繊維密約の履行に不熱心であった。これが七〇年代の日米関係の動揺を招くのであった。

内政においては、佐藤政権の長期化それ自体が佐藤の計画を狂わせた。佐藤は岸派の福田赳夫《たけお》を重用し、福田に禅譲するつもりであったが、佐藤派内で田中角栄が台頭し、田中派を形成して次期総裁の座をうかがった。福田は禅譲を得るためには佐藤政権を支えなければならないため、総裁選に向けた戦闘態勢をとるのが遅れ、一九七二年七月五日の総裁選挙で田中に敗れるのである。

これよりは小さな波乱であったが、佐藤政権末期には、参議院でクーデタが起きた。河野一郎の弟、河野謙三が、重宗の議長四選に反対したのである。参議院の独自性を高めることを主張し、第一に、議長・副議長の党籍離脱、第二に、参議院議員が閣僚・政務次官に就任するのを自粛、第三に、党の立場を離れた議員個人の意見の重視を唱えた。野党の支持を得やすい主張であり、社会党は河野支持を決めた。参議院自民党では反重宗の立場をとる桜会（一二名）を河野が立ち上げており、三木派も同調した。一九七一年七月一七日、河野は議長に当選する。野党議員は総立ちとなって喜び、自民党議員の多くは茫然としていたという。

これにより参議院では、より野党に配慮した審議が行われるようになった。一九七七年に河野が議長を退いた後にも、このクーデタの影響は残った。重宗の統制が失われたことで、前述の一九七二年総裁選以降、自民党参議院が派閥に系列化されたのである。派閥の力によって、ようやく自民党衆議院は自民党参議院を安定的に制御できるようになった。中でも田中派は、衆議院よりも参議院において圧倒的な数を確保し、これが田中派優位の基盤となった。

本章の序で述べたように、保革が対峙し、自民党内で派閥が競い合った時代であった。こうした状況は、その後も続く。だが本章が扱った時代において、高度経済成長が実現し、かつその弊害が新たな問題群を構成する中、内紛が続く社会党は適応に苦しみ、多党化が顕在化した。自民党内においては、佐藤長期政権の終わりに、田中派がその優位を築きつつあった。高度経済成長、安保改定、沖縄返還を通じて日米安保体制が確立したことは、戦後国家の確立を意味する。自民党・田中派がその果実を享受するかに見えた。ところが必ずしもそうはならず、視界不良の政治が始まるのであるが、それは次章以降の課題である。

学習課題

1. 岸、池田、佐藤政権期それぞれの統治スタイルと業績とを比較しなさい。
2. 第4章で扱った明治期の条約改正交渉と、本章で扱った安保改定、沖縄返還交渉とは、いずれも交渉の論点が拡大する経過を見せた。それぞれ、日本政府はどのように対応し、それが何を帰結したかを考えてみよう。

参考文献

我部政明『沖縄返還とは何だったのか―日米戦後交渉史の中で―』（NHKブックス、二〇〇〇年）
河野康子『沖縄返還をめぐる政治と外交―日米関係史の文脈―』（東京大学出版会、一九九四年）
坂元一哉『日米同盟の絆―安保条約と相互性の模索―』（有斐閣、二〇〇〇年）
佐道明広『戦後日本の防衛と政治』（吉川弘文館、二〇〇三年）
鈴木宏尚『池田政権と高度成長期の日本外交』（慶應義塾大学出版会、二〇一三年）

空井護「自民党一党支配体制形成過程としての石橋・岸政権（一九五七－一九六〇年）」（『国家学会雑誌』一〇六（1・2）、一九九三年）
武田知己『重光葵と戦後政治』（吉川弘文館、二〇〇二年）
竹中治堅『参議院とは何か　1947～2010』（中公叢書、二〇一〇年）
中北浩爾『一九五五年体制の成立』（東京大学出版会、二〇〇二年）
中島琢磨『沖縄返還と日米安保体制』（有斐閣、二〇一二年）
中島琢磨『高度成長と沖縄返還―1960－1972―（現代日本政治史3）』（吉川弘文館、二〇一二年）
波多野澄雄『歴史としての日米安保条約―機密外交記録が明かす「密約」の虚実―』（岩波書店、二〇一〇年）
御厨貴『戦後をつくる―追憶から希望への透視図―』（吉田書店、二〇一六年）
村井良太「「社会開発」論と政党システムの変容―佐藤政権と七〇年安保―」（『駒澤大学法学部研究紀要』七一、二〇一三年）
山本章子『米国と日米安保条約改定―沖縄・基地・同盟―』（吉田書店、二〇一七年）

12 経済成長・利益政治・国土開発

五百旗頭　薫

《**ポイント**》 高度経済成長によって、日本の政治は大きく変わった。最大のインパクトは、利益政治が本格化したということである。その制度的な基盤となったのが、自民党の与党事前審査制であった。だが実は自民党も与党事前審査制も、利益政治を抑制するという意図も働いて成立したという点が、歴史の皮肉であった。国土計画が、利益政治を超えたグランドデザインたらんとした。しかし国土に働きかけ、公共事業を正当化する計画であるだけに、利益政治からの強烈な入力にさらされた。これも逆説的である。多くの皮肉や逆説を生み出し、作用や反作用が乱反射する。それだけ、高度経済成長のインパクトは大きかったといえる。

1．序

高度経済成長は日本を大きく変えた。一九五〇年から七〇年までの変化を拾ってみよう。一九五〇年には就業者の半分が農業・林業・漁業に従事していたのが、七〇年には二割弱となった。日本のGNPは一九六六年にイギリス、翌年にフランス、その翌年に西ドイツを抜き、西側第二位となった。アメリカに対しては、一人あたりの国民所得はその一四分の一から四割にまで急伸した。男性の半分、女性の三分の一しか高校に進学しなかったのが、男女とも八割の進学率となった。男性の平均寿命は五八歳、女性は六一・五歳であったのが、男性六九・三歳、女性七四・七歳と一〇歳以上伸びた。「この間の変化があまりにも大きかったため、今では高度成長以前の日本がどのような国であったのか、想像することすら難しい」と吉川洋が記すとおりである〔吉川、二〇一二〕。

その意義は巨大であるから、通常の通史から離れ、独立した章を立てることとする。まず経済成長の背景と、それへの政治の寄与を確認する。続いて、経済成長を前提とした政治のあり方を論ずる。一つは利益政治である。地方への利益誘導を引き換えに集票するという営みは戦前からあるが、経済成長がその地平を大きく拡大した。これを推進する政治的な態勢を、与党事前審査制の成立を中心に検討する。もう一つは国土計画である。国土計画が、成長の生み出す不均等な経済発展をいかに是正しようとしたか、同時に各地の利益要求にいかに抗ったか、を検討する。

2. 高度経済成長

一般的に、急速な経済成長のためには、第一に外部からの技術の導入、第二に企業の旺盛な設備投資、という二つの条件が必要である。冷戦によって日本を経済復興させる方針を定めたアメリカが、第一の条件を満たした。懲罰的な占領政策が終わったことで、第二の条件を阻害する要因がなくなった。朝鮮戦争の特需により、戦後初めての設備投資ブームが到来した。

例えば鉄鋼業は一九五〇年代初めより大型化に努め、五〇年代後半にはアメリカに先んじてＬＤ転炉（一九五三年、オーストリアのリンツ〔Linz〕とドナヴィッツ〔Donawitz〕で工業化された製鋼法）を導入、六〇年代には超大型化と省力化で生産性を高め、七〇年代にはアメリカを抜いて世界一の技術水準を確立した。

高度経済成長期、鉄鋼業は「鉄は国家なり」と謳われた。鉄鋼業それ自体の成長に加え、安価で良質な鉄の供給を通じて、耐久消費財の大量生産を可能にしたからであった。特に洗濯機・冷蔵庫・テレビは「三種の神器」といわれ、六〇年代半ばには八割を超える家庭に普及した。中でもテレビの魅力は絶大であり、洗濯機や冷蔵庫を買わない低所得層も優先的に購入した。「三種の神器」が普及した頃には、「三C」と呼ばれる自動車、カラー・テレビ、クーラーが新たに旺盛な消費の対象となった。

このように鉄鋼業の発展が耐久消費財の生産を支えると同時に、耐久消費財の普及が鉄鋼の需要を拡大し、鉄鋼業の設備投資を促した。このような、投資が投資を呼ぶという循環は、他にも例えば自動車と石油化学工業との間で成立した。

さて、このようにして都市部で製造業が発展すると、労働者が不足し、生産拡大を阻害しがちである。そこで高度経済成長を支える第三の条件として、農村からの安価な労働力の流入が要請される。日本においても、一九五〇年代後半から一〇年ほど、北海道・東北地方から東京へ、九州・四国・中国地方から大阪へと、農村の余剰労働力の大移動があった。その多くは中学を卒業したばかりの男女であり、「金の卵」ともてはやされつつ、苛酷で低賃金の労働に従事し、転職・離職も頻繁であった。

一九五六年度の『経済白書』は「もはや「戦後」ではない」と記して有名になった。戦後ではない、というのは日本経済が戦後の域を脱したという勝利宣言ではなく、敗戦から復興するための投資や消費が一段落し、同様の需要を期待することはできなくなる、という警告であった。だが労働力の移動は単身世帯や核家族を生み、つまりは世帯数を増やし、耐久消費財への需要を力強く支えた。このことと、前述の設備投資の好循環とが、「戦後」ではなくなった経済を成長させ続けたのである。

以上から明らかなように、日本の高度経済成長は内需主導であった。成長に対する、純輸出の寄与率は、わずか一パーセントに過ぎない（安定成長期に入ると、輸出の寄与率は高まる）。繊維輸出の拡大に依存していた戦前と違い、賃金の上昇は内需を拡大することが経営側にも理解された。労働組合運動は活発であり、総評（日本労働組合総評議会）は社会党の屈強な支持基盤となったが、同時に少なからぬ労働者が生産性の向上が自らの利益につながることを理解し、協力する。日本型の労使協調路線というのは、日本人の民族性というよりは、ここまで述べた高度経済成長期の環境を背景に確立したものであった。

六〇年代後半になると余剰労働力に底が見え、労働需給がひっ迫する。外部からの技術導入の余地も日本の技術向上によって縮小する。それでも省力化と自前の技術革新とにより、生産性の向上は続いた。

以上から日本の高度経済成長は、①技術導入、②設備投資、③農村余剰労働力の流入という、経済学が一般に要請する条件を具備することで、達成されたといえよう。そして①と③の条件が満たされなくなった後も、世帯数の増加、および生産性向上の意義を学習した企業家精神と労使協調により、成長を長期化することに成功したのである。

ところで、高度経済成長のための消極的な条件は、国際収支の天井にぶつからないようにすることであった。資源に恵まれない日本にとっては、原材料の輸入が死活的に重要であった。一ドル＝

三六〇円レートの下、乏しい外貨が尽きると原材料の輸入が止まってしまう。そのため、貿易収支が悪化しそうになると、政府は景気に歯止めをかける政策をとらなければならなかった。前述のように、輸出が直接、成長に寄与した度合いは限られていたのではあるが、国際収支の天井を高くすることで、輸入の余地を広げたという貢献は少なからずあった。

最終的には、高度経済成長の恩恵が、国際収支の天井を高めていった。サラリーマンを中心に国民の所得は拡大し、拡大のペースは人々の予想を超えた。そのため、家計の貯蓄率は高かった。これが、経済規模に比して消費、輸入の比重を抑え、貿易収支の悪化に歯止めをかけたのである。

以上のような経済的条件が失われた七〇年代初頭、高度経済成長は終焉を迎えた。それは一九七三年のオイルショックよりも早かったが、オイルショックの影響で翌七四年に戦後初のマイナス成長（マイナス一・二％）が記録されることで、高度経済成長の終わりが広く意識されたのであった。

3. 政治という要因

このように経済的な与件を並べると、政治が果たした役割はいかにも副次的に見える。だが副次的ではあっても、欠くことのできない要因ではあった。

保守支配の安定と、それがもたらす自由主義陣営へのコミットメントとは、設備投資に踏み出そうとする企業にとって、未来への予測可能性を高めたといえる。自民党が結党された一九五五年に経営側の主導で日本生産性本部が設置されたことは、その意味で象徴的であった。

一九六〇年の政治的イベントも重要であった。安保闘争の末に岸信介《のぶすけ》内閣は退陣し、池田勇人《はやと》内閣が所得倍増計画を打ち出した。かつてこのことが高度経済成長のメルクマールとして強調され過ぎたきらいはあるが、わかりやすくインパクトのあるメッセージによって、人々のマインドを政治闘争から経済成長へと切り替えさせたことの意義は大きいだろう。

政府の具体的な経済政策も、成長と成長マインドとに適合していた。高度経済成長期、政府は毎年のように所得税減税を実施した。減税で増えた可処分所得は、貯蓄へと向かった。政府も、優遇、控除、非課税措置などによって貯蓄を奨励した。これはおもに郵便貯金を原資とする財政投融資を通じて、公共投資の財源となった。増税や国債に頼らず、それどころか減税と両立する形で、公共投資を推進できたのである。

公共投資は、成長に伴う格差を和らげる地域的・所得的再分配の機能を持った。こうした再分配は都市中間層の不満を招きかねなかったが、もう一方の減税は、源泉徴収により漏れなく課税される都市中間層にとって、最もメリットが大きかった。

減税ができたのは、経済成長による税収の増加があったからである。また、このような政策基調は、増税なしにサービスを期待する国民を形成し、経済成長が鈍化した時代における国債依存を準備したといえるかもしれない。

とはいえ、公共投資と減税とが需要を刺激し、高度経済成長に寄与したことを見落とすべきではない。しかもそれぞれが格差と再分配への不満を和らげることで、高度経済成長への政治的合意を調達したといえよう。

これ以上に重要かつ顕著な政治的合意として、労使協調の拡大があった。労使協調が機能した背景には、戦闘的な労働組合の影響力の低下があった。

そもそも労使協調は敗戦後のインフレと生活苦の中で幅広い政治勢力によって模索され、それは吉田茂が重用した有沢広巳《ありさわひろみ》や和田博雄を結節点に、中道左派政権にも共有されていた課題であった。だが労使協調は中道左派政権によってではなく、占領政策の転換と保守政権の確立という、より強権的な政治環境の下で促進された。

一九四八年夏、マッカーサー書簡に基づく政令二〇一号によって、公務員の争議行為が禁止された。続く国家公務員法の改正により団体交渉権も制限された。また、戦後の労働攻勢の中で広く結ばれた労働協約は、労働組合に経営への参画を認め、経営者の人事を制約するものであったが、四九年の労働組合法の改正によりこれらの協約の自動更新が禁じられた。その後多くの企業が無協約状態に入り、このことはドッジラインの下での大量解雇をより容易にした。五〇年には日本共産党員とそのシンパに対する公職追放や解雇が行われた（レッド・パージ）。

これらの政策が戦闘的な労働組合の反抗を招いたことは、いうまでもない。しかし一九五〇年代前半、日産、尼崎製鋼、炭労（日本炭鉱労働組合）などの強硬な賃上げ闘争は挫折した。これを単一組合による個別交渉の限界であると判断した合化労連委員長・太田薫は、春闘方式を提唱した。鉄鋼業を先頭に、産業別・産業間で賃上げの要求時期、要求額、交渉・争議・妥結のタイミングと妥結額を統一するという方式である。

総評において太田は、政治的な地域闘争を推進する高野実事務局長と激しく論争し、五五年の総評大会では太田派の岩井章が事務局長に当選した。労働者の関心が政治闘争から、賃金・物価といった経済条件に関心が移っていることを象徴する事態であった。しかも春闘は主導的な産業の賃金に他産業の賃金を追随させる傾向があるため、非成長産業の賃金を割高にし、成長産業へと雇用を流出させることで、産業編成の合理化を促進する効果を持ったのである。

一九六〇年のイベントとしてはもう一つ、三井三池闘争があった。エネルギー源が石炭から石油へと転換する中、経営難に苦しみ、指名解雇に踏み切る三井鉱山と、最強の労働組合といわれた三池労組とが激突したのである。銀行や大企業の中には三井鉱山に資金援助する動きがあり、三池労組に対しては炭労や総評がオルグ動員と資金で応援したため、三井三池闘争は全国的な総労働対総資本の対立とすら目された。最終的に、経営側に軍配を上げる斡旋案の下で就労が再開され、以後、戦闘的な組合運動の影響力は徐々に低下していく。

政府・政党や労働組合の動向のみで政治を理解することはできない。これらに包含されない、広範かつ多様なサークル活動も視野に入れるべきであろう。サークルは一九三〇年代、左翼において政治的・文化的活動をする小グループに淵源すると思われるが、敗戦後は、軍事・政治への一般的な不信感と民主化の機運に支えられ、読書したり討論したり歌ったり詩を書いたりする労働者や学生や主婦の小規模な集団が、大量発生した。

もちろんサークルは革新陣営において活発であったが、社会党や共産党とのつながりを限定した活動も多々見られた。だからこそ、安保闘争といった機運が盛り上がると、多数のサークルがそこに参画し、巨大な動員が達成された。しかしそれは、革新政党の組織強化には必ずしもつながらなかったのである。同様のことは、六〇年代後半の学園紛争や、べ平連（ベトナムに平和を！市民連合）に代表されるベトナム戦争への反対運動についてもいえる。

サークルの広がりは革新陣営にとどまらなかった。例えば新生活運動は、鳩山一郎内閣の提唱で始まり、片山哲など社会党右派も関与した超党派の運動であった。農村においては、生活の近代化・合理化を、行政指導ではなく集落レベルの話し合いを通じて促した。都市ないし都市近郊においては、おもに主婦が生活上の問題について調査・討論し、行政・企業と対話し、救急病院の開設といった大きな成果を挙げた事例も報告されている。

さらには企業におけるＱＣ（quality control＝品質管理）サークル活動は五〇年代初めからさかんであり、これもサークルの一形態なのだとすれば、サークルの大量発生は、戦後日本の企業における品質向上や労使協調にまで波及したというべきであろう。

戊辰《ぼしん》戦争後には、身分制のゆらぎを背景に、新しい人間関係の基盤として、結社が各地で結成されたことがあった〔松沢、二〇一六〕。第3章で述べたように、一八七〇年代には殖産興業、対外戦争、自由民権運動といった異なる構想が激しく競合したが、これは結社の支持をめぐる争いでもあった。これに対し、敗戦後にはサークルが政治的立場を超えてさまざまな地域、職場、文化領域で活動し、多面的な影響を政治と社会に与えた。

結社もサークルも政治を活性化しつつ、特定の政治的意図によっては制御しきれない特性を示したという点で、戦後の秩序変革期を象徴する存在であったといえよう。

4　利益政治の拡大

高度経済成長は政府が地方利益に応答するための財政的能力を高めたのであるから、これを重要な背景として、自民党が包括政党化し、万年与党化したことは間違いない。

もっとも、自民党がはじめから利益政治の担い手として登場したとは言い切れない。少なくとも財界からは、前章で述べたように、国会での予算増額修正に歯止めをかけ、かつ保守政党間の利益誘導の競合に終止符を打つ切り札として、保守合同が望まれたといえる。自民党結党後、鳩山一郎内閣が小選挙区制導入を模索したが、その背景にも、憲法改正への布石に加え、党執行部の統制力を強化し、国会議員の自律性を抑制することで、個別の利益要求を制御してほしいという財界の意向があった。だが小選挙区制の導入は実現しなかった。

結局、財界が期待した利益政治の抑制は失敗に終わった。一九五八年度予算では総選挙に備え、診療報酬の引き上げや恩給費の増額、道路整備特別会計の新設などの復活要求が認められた。道路関係税は大蔵省の監査なしに地方の道路予算への配分が可能なものとして、以後、利益政治の重要なツールとなる。一九五九年の参議院議員選挙では全国農業協同組合中央会（今のＪＡ全中）、日本遺族会、軍恩連盟全国連合会、日本医師会、日本歯科医師会、全国特定郵便局長会や宗教団体が自民党を応援し、系列化が鮮明となった。一九六〇年度予算はそのための「組織化予算」と呼ばれた。

この中で農村への対応は遅れており、それどころか朝鮮戦争特需が終わった後の緊縮財政志向の下、補助金の削減を進める「安上がり農政」が展開されていた。一九五三年度予算では農林関係予算は一四・九％であったが、五九年度には七・五％にまで削減されている。これに対する反発は当然に強く、一九五八年の総選挙では、社会党は農村型選挙区で三四％の議席を得ていた。

転機となったのは、一九六一年の農業基本法である。投入労働時間あたりで他産業並みの所得を保証することを謳い、これに生産コストを加えて米の買い入れ価格を決定するものであった（生産費所得補償方式）。例年、買い入れ価格の決定にあたっては、危機感を持つ自民党の農林関係議員と農協が引き上げに向けて共闘し、自民党と農協の関係は安定した。増加する税収が、その財源を保証した。

だがこの方式は食管会計（食糧管理特別会計）の赤字を拡大させ、批判を招いた。食の西洋化による米需要の低落もあり六八年にはついに米価が抑制され、七〇年から減反政策が始まることで、農村の状況は大きく変わっていくのである。

5．与党事前審査制

いうまでもなく、高度経済成長期にも財源は有限であったから、どの利益に応答するかの調整が必要であった。そのために有用な仕組みとなったのが、自民党の与党事前審査制である。自民党は各省、および国会の常任委員会にほぼ対応する編成で政務調査会の部会を設置し、そこで内閣提出法案を事前に検討させる。政調会部会を拠点として、政策分野ごとに族議員が成長した。

ここが重要であると見込んで、業界は要望を持ち込み、官僚も働きかけ、調整に従事した。自民党は政権与党になることで政官財の調整を党内にかかえこんだといえる。加えて、党内にかかえこむことで、与党の立場を再生産し得たといえる。族議員が党執行部からの自立性を確保する上では、中選挙区制の下、党内が複数の派閥からなる分権的な構造であったことが助けとなった。このように、与党政調会部会をおもな舞台とする政官財の調整が、利益政治を機能させる上できわめて重要であった。

とはいえ、事前審査制も、元来は野放図な利益誘導を抑制しようとする試みの中で、発達したといえる。

第1章でも述べたように、日本国憲法は、ＧＨＱの提案により、国会は「国権の最高機関」であると謳っていた（第四一条）。GHQの度重なる指示に、権限を拡大したい衆議院側の思惑が加わって、一九四七年には国会法が成立した。同法により国会の自立性はきわめて強くなり、特に、議事日程に対する内閣の影響力が排除された。

国会の審議をコントロールできないことは、内閣と大蔵省を困惑させた。両者が制御できない形で多数の議員立法が提出され、その中には財政支出を伴うものも少なからずあり、予算との不整合をきたすことがあった。先に指摘した、当時の国会における利益政治の競合は、このような国会法制によって助長されていたのである。

一九五五年の保守合同により自民党が結成され、両院の過半数を掌握した。同じ年に国会法が改正され、議員立法提出の要件がやや厳しくなった。それでも、議員立法はすぐには減らなかった。

しかし自民党誕生には、政務調査会による事前審査を義務づけるという意義があった。その直接の起源は日本民主党による党内民主主義の標榜であり、これと表裏をなす吉田内閣の与党（自由党）軽視への反発であった。一九六二年、赤城宗徳《あかぎむねのり》総務会長が発したいわゆる赤城書簡は、事前審査の手順を内閣・各省の予算立案の日程に整合させ、かつそこに総務会を加えさせることで、与党事前審査制を確立した。

この手続きが、最終的に議員立法を衰退させたと考えられる。前述のように、政務調査会が内閣提出法案を事前審査する。総務会でも徹底的に反論する機会を与え、全会一致になるまで議論させる。あくまで反対する議員には、議決前に退席して筋を通すことも認める。その代わり、いよいよ議会に提出した法案の通過には協力する。造反は厳しい処分の対象となる。国会における議員立法の抑制と引き換えに、与党内の異議申し立てと、与党の内閣に対する優位へと道を開いたのである。

以上のように、自民党もその事前審査制も、国会における利益政治の抑制を期待されて登場した。だが皮肉にも、利益政治を与党内に制度化する結果をもたらした。高度経済成長による財政的機会の増大が、この皮肉を可能にしたといえよう。

6. 国土開発①——池田政権の全総

自民党政権は高度経済成長に便乗するだけではなく、その弊害を是正しようとも努めた。前章で触れた住宅政策や公害対策はそうであった。これらはもっぱら都市部を対象としたものであった。だが高度経済成長は地域間の発展度合の格差をもたらしたので、農村地域の開発も重要な政策課題となった。こうした地域から選出された議員が自民党において多かったため、なおさらであった。先に触れた農業基本法もこうした背景からである。とはいえ、同法の主目的は農家への所得補償であるから、経済発展に直結するわけではない。低開発地域のほうが、自民党に依存し、自民党に忠実であるため、開発につながらない利益を与え続けることが自民党にとって合理的であったのかもしれない。

とはいえ、発展へのある程度の期待を与え続けなければ、長期的な支持を確保することは困難であったであろう。地域格差を補正する手段として脚光を浴びたのが、国土計画であった。

国土計画は開発の個所づけをするのであるから、あきらかに利益政治のターゲットであった。他方でしかし国土計画は、個別利益の総和とは異なる国土の全体像を示そうという、政治的意欲の所産でもあった。国土計画が本格化したのは一九四〇年前後からであり、東亜秩序や大東亜共栄圏を具体化することを使命として帯びていた。戦後の一九五〇年に制定された国土総合開発法は全国的なビジョンではなく、特定地域の開発に法的根拠を与えるものであったが、地域開発のモデルとしてはニューディール政策の一環たるTVA（テネシー川流域開発公社）が強く意識されており、アメリカのグラスルーツ・デモクラシーの理念が当時持っていた影響力をうかがわせる。地方利益要求に圧倒されていては、国土計画は鼎の軽重を問われるのである。以下では、御厨貴《みくりやたかし》の研究に基づいて、利益政治の影響と、これに対する抵抗という次元を中心に、国土計画の変遷をたどることとする〔御厨、二〇一六〕。

一九六〇年、池田内閣が決定した所得倍増計画は、太平洋ベルト地帯を開発の中心と規定していた。石油・鉄鉱石の輸入に便利な太平洋沿岸への工場立地は経済的には合理的であったが、それ以外の地域からの反発を免れなかった。そこで、所得倍増計画を補完する国土計画として、全国総合開発計画（全総）の立案が要請されたのである。喜多村治雄《きたむらはるお》ら経済企画庁総合開発局開発計画課のスタッフ十数名が、手回しのタイガー計算機による不眠不休の作業により、三ヵ月で起草した。根幹となるアイディアは、拠点開発方式である。産業を集積する意義を認めつつ、集積地を分散させることで、効率と平等の均衡を模索する枠組みであった。

自民党政調会に設置された地方工業開発特別委員会が、自治省・建設省・通産省・農林省等の調整に苦心し、一九六二年一〇月、全総は閣議決定された。

なお、この調整に活躍した一人に、前年から政調会長を務めていた田中角栄がいる。田中が地元への利益誘導に熱心であったことは周知であるが、個別地方の要求を全国一律の法体系に位置づけて解決するという発想と行動力を持っている点で、通常の「土方代議士」とは異なっていた。すでに国土総合開発法・公営住宅法・道路三法などの立法に取り組んだ実績があり、全総の策定推進もその延長線上にあったといえよう。

拠点（新産業都市）に指定されようという各地の運動は熾烈であり、指定要求は四四件にのぼったが、開発官僚側は人口や産業の基準により一〇ヵ所に絞り込み、押し返されたものの最終的に一五ヵ所にとどめた。

他方で太平洋ベルト地帯からの圧力もあり、これについては工業整備特別地域を六ヵ所認めた。ところがこれが独り歩きし、一九六四年には議員立法の形で、すでに発展している地域に優先的に投資するという工業整備特別地域整備促進法が可決され、ベルト地帯の特権性が事実上の市民権を得てしまった。ベルト地帯以外の地域への均霑《きんてん》を、一定の基準の下に推進する、という全総の狙いは、早くも軌道修正されてしまったのである。

7．国土開発②――佐藤政権の新全総

そこで、一九六九年に新全国総合開発計画（新全総）が策定された。このときに政権を担っていた佐藤栄作内閣は、池田の経済主義にとどまらない政治的理念を掲げようとしていた。外交における沖縄返還、内政における社会開発はこうした政治姿勢を象徴するものである。これに対応して新全総の立論は、明治一〇〇年（一九六八年）という長いスパンの歴史意識を打ち出し、明治維新以来のインフラが全面的に老朽化したと主張した。全総の挫折を念頭に、太平洋ベルト地帯への偏重という既成事実からのフリーハンドを、拡大しようとしたのである。

新全総は、アイディアにおいても態勢においても、各省のセクショナリズムを調整する能力が高

かった。総合開発局は、大蔵省出身の宮崎仁局長、建設省出身の下河辺淳《あつし》総合開発課長、通産省出身の森山信吾開発計画課長が協力して各課を掌握した。外部に大規模開発、長期構想、情報ネットワークに関する三つの研究会を設けたが、上記の三名が参加するとともに主要メンバーが重複参加する設計であった。増強されつつも統合性を保った態勢の下、インフラの全面刷新という観点により、各省縦割りの開発プロジェクトを包含することができたのである。

もちろん、高度経済成長下とはいえ、プロジェクトの取捨選択は必要であった。そこで、実施が決定した「計画」と保留状態の「構想」という二元論を導入した。「計画」を選定することで、全総にはなかったメリハリをつけ、全国的な交通・通信・情報ネットワークに必要な重点投資対象を決めることができた。同時に、「構想」にも将来への期待をつなげるようにすることで、熾烈な競争を抑止するという工夫があった。

とはいえ、競争の抑止はやはり困難であり、閣議決定された「構想」を「計画」扱いにさせようとする政治的策動は免れなかった。社会的にも「計画」と「構想」の区別は十分に理解されず、公害が深刻化する中、新全総の規模が過大であるという批判を招いた。

これを受け、佐藤政権末期から田中政権期にかけて、新全総は環境問題・土地対策や国土総合開発法改正など、手薄だった課題を再検討する総点検作業に入った。また、一九七四年に国土庁が発足し、態勢が強化された。とはいえ、組織拡充された結果、全総・新全総にあったような統合力は、さすがに維持できなくなった。そして、高度経済成長の終焉とともに、国土開発の機運自体が衰えていった。

8. 田中角栄の意義

だが国土計画の全盛期の最後に、大きな脚光を浴びたビジョンが登場した。田中角栄の都市政策大綱（一九六八年）であり、列島改造論（一九七二年）である。

高度経済成長は自民党政権の正統性を高めたが、同時に都市化の進展と農村人口の減少により、その支持基盤を弱体化させる作用もあった。自民党の石田博英《ひろひで》が『中央公論』一九六三年一月号に「保守政党のビジョン」を発表し、このままでは一九六八年には自社両党の支持が逆転すると警告したことは、よく知られている。

新潟県出身で、苦学の末に立身した田中は、低開発への不満と、都市の過剰開発への問題意識とを結合させることに成功した。成長の恩恵を地方に均霑し、人口を吸収させることで、都市の人口過剰を解決するというグランドデザインを提示したのである。

列島改造論は一九七二年七月の総裁選直前に出版され、ベストセラーとなった。この総裁選に勝利して田中は政権を掌握し、今太閤と謳われる人気を享受した。だが列島改造論は投機をあおり、インフレを助長した結果、田中政権の失速の原因となってしまった。オイルショックによる原油価格の高騰が、さらなる打撃となった。田中は総裁選で破った福田赳夫を蔵相に迎えなければならず、福田によって列島改造論は棚上げにされた。そして金脈問題によって、田中は不本意な退陣を強いられる。

田中には、具体的な地方利益を、全国的な法体系やビジョンの中で表現し、実現していく能力があった。利益政治が国土計画を吸収しつつ、そのことにより迷走する経緯を、田中は象徴していたのかもしれない。

学習課題

1. 高度経済成長の条件はどのようなものであり、日本はいかにそれを得て、失ったか。
2. 与党事前審査制は、どのような背景で成立したか。
3. 全国総合開発計画（全総）、新全国総合開発計画（新全総）それぞれの着想と、その弱点は何であったか。

参考文献

飯尾潤『日本の統治構造―官僚内閣制から議院内閣制へ―』（中公新書、二〇〇七年）
井手英策編『日本財政の現代史1 ―土建国家の時代 一九六〇～八五年―』（有斐閣、二〇一四年）
猪木武徳『経済成長の果実―1955～1972（日本の近代7）』（中公文庫、二〇一三年）
大門正克編『新生活運動と日本の戦後―敗戦から1970年代―』（日本経済評論社、二〇一二年）
奥健太郎・河野康子編『自民党政治の源流―事前審査制の史的検証―』（吉田書店、二〇一五年）
川人貞史『日本の国会制度と政党政治』（東京大学出版会、二〇〇五年）
アンドルー・ゴードン編『歴史としての戦後日本（上・下）』（みすず書房、二〇〇二年）
斉藤淳『自民党長期政権の政治経済学―利益誘導政治の自己矛盾―』（勁草書房、二〇一〇年）
中北浩爾『自民党―「一強」の実像―』（中公新書、二〇一七年）
松沢裕作『自由民権運動―〈デモクラシー〉の夢と挫折―』（岩波新書、二〇一六年）
御厨貴『戦後をつくる―追憶から希望への透視図―』（吉田書店、二〇一六年）
吉川洋『高度成長―日本を変えた六〇〇〇日―』（中公文庫、二〇一二年）
歴史学研究会・日本史研究会編『日本史講座10　戦後日本論』（東京大学出版会、二〇〇五年）

13 五五年体制の展開と崩壊

奈良岡聰智

《ポイント》 一九九三年の非自民連立政権の誕生によって、自民党の一党優位体制は崩壊した。しかし、小選挙区制が導入されたものの、そこで目指された二大政党制は直ちには実現せず、その後の日本政治は連立時代に突入した。一九九〇年代以降の日本政治は、何を目指し、何を実現したのだろうか。また、崩壊したとされる「五五年体制」とは、そもそも何だったのだろうか。本章では、こうした観点から、一九七〇年代以降から現代までの政党政治を概観する。

1．五五年体制の展開

五五年体制とは、衆議院第一党の自民党が政権を維持し、社会党が第二党の座を占め続けた政治体制のことである。一般には、一九五五年に自民党の創立と左右社会党の合同が実現して以来、一九九三年に細川護熙《もりひろ》率いる非自民連立政権が成立するまで存続したとされている。かくも長い間一党優位政党制が存続したのは、自由民主主義的な政治体制の下では稀であるが、なぜそれが可能となったのだろうか。冷戦の存在、高度経済成長と分配政策の成功といった要因を挙げ得るが、政治制度の面では、中選挙区制が大きく影響していたことを指摘できる。

一九四七年以降、衆議院議員選挙では、定数三～五名の中選挙区制が採用されていた。自民党が中選挙区制の下で単独過半数を確保するためには、一選挙区に二名以上の候補者を擁立する必要があり、同士討ちが不可避であった。そこで自民党議員は、激しい党内競争を勝ち抜き、再選を確実なものとするために派閥に所属し、さまざまな支援を得た。派閥は、元来共通の人脈や政策志向を持つ政治家たちの集まりだったが、佐藤政権の頃から総裁選挙や人事を左右する政治集団として凝集性を高め、存在感を増した。佐藤内閣末期の主要派閥としては、イデオロギー的に右の福田派、中曽根派、中間的な佐藤派、大平派、左の三木派があった。福田派は旧内務省系省庁出身の元官僚や改憲派が多く、吉田茂以来の「保守本流」を自認する大平派は元大蔵官僚が多く、佐藤派はあまり政策的一体性を持たないなど、各派閥にはカラーがあり、彼らが競い合うことが自民党の活力となっていた。しかし、佐藤首相が退任する頃から、派閥抗争が激化し、弊害も目立つようになっていった。

佐藤の後の五人の首相、田中角栄（在任一九七二～七四年）、三木武夫（同一九七四～七六年）、福田赳夫《たけお》（同一九七六～七八年）、大平正芳《まさよし》（同一九七八～八〇年）、鈴木善幸《ぜんこう》（同一九八〇～八二年）は、いずれも約二年で退陣している。その理由はさまざまであるが、激しい派閥抗争の末に権力を維持できなくなったという面が多分にある。

田中は、内閣成立後間もなく劇的な日中国交正常化を実現したが、その後は失速し、金脈問題で世論からの批判を受け、総辞職を余儀なくされた。後継首相には、大平蔵相と福田元蔵相が有力視されていたが、党分裂への懸念と金権問題の後始末のためクリーンイメージが重視されたことから、「椎名裁定」（椎名悦三郎副総裁による指名）によって三木が選ばれた。三木首相は、公職選挙法や政治資金規正法の改正で政治浄化に一定の成果を挙げたが、やがて発覚したロッキード事件への対処をめぐって、党主流派と対立を深めた。「三木おろし」が激化する中で臨んだ総選挙で、自民党が議席を大きく減らしたことから、三木は辞職に追い込まれた。

三木の辞任後、福田が両院議員総会において満場一致で新総裁に選出され、後継首相に就任した。福田内閣は日中平和友好条約を締結し、東南アジア外交に関する「福田ドクトリン」を発表するなど、外交面で実績を挙げたが、自民党総裁選挙で敗れ、退陣した。後任の大平は、戦後政界屈指の知性派とも評され、ブレーンをうまく活用して、田園都市構想や総合安全保障構想といった新しい政策の方向性を打ち出した。また、財政再建、少子高齢化を見据えた消費税の導入も、新たな政策課題として認識していた。しかし、大平が党内調整不十分なまま打ち出した一般消費税構想が原因となって、一九七九年の総選挙で自民党が敗北すると、「四十日抗争」と呼ばれる激しい党内抗争が発生した。大平は事態を打開するため、一九八〇年五月に衆議院を解散した。自民党はこの選挙（史上初の衆参同日選挙であった）で勝利したが、選挙期間中に大平は死去した。後任には、鈴木が就任した。

このように、佐藤政権以降は頻繁に首相が交代し、長期的展望に立った政策が提示され難い状況が続いたが、自民党総裁選挙に勝利して、鈴木の後任首相に就任した中曽根康弘は、約五年間政権を維持した。

中曽根内閣は、「戦後政治の総決算」を目標として掲げたため、社会党や左派のメディアから強く批判された。しかし、実際に行った政策を見ると、持論の憲法改正、教育基本法改正を封印し、靖国神社公式参拝は一度のみでその後は控えるなど、堅実な政権運営を行ったと評価できる。中曽根は、ロナルド・レーガン米大統領との信頼関係を築いて日米関係を緊密化し、サミットでの日本の存在感を高め、防衛力を強化するなど、外交・安全保障政策に力を入れた。内政面では、大平内閣を支えたブレーンを活用しつつ行政改革を推進し、三公社の民営化で成果を挙げた。他方で、プラザ合意による円高路線を受け入れ、内需拡大策を行ったことが、バブル経済を引き起こしたという指摘もなされている。

五五年体制下の政権運営は、自民党と官僚機構が緊密に協働する形で行われた。これを「官僚主導」ととらえる見方が古くからあり、近年も内閣が行政官庁の代表的な性格を濃厚に持つとする「官僚内閣制」という見方が提起されている〔飯尾、二〇〇七〕。他方で、政治家の最終的な主導権は確保されていたとする「政治主導」論も存在する〔村松、二〇一〇〕。時期や政権によって政権運営のあり方は異なり、どちらが正しいとは一概にいえないが、中曽根内閣は比較的後者の評価がよくあてはまる政権であった。中曽根首相は「大統領制的首相」を心がけ、トップダウンを重視した政権運営を行った。中曽根内閣では、首相のリーダーシップを支える官邸機能を強化するため、内閣安全保障室などの「内閣五室」も設置された。内閣機能の強化は、その後も統治機構改革の重要テーマとして受け継がれていくことになる。

中曽根内閣が長期政権を維持し得た背景には、田中角栄の存在が大きく影響していた。田中は、首相退任後に発覚したロッキード事件により刑事被告人となり、自民党を脱党したが、裁判で無罪を勝ち取って政治的に再起することを目指していた。そのため、最大勢力を誇る自派閥から首相を出すのを許さない一方で、他派閥出身の首相に力を貸すことで、政治的影響力を維持していた。少数派閥出身の中曽根も、田中派の支持に拠っており、発足当初の中曽根内閣は「田中曽根内閣」など揶揄《やゆ》されていた。しかし、中曽根は政治的実績を積み重ねることで、しだいに田中派の影響力を弱めていった。他方で田中派では、自派から首相を出せないことへの不満が高まっていき、ついに一九八五年二月に竹下登が反旗を翻し、創政会を結成した。田中は巻き返しを図ったが、同月に脳梗塞で倒れ、政治的影響力を事実上失った。以後自民党内の派閥間競争では、最大勢力を擁する竹下派（一九八七年に創政会をもとに経世会を結成）が優位に立つことになる。

2．五五年体制の崩壊

中曽根首相は、一九八六年の衆参同日選挙で自民党史上最多の三〇〇議席を獲得する圧勝を収め、自民党総裁の任期一年延長を勝ち取ったが、その後準備不足のまま売上税（消費税）導入を図って支持率を落とし、そのまま退任した。後継首相には、中曽根の指名により竹下が就任した。調整力に長けた竹下は、大平内閣以来懸案となっていた消費税導入を実現した他、ユニークな「ふるさと創生事業」を行うなど、実行力を示したが、首相自身もかかわった大規模な増収賄事件（リクルート事件）が発覚して、約一年半で総辞職を余儀なくされた。自民党は、竹下辞任の翌月（一九八九年七月）に行われた参議院議員選挙で歴史的な敗北を喫し、与野党逆転を許した。以後自民党は、参議院で単独過半数を握るのが難しくなり、衆参両院の多数派が異なる「ねじれ」が政党政治を大きく規定していくことになる。

一九八九年の参議院議員選挙では、社会党が四七議席を獲得し、大きく躍進した。しかしその原因は、自民党のイメージが大きく傷つく中で、土井たか子委員長と多数の女性候補の清新さが受けたことにあった。いわば敵失とイメージ選挙による勝利であったが、社会党はこのことを十分に認識せず、基本政策の見直しを怠った。

一方、自民党の中では、従来の五五年体制のあり方に限界を感じ、政界再編と抜本的な政治改革を目指す動きが密かに始まっていた。意外なことに、自民党内でその動きの中心となったのは、小沢一郎、羽田孜《つとむ》ら、竹下派の中堅・若手グループであった。竹下内閣で内閣官房副長官を務めた小沢は、税制改正をめぐる国会審議で野党対策に尽力し、政権内での評価を高めた。民社党の大内啓伍、公明党の矢野絢也《じゅんや》、市川雄一らも、従来の社会党との共闘路線に飽き足らず、自公民路線による政権参加を模索していた。こうして「ねじれ国会」により与野党双方で接近を模索する動きが本格化したことが、五五年体制を突き崩す推進力となった。

従来この間の自公民路線の形成については、詳細が知られていなかったが、小沢の盟友であった平野貞夫（当時衆議院事務局勤務、のち参議院議員）の日記の公開によって、実態が判明した〔赤坂・奈良岡、二〇一三〕。平野の日記は、中曽根内閣期の「売上税国会」、竹下内閣期の「消費税国会」で、自民党がさまざまなルートを駆使して公明、民社両党の協力を得て、自公民路線を構築したことを明らかにしている。その最も枢要なルートを小沢が握っていたことが、非自民連立政権の樹立、新進党の結成につながったという平野の指摘は興味深い。五五年体制崩壊への胎動は、中曽根内閣末期から密かに始まっていたのである。

小沢は、竹下内閣が総辞職した後、短命の宇野宗佑《そうすけ》内閣を挟んで成立した海部俊樹《かいふとしき》内閣で、四七歳の若さで幹事長に就任した。一九九〇年にイラクがクウェートに侵攻し、翌年に湾岸戦争が発生すると、小沢は国際貢献に奔走し、日米間の貿易不均衡是正を目的とした日米構造協議でも調整力を発揮した。公明党、民社党とのパイプを駆使して、国会対策でも中心的役割を果たした。小沢は、東京都知事選挙敗北の責任をとって幹事長を辞任したが、その後も竹下派オーナーの竹下元首相、同会長の金丸信《かねまるしん》の後ろ盾の下で、引き続き実力を振るった。姻戚関係にあった三者の蜜月関係は、メディアから「金竹小《こんちくしょう》」などと批判された。しかしやがて、首相再登板を目指す竹下、小沢に派閥を禅譲しようとする金丸の間で確執が深まっていった。一九九二年に汚職事件（東京佐川急便事件）により金丸が議員辞職すると、竹下派の後継会長をめぐって、竹下直系の小渕恵三《おぶちけいぞう》と小沢らが推す羽田が対立し、前者が勝利を収めた。その結果、小沢グループ（羽田派）は竹下派を脱退するに至った。

この間、冷戦終結による国際情勢の激変、バブル経済の崩壊と財政赤字の増大、相次いだ政治汚職事件を背景として、海部内閣、続く宮沢喜一内閣では、政治改革が大きな課題として浮上していた。小沢は、自民党内の「守旧派」を批判し、一九九三年には著書『日本改造計画』を発表した。同書は、積極的な国際貢献、新自由主義的な経済改革、政権交代を可能とする政治改革など、その後の政治課題を先取りする内容を含んでおり、いわば小沢の政権構想であった。同年、野党が宮沢内閣に不信任案を提出すると、小沢グループを中心に自民党から造反者が出て、同案は可決された。宮沢内閣は衆議院を解散したが、小沢グループが自民党を脱党して新生党を結成した他、武村正義、鳩山由紀夫らのグループも脱党して新党さきがけを結成した。こうして、政治改革を争点とする衆議院議員総選挙が行われた。

総選挙の結果、自民党は第一党の座を維持したものの、衆議院の単独過半数は得られず、非自民八党派を与党とする連立政権が誕生した。総選挙で野党が勝利して政権交代を実現したのは、一九二四年の加藤高明内閣、一九四七年の片山哲内閣に次いで三回目であった。

首相に就任したのは、日本新党代表の細川護熙（前参議院議員、元熊本県知事）である。細川内閣は、翌九四年に、衆議院議員選挙への小選挙区比例代表並立制の導入、政治資金に対する規制の強化、政党助成金の導入を柱とする政治改革関連四法案を成立させた。これにより、政権交代がより容易な選挙制度が構築されるとともに、政治資金の高騰、政治腐敗を防ぐための仕組みができたのは意義深いことであった。

細川内閣の誕生に際しては、新生党代表幹事の小沢が強いリーダーシップを発揮した。しかしその後小沢は、自身の政治力と政局観を過信して判断ミスを重ねた。細川内閣は、政治改革関連法案をめぐる連立与党・自民党間の妥協が成立した直後、小沢の主導により、唐突に消費税増税（国民福祉税導入）構想を打ち出したが、与党内の強い反発を受けて直ちに撤回を余儀なくされた。以後連立政権は、政治改革関連法案は成立させたものの、急速に求心力を失い、細川首相の政治献金問題をきっかけとして総辞職した。在任二六三日であった。続いて羽田内閣が成立したが、小沢の強引な政治手法に反発した社会党、さきがけが連立から離脱したため、在任六四日で退陣に追い込まれた。

五五年体制の崩壊は、自民党最大派閥の中枢にいた小沢グループが政治改革を主張し、脱党したことによって可能となった。下野した自民党は大きく動揺しており、連立与党が結束を維持していれば、自民党が既得権益を失い、小沢が主張していた二大政党制が一九九〇年代に実現した可能性もあった。しかし小沢は、社会党左派を切り捨て、自民党を分断することを強引に追求して、連立与党の結束を自ら壊してしまった。その結果、国民の強い期待を受けて成立した非自民連立政権は、一年も持たずに倒れた。

3．連立時代

ここで誕生したのが、自民党、社会党とさきがけの連立政権（自社さ連立政権）であった。自民党は、連立を離脱した社会党を抱き込んで多数派を形成することで、政権復帰を図った。一方社会党では、右派が非自民勢力の連携に未練を残していたが、左派が自民党からの誘いに積極的に応じた。自民党の提案により首班は社会党に譲られ、一九九四年六月に、同党委員長の村山富市《とみいち》を首班とする連立政権が発足した。五五年体制の下で対立してきた両党が連立を組むのは、きわめて奇妙なことであったが、「反小沢」という感情がそれを可能にした。一方小沢率いる新生党は、民社党、公明党の一部などと合同して新進党を創立した。

村山内閣に参加することで、社会党は非武装中立論、自衛隊違憲論といった従来の非現実的政策を放棄することになった。与野党間で国家の基本政策における政策的差異が縮小し、共通の政策論争の土壌ができたという意味で、この政策転換の意義は大きい。しかし、十分な説明もなしに、突如なし崩し的に重大な政策転換を行ったことで、社会党は公党としての信用を失った。村山首相は、阪神淡路大震災、地下鉄サリン事件への対応で危機管理能力の無さを露呈したこともあって、政権運営への意欲を失い、一九九六年一月に突如辞任した。後任首相には、最大派閥である小渕派（経世会が平成研究会と改称）の橋本龍太郎（村山内閣の副総理兼通産相）が就任した。社会党は橋本内閣の下で引き続き与党となり、社民党へと改称して生き残りを図ったが、議員の脱党が相次いだ。橋本内閣が同年に改造を行うと、社民党、さきがけは連立政権から離脱した。

橋本内閣は、行政改革（いわゆる橋本行革）で実績を挙げた。この改革では、中央省庁再編が行われた（一府二二省庁から一府一二省庁へ）。また、首相の発議権の明確化、首相の補佐体制の整備、内閣府・特命担当大臣・経済財政諮問会議の設置などによって、内閣機能の強化が図られた。総じてこれらの改革は、行政の効率化、首相のリーダーシップ強化を目指すものであった。行政改革が進展する中で、司法制度改革も課題として浮上した（のち小泉内閣期に、裁判員制度の導入、法科大学院の設置などを決定）。橋本内閣は、在日米軍の沖縄基地軽減問題（普天間飛行場の移設問題）など、この他にも意欲的に諸課題に取り組んでいたが、消費税増税を行ったことから不景気を招いたという批判を浴び、参議院議員選挙での敗北によって一九九八年に下野した。

後任首相は、同一派閥の小渕恵三（橋本内閣の外相）であった。参議院が再び「ねじれ」状態となったため、小渕内閣は発足当初、不良債権処理問題で野党案を丸呑みするなど、苦しい政権運営を迫られた。しかし同内閣は、小沢率いる自由党（一九九八年結成。新進党は一九九七年末に解党）、次いで公明党（新進党解党により再結成）を連立政権に組み入れることに成功した（いわゆる自自連立、自自公連立）。自由党は途中で連立を離脱したが（分裂した保守党が連立に残存し、自公保連立となったが、まもなく自民党に合流）、公明党は以後第四次安倍内閣に至るまで自民党の連立パートナーとなる。安定した政権基盤を得た小渕内閣は、周辺事態法、国旗・国家法など重要法案を多く成立させた。橋本行革を継承して、中央省庁再編を実行に移すとともに、自由党の主張を受け入れて、副大臣の設置（従来の政務次官の権限を強化）、党首討論の導入も行った。小渕内閣は長期政権の展望も見えつつあったが、小渕が脳梗塞で突如倒れたため、総辞職した。

小渕の後任首相には、森派（清和政治研究会）の森喜朗《よしろう》幹事長が就任したが、失言問題などで支持率が低迷し、約一年で辞職した。後任には、同一派閥の小泉純一郎が就任した。同派は、岸派・

福田派の流れを汲む派閥で、田中派（およびその後継の竹下派・小渕派）全盛時代には傍流的位置に甘んじてきた。小泉はいわゆる派閥の領袖ではなかったが、森とは長年盟友関係にあり、他派閥の加藤紘一、山崎拓《やまさきたく》とも連携していた（YKKと称された）。また、郵政相、厚相を歴任し、自民党総裁選挙への二度の立候補を通して、全国的知名度を上げていた。森の後任を決める自民党総裁選では、橋本元首相が最有力視されていたが、小泉は従来の既得権政治を打破するため「自民党をぶっ壊す」と叫び、「小泉旋風」を巻き起こして当選した。

小泉内閣は、公共投資を削減して規制緩和を進め、成長力を高めることを経済政策の目標とした。具体的には、「構造改革なくして景気回復なし」をスローガンとして、金融問題の処理、特殊法人改革、郵政民営化、国と地方の「三位一体改革」（地方交付税の見直し、地方への財源委譲など）などを進めた。これらを実行するため、小泉はブレーンの竹中平蔵（経済財政担当相などを歴任）を重用し、経済財政諮問会議を徹底的に活用した。また、自民党内の「抵抗勢力」を排除するため、派閥順送り人事を廃止し、内閣主導の政権運営を行った。メディアの活用も巧みで、郵政解散（二〇〇五年に郵政民営化のため衆議院を解散）にあたっては、各選挙区に「刺客」を立てて、総選挙で自民党に大勝利をもたらした。世論の強い支持をバックにした小泉の政治手法は、「ポピュリズム」「小泉劇場」とも評された。

小泉内閣の経済運営に対しては、所得格差を拡大したという批判も存在するが、マクロの経済指標を改善し、財政健全化への方向性を示したのは功績といえる。外交面では、中国・韓国との関係は良好ではなかったが、アメリカ同時多発テロ以降のブッシュ政権の「テロとの戦い」を積極的に支持し、日米関係は緊密化した。小泉首相は、従来の自民党政権の常識を破壊した政権運営を約五年半行うことによって、自民党政権の延命に逆説的に成功した。

このように自民党は、約一年野党時代を経験した後、社会党、自由党、公明党などと連立を組むことで、一貫して政権に座り続けた。五五年体制はいったん崩壊したものの、自民党の一党優位体制は大きく変わらなかったと見ることもできる。もっとも、「ねじれ国会」が常態化したことにより、自民党の単独政権維持が相当困難になったのは、大きな変化であった。また、①小選挙区制の導入や「小泉劇場」による自民党の派閥の弱体化、②民主党の結成（旧民主党一九九六年、新民主党一九九八年）、自由党の民主党への合流（民自合併、二〇〇三年）による野党の成長、③橋本行革による内閣機能の強化も、政治のあり方を五五年体制下とは異なったものにした。こうした変化を前提として、小泉以降の政治は展開していく。

4．民主党政権の蹉跌と自民党一党優位体制の復活

小泉内閣の後、自公政権の首相となったのは、安倍晋三（在任二〇〇六～〇七年）、福田康夫（同二〇〇七～〇八年）、麻生太郎（同二〇〇八～〇九年）であった。安倍（小泉内閣の官房長官）は戦後最年少の五二歳で首相に就任したが、閣僚絡みの政治スキャンダルが相次いだ影響により、二〇〇七年の参議院議員選挙で大敗を喫した。この選挙で自民党・公明党は過半数を下回り、再び「ねじれ国会」となったため、以後政権運営は困難をきわめた。安倍が体調悪化により辞任した後、後任の福田は民主党との大連立を模索したが果たせず、辞任した。福田の後任となった麻生は、内閣支持率が低調なまま、任期満了直前に衆議院を解散した。その結果、二〇〇九年八月に行われた総選挙で民主党が第一党に躍進し、細川内閣以来の総選挙による政権交代が実現した。首相

に選出されたのは、同党代表の鳩山由紀夫であった（社民党、国民新党も政権に参加）。

民主党は一九九八年の結党以来、行政改革、地方分権（地域主権）などの政策を掲げ、政権交代による二大政党制の実現を目指していた。総選挙では子ども手当、高速道路無料化などをマニフェスト（政権公約）に掲げ、国民からの強い期待を集めた。しかし、いざ政権が発足すると、マニフェストは実行困難であることが露呈した。民主党は、行政改革による歳出カットで新規事業の財源は確保できるとしていたが、事業仕分け、公共事業削減などの効果は限定的であった。そのため、子ども手当の支給額は減額（毎月二万六千円から一万三千円に半減）、高速道路無料化は限定実施（一部路線で社会実験として実施したのみ）となり、国債発行額も膨れ上がった。

外交・安全保障政策では、鳩山首相が選挙前から普天間基地の沖縄県外移設を約束していたが、移設先を見つけられずに断念し、各方面からの失望や批判を招いた。鳩山首相（政治資金収支報告書の虚偽記載問題）、小沢幹事長（西松建設事件問題）が関係する「政治とカネ」の問題が持ち上がったこと、「政治主導」「脱官僚依存」のかけ声の下で、事務次官会議を廃止し、政務三役会議を設置したことで、かえって官僚機構を十分に活用できなかったことも大きかった。支持率が大幅に低下した鳩山内閣は、二〇一〇年六月に総辞職した。

鳩山の後任は、菅直人《かんなおと》（鳩山内閣の副総理）であった。菅首相は、鳩山政権の政策からの転換を図ったが、代表選挙の過程で小沢グループと非小沢グループの間に深刻な対立が生じ、選挙後もその亀裂は埋まらなかった。七月には参議院議員選挙が行われたが、すでに民主党への不信感が相当高まっていた上に、菅首相の消費税増税問題に対する発言が二転三転したこともあって、民主党は過半数を失った。こうして衆参両院の多数は再び「ねじれ」、民主党内では早くも「菅おろし」が始まった。二〇一一年三月の東日本大震災により、この動きは一時的に収まったが、まもなく菅内閣の地震・原発災害への対応が不十分であるとして、与野党双方から菅に辞任を求める動きが起こり、八月に菅内閣は総辞職した。

菅の後任には、代表選で勝利した野田佳彦（菅内閣の財務相）が就任した。野田は挙党態勢の構築に努め、消費増税と社会保障の一体改革を進めようとしたが、非主流派となった小沢グループが強く反対し、党内抗争が激化した。小沢グループの多くは二〇一二年七月に民主党から除籍されたが、この前後から民主党からの脱党者が相次ぐようになった。求心力を失った野田首相は、他党の選挙準備が整う前に総選挙を行うのが得策と判断し、一一月に衆議院を解散したが、翌月の総選挙で民主党は歴史的大敗を喫し、議席数は解散前の二三〇を大きく下回る五七へと激減した。こうして民主党は、約三年で再び野党に転落した。

民主党政権は、基本政策における体系性・整合性の欠如、非現実的なマニフェストへの過度の固執、政官関係への認識不足、党内ガバナンスの欠如などが原因で倒れたが、全く無意義であったと見るのも不当であろう。従来自民党政権は、景気刺激のために公共投資を拡充することで、政府債務を積み上げてきたが、このような経済政策は持続が困難で、効果に限界があるにもかかわらず、これに替わる新たな政策は打ち出されていない。また経済成長が鈍化し、全世帯の平均所得が減少する中で、経済格差の是正、所得の再分配への積極的取り組みを求める声は強い。非自民・非共産勢力の「政権政党」イメージは著しく毀損したが、失政への真摯な反省を行い、自民党への対抗勢力を再生するという重い課題が、民主党出身者には残されたといえる。

二〇一二年の総選挙の結果、自公両党を与党とする第二次安倍内閣が成立した。安倍内閣は、大胆な金融政策、機動的な財政政策、民間投資を喚起する成長戦略を柱とする経済政策（アベノミクス）を掲げた。金融緩和による円安の効果が出たこと、公共投資が拡大したことから、景気は上向いた。二〇一三年には、東京に二〇二〇年夏季オリンピック開催を招致することに成功し、好景気継続への期待感が高まった。外交面では、「積極的平和主義」「地球儀を俯瞰する外交」「自由で開かれたインド太平洋戦略」を標榜し、安倍首相自ら積極的に外国訪問を続けた。これらにより高支持率を得た安倍内閣は、二回の解散総選挙（二〇一四年、一七年）、二回の参議院議員選挙（二〇一三年、一六年）で勝利を収めて党内外の批判勢力を封じ込め、「安倍一強」と呼ばれる政治状況を作り出した。二〇一三年に国家安全保障会議（日本版ＮＳＣ）を設置し、その事務局として国家安全保障局を設置したこと、二〇一四年に内閣人事局を設置し、幹部公務員の人事を掌握したことも、首相官邸の政治指導力を高めた。こうして安倍内閣は、二〇一七年五月には小泉内閣を抜いて、首相在任日数（第一次内閣を含む）で歴代単独五位になった。

　安倍は二〇一八年九月に自民党総裁に三選され、二〇二一年九月までの任期を得たが、安倍政権の問題点は決して少なくない。経済政策では、金融緩和や財政出動に依存する一方で、規制緩和は進んでおらず、長期的な成長戦略を描き出すには至っていないという批判を受けている。また、国の累積債務は増加の一途をたどり、懸案の消費税増税も二度にわたって凍結された。さらに、増大する非正規雇用者や外国人労働者の労働条件の改善、働く女性の出産・育児サポート体制の強化など、雇用や労働をめぐる問題にも十分に対処できているとは言い難い。二〇一七年には、森友・加計問題（大阪の森友学園による小学校の用地買収、岡山の加計学園グループによる獣医学部設立をめぐる国家戦略特区認定に際して、安倍首相の意向ないし影響力が働いていた可能性が指摘された問題）が表面化し、官邸への過度な権力集中や公文書管理体制の杜撰さも問題視された。これらの問題への対処に忙殺された結果、安倍内閣が政治目標として掲げた憲法改正への準備は、総裁選三選まではほとんど進まなかった。

多くの問題点を抱えながらも、「安倍一強」が続いた背景として、①二〇〇六年から一二年にかけて毎年首相が交代する状況が続いたことに国民が嫌悪感を抱き、政権の安定を望んだこと、②アベノミクスによりマクロ経済が安定し、国民が経済政策の大きな変化を望まなかったこと、③東アジアの国際環境が厳しさを増す中で、国益重視の姿勢を前面に出す安倍外交が概して支持を得たこと、④自民党内で安倍に対抗し得る次世代のリーダーが十分に育たなかったことを指摘できるが、野党が迷走を続けたことも大きな原因である。

民主党は下野した後、二〇一六年に維新の党などと合流して民進党を結成した。しかし、党勢は回復できず、二〇一七年には前原誠司代表の下で、有力議員を含む離党者が相次ぐ状況となった。こうした中で安倍首相が衆議院を解散すると、前原は民進党を事実上解党し、小池百合子（東京都知事）が立ち上げた希望の党と合流させることを決断した。しかし、小池が民進党全体との合流を拒否したため、民進党議員は希望の党、立憲民主党（枝野幸男代表）と無所属に三分し、総選挙は自民党の圧勝に終わった。その後、希望の党は国民民主党へと再編されたが、所属議員数は立憲民主党に追い抜かれた。こうして二〇一八年一一月現在、野党は立憲民主党、国民民主党、日本維新の会、共産党などが分立した状況にある。一九九三年に非自民連立政権ができて以来、日本の政党政治は、二大政党制の創出を目指す勢力が常に自民党を脅かしながら進んできたが、ここに至ってその動きは一巡し、再び自民党の一党優位体制に回帰した感がある。

もっとも、衆議院の小選挙区制を変更しない限り、今後も与野党逆転は容易に起こり得る。冷戦や高度成長といった条件がすでに失われ、選挙制度改革や統治機構改革を経た今日、かつての五五年体制のような形で自民党一党優位体制が存続することはあり得ない。今後の健全な政党政治を構想するため、一九九〇年代以降の政治変転から学ぶべきことは多いように思われる。

学習課題

1. 一九七〇～八〇年代の自民党による政権運営がどのように行われたかを、首相のリーダーシップ、派閥対立、衆議院の選挙制度に注目しつつ、説明しなさい。
2. 一九九三年の非自民連立政権成立の過程とその意義を述べなさい。
3. 二〇〇九～一二年の民主党政権による政権運営がなぜ、どのようにして失敗に終わったかを説明しなさい。

参考文献

赤坂幸一・奈良岡聰智校訂『平野貞夫・衆議院事務局日記（一～四巻）』（信山社、二〇一三年）
飯尾潤『日本の統治構造―官僚内閣制から議院内閣制へ―』（中公新書、二〇〇七年）
伊藤光利・宮本太郎編『民主党政権の挑戦と挫折―その経験から何を学ぶか―』（日本経済評論社、二〇一四年）
北岡伸一『自民党―政権党の38年―』（中公文庫、二〇〇八年）
清水真人『平成デモクラシー史』（ちくま新書、二〇一八年）
中北浩爾『自民党政治の変容』（NHKブックス、二〇一四年）
野中尚人『自民党政治の終わり』（ちくま新書、二〇〇八年）
服部龍二『中曽根康弘―「大統領的首相」の軌跡―』（中公新書、二〇一五年）
平野貞夫『消費税国会の攻防 一九八七―八八―平野貞夫 衆議院事務局日記―』（千倉書房、二〇一二年）

御厨貴編『「政治主導」の教訓―政権交代は何をもたらしたのか―』（勁草書房、二〇一二年）
村松岐夫『政官スクラム型リーダーシップの崩壊』（東洋経済新報社、二〇一〇年）

14 戦後日本の領土問題

奈良岡聰智

《ポイント》 現在日本は、ロシアとの間に北方領土、韓国・北朝鮮との間に竹島、中国・台湾との間に尖閣諸島という領土問題を抱えている。本章では、これらの領土問題を、満州、沖縄、南洋諸島などを含む広い文脈の中でとらえ直し、それらがなぜ、いかにして争点化し、現在どのような状況にあるのかを検討する。

1. 領土問題の起源

第二次世界大戦後の日本の領土問題を考えるにあたって出発点となるのは、①カイロ宣言、②ヤルタ秘密協定、③ポツダム宣言という三つの文書である。

カイロ宣言は、一九四三年一二月一日に、カイロでフランクリン・ローズベルト大統領(米)、ウィンストン・チャーチル首相(英)、蔣介石主席(中華民国)が発表したものである。同宣言は、領土不拡大、日清戦争以降に日本が拡大した領土の剝奪、という二つの原則を提示した。英米両国は、すでに一九四一年八月に領土不拡大原則などを示した大西洋憲章を発表しており、カイロ宣言は同憲章の原則に立ちながら、対日戦争の目的を具体化したものであった。

その後、一九四五年七月二六日、米英中三国は日本に降伏を促すため、ポツダム宣言を発表した。同宣言は、領土に関して、カイロ宣言の履行、日本の主権を「本州、北海道、九州及四国並に吾等の決定する諸諸島に局限」することを日本に求めていた（ソ連は対日宣戦布告を発した八月八日に同宣言に参加）。日本はこの宣言を受諾して降伏しており、戦後に海外の植民地をすべて放棄することに異論はなかった。しかし、「吾等の決定する諸諸島」の範囲は曖昧であり、その解釈をめぐる各国の立場の違いが領土問題となっていく。

ポツダム宣言の約半年前（一九四五年二月一一日）、ローズベルト、チャーチルとヨシフ・スターリン（ソ連）は、ヤルタ協定を締結していた。この協定は、英米両国がソ連を対日戦争に引き込むために、日本の領土や権益をソ連に与えることを約束したもので、具体的には、ドイツ降伏後二、三ヵ月以内にソ連が対日戦争に参加することと引き換えに、(1)南樺太をソ連に返還すること、(2)満州の日本権益をソ連に与えること、(3)千島列島（クリル列島）をソ連に引き渡すことを規定していた。

(1)・(2)は、樺太・満州を日露戦争以前の状態に戻すことを意味しており、カイロ宣言・ポツダム宣言とも矛盾する内容ではなかった。しかし、千島列島は一八七五年の樺太・千島交換条約で日本領となって以来、日本が統治を行い、ロシア・ソ連はそれに異を唱えてこなかった。それゆえ(3)は、過去の日本の戦争による領土拡大とは無関係であり、むしろソ連による戦争を利用した領土拡大であった。ヤルタ協定の締結当時、ドイツはまだ降伏しておらず（降伏は五月）、日本も連合軍に激しい抵抗を続けていた（有名な硫黄島の戦いが行われたのが二・三月）。こうした苦しい状況の中で、英米は自国の犠牲をできるだけ少なくし、対日戦争への勝利を確実なものとするため、大西洋憲章で示した領土不拡大原則に矛盾するにもかかわらず、(3)をもソ連に対して約束したのであった。一方ソ連は一九四一年九月に同憲章に参加していたが、各国の「歴史的特殊性」が考慮されるべきという留保を付しており、この問題で同憲章に拘束されるとは考えていなかった。ヤルタ協定は日本の関知しないところで結ばれた密約で、本来日本を法的に拘束するものではなかったが、ソ連が同協定に基づいて一九四五年八月九日に参戦し、南樺太・満州・千島列島を占領したため、現実には日本はそれを前提に行動せざるを得ない立場となった。

これらの地域が戦後どこに帰属するかは、不透明で流動的であった。ソ連は、満州に侵攻中の八月一四日、中華民国（国民政府）と中ソ友好同盟条約を締結していた。両国は、同条約とともに、中国長春鉄道に関する協定（中ソの合弁会社が旧満州国有鉄道を三〇年間共同経営する）、旅順口に関する協定（中ソ両国が海軍根拠地を共同使用する）も結んでおり、これが遵守されれば、ソ連が戦後の満州において、従来の日本の権益の一部を維持・継承する可能性もあった。しかし、終戦後に勃発した国共内戦が事態を変えた。内戦はソ連の支援を得た共産党側に有利な形で推移し、一九四九年には国民党政権が台湾に逃れ、大陸で中華人民共和国が成立するに至った。翌年には同国とソ連の間で中ソ友好同盟相互援助条約が締結された。同条約は、対日講和条約締結後、ソ連がただちに中国長春鉄道を中国に返還し、旅順口海軍根拠地から撤退することを定めていた。最終的にソ連は、一九五二年に長春鉄道を返還し、旅順からは五五年に撤退した。このようにソ連は、中華人民共和国と同盟国になったため、満州からは撤退するに至った。

一方ソ連は、南樺太、千島列島を放棄するつもりはなく、一九四六年二月に領土編入を宣言した。このうち南樺太については、アメリカも日本もこれを事実上容認した。しかし、ローズベルトの後を継いだハリー・トルーマン大統領の下で、アメリカは千島列島の帰属については、ヤルタ協定に縛られずに再検討すべきだという考え方を強めていった。その背景には、ドイツ・東欧の占領政策をめぐる対立に端を発する、米ソの冷戦開始という現実があった。また、そもそも「千島列島」がどこを指すのかが曖昧だという問題もあった。トルーマン政権は、講和条約草案を検討する中で、ヤルタ協定どおり千島全島をソ連に引き渡す案、そのうち四島（択捉島、国後島、色丹島、歯舞諸島）を日本に返還する案、二島（色丹島、歯舞諸島）を日本に返還する案を検討したが、最終的に講和条約では、日本から分離した後の帰属を定めないことになった（南樺太についても同様）。ソ連は講和会議の場で強い不満を示し、条約に調印せず会議の場を去った。

この間のアメリカの立場には、南洋問題、沖縄問題も影響を与えていた。戦前に日本が委任統治を行っていた南洋諸島（一九一四年にドイツから獲得）は、太平洋戦争中に激戦地となり、アメリカによって占領されていた。国際連合が創設されると、南洋諸島は新設の信託統治領に含まれることになり、アメリカは一九四七年から事実上自国領と同様にこの地域を統治した（例えば戦後六六回もの原水爆実験が同地域内で行われている）。また沖縄は、一九四五年六月以降アメリカによる占領が続いたが、最終的な帰属は未定であった。アメリカにとっては、沖縄との均衡の上では、ソ連による千島全島の領有が好ましい（一部とはいえ千島列島が日本に返還されることで、日本からの沖縄返還要求が強まることは好ましくない）が、冷戦という状況を考えると、ソ連が千島全島を領有し、軍事基地を存置することは望ましくないというジレンマがあった。それゆえアメリカは、千島の最終的帰属を決定せずに、問題を先送りしたのだといえる。

日本は、一九四六年二月のアメリカの発表により、初めてヤルタ協定の全貌を知った。これを踏まえて外務省は、講和条約への準備を開始した。一九四六年一一月作成の英文調書（連合国に提出されたもの）によると、外務省は、歯舞諸島、色丹島が千島列島に含まれず、北海道の一部であることを強調しており、その二島の返還を要求していた。ただし同調書は、ウルップ島以北を「北千島」、択捉島、国後島を「南千島」と区分し、後者が千島列島の一部ではあるが、一八七五年以来の日本領土であるとも記していた。すなわち日本は、「南千島」をソ連が領有する正当性が薄いことを訴えつつも、ヤルタ協定の存在や戦争の結果を踏まえ、「二島返還」という現実的な要求を行っていたといえる。講和交渉の場でも、吉田茂全権は二島が千島列島に含まれないことを主張し、アメリカのダレス国務長官もこのことを認めた。吉田は、一九五一年九月の講和条約受諾演説でも、同様の趣旨を表明している。いずれにしても、千島列島の帰属問題は未解決のまま、講和会議後に残されることになった。

サンフランシスコ講和条約では、朝鮮半島（一九一〇年に日本が併合）、台湾、澎湖諸島（一八九五年に日本が獲得）も、日本からの分離のみが定められ、最終的な帰属先が明記されなかった。これは、それぞれの地域の実情を考慮した現実的な判断によるものであった。

朝鮮半島に関しては、日本の敗戦後、北緯三八度以北をソ連が、以南をアメリカが占領し、一九四八年にそれぞれが支援する朝鮮民主主義人民共和国（北朝鮮）、大韓民国（韓国）が成立していた。その後一九五〇年六月に北朝鮮の侵攻によって朝鮮戦争が勃発し、講和会議中はまだ戦争状態が継続していたため、講和条約で朝鮮半島の帰属先を決定することは不可能であった（同戦争が休戦したのは一九五三年）。また、北朝鮮、韓国は日本の交戦国ではなかったため、そもそも講和会議に招聘されていなかった。そのため、講和条約の準備段階で浮上していた竹島問題（後述）も含め、同半島の帰属先の決定は講和後に先延ばしされ、現在まで未解決のまま残されている。

中国に関しては、国共内戦の先行きが不透明だったため、台湾、澎湖諸島の帰属先は講和条約には記載されなかった。講和条約の発効後、日本は中華民国と日華平和条約を締結したが、ここでも日本の台湾、澎湖諸島の放棄を承認するにとどまり、その最終帰属先は未定にされたままであった。日本は、一九七二年に中華民国と断交して中華人民共和国と国交を結び、主権・領土の問題に関して、後者の立場を「理解し、尊重する」とした。しかし、「二つの中国」という状態は、現在に至るまで続いている。このように、敗戦後の旧「大日本帝国」の領域の再編成には冷戦が大きな影を落としており、冷戦後の今も大きな問題が残されているといえる。

2. 北方領土問題

それでは、その後領土問題はどのように展開したのであろうか。講和条約発効後、日本が国際社会への復帰を完成させるためには国連への加盟が不可欠であったが、ソ連は国連安全保障理事会で拒否権を行使して日本の加盟に反対し続けていた。この他シベリア抑留者の帰国問題、漁業協定締結問題もあり、日本にとってソ連との国交正常化は切実な外交課題であった。他方でソ連も、講和条約への調印は拒否したものの、日本との国交回復は必要であると認識していた。一九五三年のスターリンの死去、朝鮮戦争の終結は、ソ連における日本との関係改善の気運を高めることになった。こうして一九五五年から、日ソ国交正常化交渉が開始された。

交渉にあたって日本政府は、「能う限り国後・択捉島の返還」と「歯舞・色丹の無条件返還」を要求する方針を立てた。「四島返還」はソ連が容認せず、「歯舞・色丹」のみの「二島返還」では日本の国内世論が納得しないため、日本政府は、「歯舞・色丹」の引渡し＋「国後・択捉」に関する何らかの妥協の獲得を目指していたものと推定される。しかし、ソ連側の姿勢は硬く、歯舞・色丹の引渡しには同意したものの、国後・択捉島に関しては妥協の姿勢を見せなかった。そのためモスクワで交渉を行った重光葵《まもる》外相は、本国の訓令を得ずに「二島返還」で妥協を図ったが、松本俊《しゅん》一《いち》全権に止められた。またこうした動きを懸念したアメリカのジョン・フォスター・ダレス国務長官は、もし日本が国後・択捉島をソ連に帰属させたら、「沖縄をアメリカ領にする」と重光に申し渡した。いわゆる「ダレスの恫喝」と呼ばれる有名なエピソードである。アメリカは日本がこの問題で妥協するのを好まず、日本側も沖縄返還問題を見据える中で、アメリカの意向には従わなければならなかった。

こうして交渉は、鳩山一郎首相を全権とする代表団とソ連側との間で行われることになり、一九五六年一〇月に両国全権が日ソ共同宣言に署名した（一二月に発効）。同宣言により、日ソ両国は、①国交を回復する、②平和条約交渉を継続する、③平和条約締結後にソ連が日本に歯舞諸島と色丹島を引き渡すことを決定した。日本側は、交渉中に松本全権とアンドレイ・グロムイコ全権が交わした「松本・グロムイコ書簡」で、両国の外交関係開始後も「領土問題を含む平和条約締結交渉を継続する」ことを約束していたことから、以後も「国後・択捉」を含む領土交渉が継続されるべきだと考えた。しかしソ連側は、交渉の最終段階で最高実力者ニキータ・フルシチョフの反対により、継続する平和条約交渉に「領土問題を含む」という文言を共同宣言から削除し、日本側もそれに合意していた事実から、領土交渉はこれで決着したと主張した。結局両国の立場の隔たりがあまりに大きかったため、共同宣言発表にあたって、両国はその相違を糊塗したのであった。

日本は、引き続き領土交渉の継続と最終的な「四島返還」を求めた。「北方領土」という言葉は、領土交渉に対する機運を盛り上げるために、日ソ共同宣言発表後から本格的に使用され、定着していったものである。他方でソ連は、領土交渉はおろか、平和条約締結にも前向きな姿勢を見せなかった。一九六〇年の日米安保条約改定に際しては、同条約の反ソ的性格を重視し、「日本領土からの全外国軍の撤退」が実現した場合のみ、歯舞・色丹を日本に引き渡すと発表した（グロムイコ声明）。以後、冷戦下では領土交渉にほとんど進展はなかった。

領土交渉が動き出したのは、冷戦終結前後からであった。ソ連では、一九八五年に就任したミハイル・ゴルバチョフ書記長の下でペレストロイカと呼ばれる政治改革が行われ、対日関係の改善を目指す動きも出始めた。一九九一年には、ソ連の最高指導者として初めてゴルバチョフが来日し、日本側が求めたグロムイコ声明の撤回には応じなかったものの、国後・択捉島が領土交渉の対象に含まれることを認めた。しかし同年ソ連は崩壊し、まもなくゴルバチョフは権力の座を追われた。その後ロシア連邦の初代大統領に就任したボリス・エリツィンは、ゴルバチョフと同様に国後・択捉島を領土交渉の対象に含めることを認め、一九九八年には伊豆川奈で行われた橋本龍太郎首相との会談で、日本側の新たな提案（北方四島の北に国境線を引き、当面はロシアの施政権を認めるとした「川奈提案」）に理解を示した。しかし、ロシア国内からの反対が強く、提案はその後の交渉の基礎とはならなかった。他方でエリツィン政権からは、一九九八年の小渕恵三《おぶちけいぞう》首相のモスクワ訪問の際、四島に共同立法の可能性を認める「共同統治案」が出されたが、日本側が関心を示さなかった。

二〇〇〇年にはウラジーミル・プーチンが大統領に就任し、翌年のイルクーツク声明の中で、日ソ共同宣言がいまだ有効（すなわちグロムイコ声明は無効）であり、平和条約締結後に歯舞・色丹島は日本に引き渡されることが確認された。しかし、その後成立した小泉純一郎内閣の下で、領土交渉は進展しなかった。日露双方におけるナショナリズムの高まり、対露交渉をめぐる日本外務省の混乱（鈴木宗男事件）が背景にあったと見られる。その後、二〇〇四年から〇八年にかけての中露領土紛争（中露国境のアムール川、ウスリー川の河川島の帰属をめぐる対立）の解決に刺激を受け、「面積等分」によって事態を打開しようとする動きが日本政府内の一部から出たようである。

二〇一二年に発足した安倍晋三内閣は、領土交渉と並行して、両国の経済・文化交流を深めるというアプローチをとっている。しかし、領土交渉を進めることへの意欲は日露両国から示されているものの、二〇一八年現在、具体的な成果はまだ表面化していない。二〇一四年のクリミア危機（ロシア系住民の多いクリミアがウクライナから独立し、ロシア領に編入されたが、それを承認しない欧米諸国がロシアへの経済制裁を行ったことから生じた政治対立）以降の米露対立により、アメリカが日本の対露接近を好んでいないこと、他方で日本の対露経済制裁への参加にロシアが不信感を持っていること、北朝鮮問題、尖閣諸島問題をめぐる緊張が高まる中で、ロシアが北東アジアにおける軍事的プレゼンス強化を図っていることも、背景にあると考えられる。七〇年以上にわたる交渉の結果、「四島返還」「二島返還」いずれでも折り合うことが不可能なことははっきりしている。日露両国が事態を打開したいのであれば、従来の経緯にとらわれず、思い切った妥協が必要となるだろう。

3. 竹島問題

前述したとおり、講和条約の準備段階では、竹島（韓国名独島）の領有権をめぐる問題も浮上していた。竹島は、一九〇五年一月の閣議決定により、日本領に編入された。それまでの経緯に関して、現在日韓両政府は、真っ向から対立する主張を行っている。日本側の主張は、おもに以下の三点にまとめられる。

ア．日本は一七世紀半ばに現在の竹島に対する領有権を確立した。

イ．江戸時代も竹島への日本人の渡海は禁止されなかった。

ウ．一九〇五年の閣議決定によって、日本は竹島への領有権を再確認した。

他方で韓国政府は、以下のように主張している。

① 独島は地理的に鬱陵島《うつりょう》（現韓国領）の一部として把握でき、一七世紀末の日朝間の紛争により、朝鮮領であると確認された。

② 一八七七年の太政官指令によって、日本は独島が朝鮮領であることを確認した。

③ 一九〇〇年の大韓帝国勅令四一号によって、韓国は独島が鬱陵島の一部であると確認した。

最近、池内敏《さとし》氏がこれらの問題に関して決定版ともいうべき著書を刊行し、日韓両政府の主張に不正確な点が多いことを指摘した〔池内、二〇一二〕。池内氏によれば、一九世紀半ばまでに日朝両政府が竹島の領有権を確認あるいは確立したという事実は確認できない（ア、イおよび①は正確な説明とはいえない）。一八七七年の太政官指令により、日本政府は竹島を「本邦関係無之義」としたが、朝鮮領だという判断までは示しておらず、帰属はあいまいにされていたと考えられる（②は正確な説明とはいえない）。日朝両国において竹島への関心が高まる契機となったのは、一八八二年に朝鮮政府が発した鬱陵島開拓令で、以後日本人・朝鮮人ともにアシカ猟をはじめとする漁撈の場として竹島に着目し、鬱陵島を起点とする竹島利用を本格化した。韓国人が「独島」という名称を使用していたことが初めて確認できる文字史料が一九〇四年のものであるのも、こうした事情を反映しているものと思われる。なお、大韓帝国は一九〇〇年の勅令で鬱陵島や「石島」を自国領だとしたが、「石島」が竹島（独島）を指すのかは判然としない（③は正確な説明とはいえない）。

このような中でアシカ猟に着手していた島根県の漁業者・中井養三郎が、一九〇四年九月に日本政府に対して竹島の貸し下げ願いを提出したことが、一九〇五年の日本政府による閣議決定につながった。当時は日露戦争中であり、日本海軍が竹島周辺海域の制海権確保に関心を持っていたことも、同島編入の決定を後押ししたものと思われる（もっとも、海軍は戦争末期の一九〇五年八月に竹島に見張り所を設置したが、実際に戦闘で使用されることはなかった）。閣議決定には、「他国による占領の事実がない無人島」に対し「国際法上占領の事実あるものと認め得る」から編入するという意図が述べられている。これは「無主地先占の法理」に則ったものと見ることができる（ウは正確な説明とはいえない）。当時の国際法に照らせば、合法と言い得る措置であった。

日本政府は、閣議決定を翌月の島根県告示四〇号で公にした。この決定を韓国政府が初めて知ったのは、一九〇六年三月のことであった。島根県の役人が鬱陵島を訪問した際、竹島が日本の管轄の下にあることを韓国側に伝えたのがきっかけであった。これに驚いた鬱陵郡守は、上司である江原道観察使に「本邦所属独島」についての報告書を提出し、この報告書が韓国中央政府のもとに届いた。報告書に接した議政府は、独島が日本に属することの根拠はないとし、再調査を命じた。ここから、一九〇六年の時点で韓国政府が、独島への領有意思を持っていたことが推定される。しかし当時の韓国と日本の国力の差は圧倒的であった。前年に第二次日韓協約が締結され、韓国はすでに外交権を喪失していたし、一九一〇年には韓国併合条約が締結された。韓国の独立如何が問題となる中で、竹島（独島）の領有権が大きな争点となることはなかった。その後植民地期を通じて、竹島経営は鬱陵島在住の日本人漁業者によって独占された。しかし、実際に竹島で操業を行ったのは、日本人に雇用された朝鮮人が主だったようである。それゆえ、第二次世界大戦の終戦によって鬱陵島から日本人が引き揚げると、竹島（独島）の領有権問題が再燃することになった。

戦後アメリカの立場は、サンフランシスコ講和会議の準備の過程で、相当に揺れ動いた。一九四六年、アメリカは「マッカーサー・ライン」を引いて、日本の漁業許可区域から竹島を除外した。一方その後作成された講和条約草案には、竹島を日本領から除外したもの、韓国領にしたもの、日本領にしたものが存在している。韓国は、条約調印の直前にあたる一九五一年七月に、条約に日本が放棄する島名として「独島」を明記することを求める要望書を提出した。これに対して翌月、アメリカのディーン・ラスク国務次官補は、韓国政府の要望は受け入れられないとする趣旨の回答書を送付した（「ラスク書簡」）。最終的に、領土について規定したサンフランシスコ講和条約第二条には、日本が放棄する島名として「竹島」も「独島」も明記されなかった。以上の経緯を見ると、アメリカの態度は曖昧であったが、講和条約に竹島を日本から分離する地域として明記せず、「ラスク書簡」で韓国の要望を峻拒したという限りにおいては、日本側の主張に理解を示していたといえる。

しかし韓国は、この条約の内容に不満であった。竹島（独島）近海で操業していた漁業者たちからの要望が働いていたことも一因であるが、それよりも、韓国では日本による同島の領土編入は韓国併合の第一歩として行われたものであり、韓国併合条約が無効である以上、同島の領土編入も無効であるという考え方が強かったことが大きい。日本では、竹島の領土編入は経済的動機によるもので、韓国併合とは無関係に行われたという見方が強かったが、韓国ではそう見られなかった。その意味で、竹島問題は、韓国併合をどう見るかという歴史認識問題とも深くかかわっているといえる。

韓国政府は、一九五二年四月に講和条約の発効が迫る中で、同年一月一八日に「李承晩ライン」を引き、竹島（独島）をその内側に取り込むことを宣言した。日本政府は抗議したが、韓国側はこれに反論し、以後一九六五年まで両国間で口上書の応酬が続いた。この間、一九五三年四月から韓国人の「独島義勇隊」が竹島（独島）に居住し、一九五四年六月からは韓国沿岸警備隊が同島に常駐を開始した。日本は、同年九月にこの問題の国際司法裁判所への付託を提案したが、韓国は応じなかった。以後同島に近づいた日本漁船が、韓国沿岸警備隊によって拿捕されるという事案が相次いだ。

一九六五年、日本と韓国は日韓基本条約を締結し、国交を樹立した。条約締結交渉に際しては、竹島（独島）の領有権問題も話し合われた。しかし、日本側が国際司法裁判所への提訴を主張したのに対し、韓国側は交渉すべき問題は存在しないという立場をとり、最終的に、外交交渉や調停によって解決を図るとした「紛争解決に関する交換公文」を交わすにとどまった。以後日韓両国の間で、竹島（独島）問題に関する公式の話し合いは行われていない。韓国政府が領土問題の存在を認めていないからであるが、最近の研究では、日韓基本条約締結時に、お互いにこの問題では現状を大きく変える行動を慎むという「密約」が結ばれていたという指摘もなされている〔ダニエル、二〇〇八〕。文書は確認されていないものの、「密約」ないしそれに近い了解があった可能性は高い。以後、韓国国内では独島憧憬論ともいうべき感情的な思い入れが強くなっていったが、両国政府は、領土紛争が大きな外交問題にまで発展することがないよう自制を続けた。

事態が悪化したのは、二一世紀に入る頃からであった。日韓両国は、一九九四年に発効した国連海洋法条約（日本、韓国は一九九六年に批准）の趣旨を踏まえ、排他的経済水域を設定し直す必要があったことから、一九九八年に日韓漁業新協定を締結した（一九六五年締結の旧協定は破棄）。同協定では竹島（独島）問題を棚上げして「暫定水域」を設定し、同水域内では両国の漁船が操業できることにしたが、日本側の漁業者は自分たちの望む漁場で操業ができないという不満を抱いた。こうした不満を背景として、二〇〇五年に島根県で「竹島の日」（竹島を編入した日にちなむ二月二二日）が制定された。これに対して韓国の盧武鉉《ノムヒョン》大統領は、日本との「外交戦争」を宣言し、日韓関係は急速に冷え込んだ。二〇〇八年に就任した李明博《イミョンバク》大統領は、日韓関係の改善を目指したが、日本の歴史教科書における竹島の記述をめぐって再び韓国側の対日姿勢が硬化し、二〇一二年には同大統領が、韓国の元首として初めて同島に上陸するに至った。

このように竹島（独島）をめぐる日韓両国の対立には根深いものがあり、容易に解決策を見出せる状況ではない。しかし、本項の冒頭で紹介したように、日韓両政府の主張には明らかに歴史的事実に反する牽強付会なものも多く、そのことが過度な相互不信につながっている面がある。まずは両国政府がそのような問題をひとつひとつ丁寧に検証し、共有できる事実を増やしていく努力が必要であろう。

4. 尖閣諸島問題

日本政府は、北方領土、竹島は領土問題だとしているが、尖閣諸島に関しては「領土問題は存在しない」という立場をとっている。前二者と異なり、日本が尖閣諸島を実効支配しているという事情もあるが、歴史的経緯が前二者とはかなり異なることも背景にある。日本政府がこのような立場をとっているのは、故なきことではない。

尖閣諸島を日本が領有したのは、一八九五年一月の閣議決定によってであった。このとき日本は日清戦争を戦っている最中で、敗戦濃厚な清は、講和を求めてちょうど使節を日本に派遣したところであった。この後四月に下関講和条約が締結され、日本は初の植民地として台湾を領有することになったが、会議の場で尖閣諸島の問題が話し合われた形跡はない。法的な処理としては、台湾と尖閣諸島は別個の問題として扱われていた。以後、福岡県の実業家・古賀辰四郎が同諸島の開拓を進め、明治末期には同諸島最大の魚釣島に二四八名の日本人が居住するに至った。

現在中華人民共和国、中華民国の政府は、尖閣諸島は台湾の属島であり、台湾と同様、日清戦争によって日本が「盗取」した領土に含まれると主張している。しかし、歴代の中国政権は、長年そのような主張をしてこなかった。中華人民共和国、中華民国両政府が尖閣諸島の領有を主張し始めたのは一九七〇年頃のことであり、それまでは、日清戦争後の清、一九一二年に成立した中華民国、一九二五年に成立した国民政府、一九四九年に成立した中華人民共和国いずれも、尖閣諸島の領有を主張していなかった。一九二〇年には、尖閣諸島在住の日本人が、同諸島に漂着した福建省の漁民を救出するという事件が起きたが、中華民国の長崎領事が日本側に送った感謝状には「日本帝国沖縄県八重山郡尖閣列島」という記載があり、同国政府が尖閣諸島を日本領だと認めていたことがうかがわれる。サンフランシスコ講和条約の締結に際しても、中華人民共和国、中華民国両政府ともに、尖閣諸島の帰属について特に何も主張していない。むしろ、一九五三年一月八日付『人民日報』には、尖閣諸島を琉球諸島の一つの諸島だとする記事が掲載されている事例さえある。いつでも領有権を主張するチャンスがあったにもかかわらず、中国の歴代政権がその主張をしていないのは、そもそも尖閣諸島に対する領有意思を持っていなかったと考えるのが妥当ではないだろうか。一八九五年以降、尖閣諸島が日本によって実効統治され、それに異を唱える国が一九七〇年頃までなかったというのは、疑い得ない事実である。

しかし、一九六八年に国連の調査によって、尖閣諸島の近海に石油資源が埋蔵されている可能性が指摘されてから、事態は一変した。一九七〇年に中華民国政府が、次いで中華人民共和国政府が尖閣諸島の領有権を主張したのである（現在同諸島は、中国では釣魚群島、台湾では釣魚台列嶼と呼ばれている）。中華人民共和国は一九七一年には、同諸島は台湾の属島であり、日清戦争によって日本が「盗取」した領土に含まれるという立場を明確化した。ただし、両国政府とも、一九八〇年代までは、主張をまだ先鋭化させていなかった。一九七二年の日中国交正常化の際、北京を訪問した田中角栄首相に対して、周恩来首相は尖閣諸島の問題に関して「今回は話したくない」などと語っている。一九七八年に日中平和友好条約調印のために訪問した園田直《すなお》外相に対しても、鄧小平副主席が、この問題についてては「今は突き詰めるべきではない。次の世代、さらにその次の世代が方法を探すだろう」と述べたという記録が残っている。この両会見に際して、日中間で尖閣諸島問題を「棚上げ」するという密約ないし合意があったという説がある。現在のところそれをはっきりと示す文書は発見されていないが、両国の間に、尖閣諸島現状維持について暗黙の了解が成立していたと見ることは不可能ではない。

なおアメリカは、一九七一年の沖縄返還協定とそれに関連する「合意議事録」によって、尖閣諸島が日本に施政権を返還する地域の一部であることを認めた。しかし同時に、アメリカは尖閣諸島問題についての公式の立場は明らかにせず、この問題が当事者間で平和裏に解決されるのを望むとだけ言明した。すなわち、尖閣諸島は日本の施政権下にあるが、その領有権についてはなお争いがあるというのが、このときのアメリカの立場であった。歴史家ロバート・エルドリッヂ氏は、アメリカは米中接近という流れの中で、沖縄返還にあたってそれまでの立場を変え、尖閣問題について「中立政策」を採用したと評価している〔エルドリッヂ、二〇一五〕。千島列島、竹島問題と似た、曖昧な立場をとったともいえるだろう。

尖閣諸島問題が大きな問題となったのは、一九九〇年代以降のことである。一九九二年、中国は領海法を制定し、尖閣諸島が同国の領土であることを明文化した。日本ではこれに対抗する機運が生じ、一九九六年には日本青年社のメンバーが尖閣諸島に上陸して、灯台の修理を行うという事案が発生した。これに対して、中国大陸、香港、台湾では激しい抗議デモが発生した（灯台は一九七八年に設置されていたが、日本政府は尖閣諸島への上陸をそれまで原則として認めていなかった）。日中両政府は、一九九七年に日中漁業協定を締結するなど（二〇〇〇年発効）、尖閣諸島問題を「棚上げ」して経済的協力関係を構築しようとしたが、二一世紀に入るとこの問題は一層緊迫の度合いを深めた。二〇〇四年には魚釣島に七名の中国人活動家が上陸し、日本の警察に拿捕されるという事件が発生した。

この頃から中国の漁船や海洋調査船が尖閣諸島周辺に出没するという事案が相次ぐようになり、二〇一〇年には同国漁船が尖閣諸島近海を航行し、日本の海上保安庁船舶に体当たりするという事件が起きた。日本の菅直人《かんなおと》内閣は、漁船の船長を長期勾留する措置を取ったが、中国側が度重なる抗議、各種交流事業の一斉中止、レアアースの輸出停止、日本人商社員の身柄拘束といった対抗措置をとったため、最終的に釈放した。二〇一二年には、東京都の石原慎太郎知事が寄付を募り、尖閣諸島内の民有地を買収して公有地にする考えを示したことを発端として、野田佳彦内閣がそれらを国有化した。中国政府は現状を大きく変更するものだとして、批判した。日本政府からすれば、これは日本領内における所有権の移転に過ぎなかったが、一般の中国人の間では、係争中の島々の領有権を日本が一方的に宣言したものと受け止める者が多く、各地で大規模な反日デモが発生した。このように尖閣諸島問題は、二〇〇〇年代以降のナショナリズムの高まりの中で、日中対立のシンボル的な問題となり、解決が難しい状況にある。

以上の領土問題はいずれも困難な問題であるが、それぞれの歴史的経緯を踏まえつつ、冷静かつ粘り強く、交渉による解決を目指すべきである。その際、いずれにも共通する問題であるが、「固有の領土」という主張が危ういものであることを各国政府は自覚すべきである。領土問題の当事国は、自国の領有権の正当性を主張するために、その地域が「固有の領土」であると主張しがちである。しかし、「固有の領土」自体の意味が非常に曖昧であり、この言葉に固執する限り、領土問題の解決はますます困難になる可能性が高い。大陸続きのヨーロッパにおいては、国境とは変遷するものだという観念が受け入れられているが、自然に隔たれた国境線を多く持つ北東アジアでは、国境線を絶対視し、係争地域を「固有の領土」と見なす風潮が強い。しかし、そもそも北方領土、竹島、尖閣諸島いずれに関しても、前近代のあり方は近代のそれとは大きく異なっており、現在引かれている国境線は必ずしも自明ではない。各当事国は、歴史に謙虚になり、各地域の歴史的変遷を事実に即して理解し、それを今後の交渉の基礎として共有する努力をまずはすべきであろう。

学習課題

1. 戦後日本政府の北方領土問題に対する立場の変遷について、歴史的事実に基づいて説明しなさい。その上で、この問題をどのように解決すべきか、あなたの考えを述べなさい。
2. 竹島問題に対する日本、韓国両政府の主張およびその妥当性について、歴史的事実に基づいて説明しなさい。その上で、この問題をどのように解決すべきか、あなたの考えを述べなさい。
3. 尖閣諸島問題が、なぜ、どのように外交問題になったのかを、歴史的事実に基づいて説明しなさい。その上で、この問題をどのように解決すべきか、あなたの考えを述べなさい。
4. 戦後日本の領土問題にアメリカがどのようにかかわってきたかを説明しなさい。

参考文献

池内敏『竹島問題とは何か』（名古屋大学出版会、二〇一二年）
井出敬二『〈中露国境〉交渉史―国境紛争はいかに決着したのか？―』（作品社、二〇一七年）
岩下明裕『北方領土問題―4でも0でも、2でもなく―』（中公新書、二〇〇五年）
ロバート・D・エルドリッヂ『尖閣問題の起源―沖縄返還とアメリカの中立政策―』〈吉田真吾・中島琢磨訳〉（名古屋大学出版会、二〇一五年）
芹田健太郎『日本の領土』（中公文庫、二〇一〇年）
ロー・ダニエル『竹島密約』（草思社、二〇〇八年）
東郷和彦『北方領土交渉秘録―失われた五度の機会―』（新潮文庫、二〇一一年）
豊下楢彦『「尖閣問題」とは何か』（岩波現代文庫、二〇一二年）
原貴美恵『サンフランシスコ平和条約の盲点―アジア太平洋地域の冷戦と「戦後未解決の諸問題」―』（溪水社、二〇〇五年）
和田春樹『領土問題をどう解決するか―対立から対話へ―』（平凡社新書、二〇一二年）

15 戦後日本の歴史認識問題

奈良岡聰智

《ポイント》 日本は一九五一年にサンフランシスコ講和条約を締結した後、東南アジア諸国との間の賠償問題を解決し、ソ連、韓国、中国と国交を正常化するなど、一九七〇年代までに戦後処理問題に一区切りをつけたかに見えた。しかし、一九八〇年代以降、歴史認識問題がさまざまな形で噴出し、大きな外交問題となっている。本章では、歴史認識問題がなぜ、どのように争点化し、現在どのような状況にあるのかを検討する。

1. 戦後処理の進展

第二次世界大戦後、それまでの東アジアの歴史をどう評価するかが公開の場で初めて大きな問題となったのは、一九四六年五月開廷の東京裁判（極東軍事裁判）であった。この裁判は、「平和に対する罪」「人道に対する罪」という新しい法概念を導入して、戦争犯罪人を裁くものであった。ドイツでは、前年一一月にニュルンベルク裁判が開廷し、ナチス指導者たちがこれらの罪で裁かれつつあった。東京裁判は、いわばこの裁判の極東版であった。「平和に対する罪」とは、「侵略戦争」やそれを達成するための「共同謀議への参加」などとされ、訴因の分類上「A級」とされた。「人道に対する罪」は、元来ナチスの残虐行為を裁くために設定されたもので、「C級」に分類されたが、日本でこの罪が直接適用された者はいなかった。この他、捕虜虐待をはじめとする通例の戦争犯罪は「B級」とされた。

東京裁判では、裁判途中で死亡した二名と精神障害で免訴された一名を除き、二五名の被告全員が有罪となった。このうち二四名が「A級」で有罪とされ、七名が死刑となった。裁判の判決書は、一九二七年成立の田中義一内閣以来、日本ではアジア・太平洋を支配するための「共同謀議」が行われ、一九三一年の満州事変から実際に中国への侵略が開始され、最終的に英米との開戦に至ったという歴史観を示した（日中戦争は満州事変の延長とされ、新たな戦争とは見なされなかった。真珠湾攻撃については、日本の侵略性の審理は行われなかった）。この判決によって、一九三一年以降の日本の軍事行動が一連の「侵略」であり、「A級戦犯」にその責任があると認定されたことは、その後の各国の歴史認識形成に大きく影響した。

連合国による軍事裁判は、横浜、南京、マニラなど四九ヵ所でも行われ、捕虜の虐待・虐殺への責任が追及された。映画「戦場にかける橋」で描かれたように、日露戦争、第一次世界大戦の際と異なり、第二次世界大戦中の日本軍による捕虜待遇は、しばしば苛烈であった。アジア・太平洋地域で一四万人もの連合軍将兵が捕虜として収容され、そのうち三万六千人は日本国内に連行され、労働に従事した。捕虜の虐待・虐殺にかかわった日本人将兵は、通例の戦争犯罪（捕虜の待遇について定めたジュネーブ条約違反）を問われて裁かれ、約一〇〇〇名が死刑になった。彼らは一般に、「BC級戦犯」と総称されている。

一九五一年九月、日本は連合国とサンフランシスコ講和条約を締結した。同条約は、日本と連合国の戦争状態を終わらせ、日本の主権を回復するとともに（第一条）、領土の変更（第二・三条）、賠償（第一四条）などを規定していた。戦争の性格規定、戦争責任の所在に言及した文言はなく、同条約の拠って立つ歴史認識は必ずしも分明とはいえないが、歴史認識問題について考える上では、東京裁判の受諾が規定されたことが注目される（第一一条）。これにより、日本政府が裁判の結果に対して以後異議を申し立てる余地はなくなった。

同条約の賠償に関する規定により、日本は中国大陸、台湾、朝鮮半島などに持っていた在外資産の多くを喪失した。他方で、多くの国が賠償受け取りの権利を放棄したため、日本が実際に賠償を行ったのは、ビルマ、フィリピン、インドネシア、ベトナムの四ヵ国にとどまった（一九五五～五九年に各国と平和条約や賠償協定を締結）。社会主義国家であるソ連、分断国家である中華人民共和国（共産党政権）と中華民国（国民党政権）、日本との交戦国でなかった大韓民国（韓国）と朝鮮民主主義人民共和国（北朝鮮）は、同条約に調印しなかった。そのため以後日本は、一九七〇年代にかけて、これらの国家との講和や国交樹立に取り組んでいった。

一九五六年には、日ソ共同宣言が出された。これにより日本はソ連と国交を正常化したが、平和条約の締結には至らず、領土問題も解決できなかった（第14章）。

一九六五年には、日韓基本条約が締結された。この条約により日本は、韓国を朝鮮唯一の合法政府として承認し、国交を結んだ。一九四八年建国の韓国との国交樹立がここまで長引いたのは、朝鮮戦争、韓国内の政情不安定や竹島問題（第14章）の影響もあるが、日韓両国の歴史認識の相違が大きくかかわっている。すなわち、韓国政府が一九五二年の交渉開始当初から日韓併合条約（一九一〇年）の無効を主張したのに対し、日本政府が条約締結当時は有効だったと主張し、議論は平行線をたどったのである。最終的には韓国側が譲歩し、韓国併合は「もはや無効である」ことが確認されたが、日韓双方の異なる立場からの解釈が可能な文言となっており、玉虫色の決着がなされたといえる。

同条約とともに、日韓請求権協定ならびに経済協力協定も締結され、日本が政府レベルで五億米ドルの経済協力を行うことなどと引き換えに、韓国の請求権問題が「完全かつ最終的に解決されたこと」が確認された。日本からの経済協力金は、「漢江の奇跡」と称される韓国の経済発展のための原資となった。他方で、対日請求権を持つ韓国人（軍人・軍属、財産接収者、日本政府に徴用されさまざまな労働に従事した人びと〔韓国では徴用工と呼ばれる〕など）に対する補償は韓国政府が行うとされていたが、朴正熙《パクチョンヒ》政権はそれを十分に行わず、韓国国民の間には不満が残った。なお、元慰安婦については協議の対象とならなかったが、このことが後に韓国内から彼らに対する個人補償を求める声が上がる一つの背景となった。

これらに先立ち、中華民国との間では、一九五二年に日華平和条約が締結されていた。蔣介石は、アメリカの方針もあって対日賠償請求権を放棄し、日本は中華民国を中国唯一の合法政府として承認した。しかし一九七一年、アメリカのリチャード・ニクソン大統領が北京を訪問する意向を示し、翌年二月に実際に訪問して中華人民共和国との国交正常化を発表すると（国交樹立は一九七九年）、日本も同国との関係を見直す必要に迫られた。一九七二年九月、田中角栄首相は北京を訪問し、日中共同声明を発表した。これにより日本は、中華人民共和国政府を中国唯一の合法政府として承認し、中華民国と断交した。声明には、「日本側は過去において日本国が戦争を通じて中国国民に重大な損害を与えたことについての責任を痛感し、深く反省する」という文言が盛り込まれ、中華人民共和国は対日賠償請求を放棄した（日本が日華平和条約との整合性を重視したため、対日賠償請求権ではなく対日賠償請求が放棄されるという文言になった)。一九七八年には、日中平和友好条約が締結され、以後日本は総額三兆円以上のODAなどを通して、経済協力を行った。

こうして日本は、一九五〇〜一九七〇年代に、東・東南アジア諸国との間で、講和、国交正常化や賠償といった問題を解決し、戦後処理を前進させた。しかし、一九七〇年代までの日本の戦後処理には、なお限界や問題があったことが指摘できる。

第一の問題は、日本が戦後処理を進める中で、過去の戦争や植民地支配の歴史に関する歴史認識を正面から問われることがあまりなかったことである。日韓基本条約の締結が、韓国併合に対する日韓両国の認識の差異を埋めるきっかけにはならなかったことは、前述した。日中共同声明でも、日本から反省の意は表明されたものの、それ以上に踏み込んだ謝罪の言葉はなかった。戦後日本では、平和憲法を守り、不戦を誓うことをもって、過去の戦争の問題は解決済みと見なす向きが強かった。歴史学界や論壇では日本の起こした戦争を「侵略戦争」であったとする見方が多数派であったが、少数派の戦争肯定論も併存しており、戦争をどう総括するかについての国民的合意は形成されなかった。また、東・東南アジア諸国に対する経済協力は、事実上の賠償としての意味を持ったが、日本がどのような責任を、誰に対して、どのように償うのかという本質的な議論は十分になされず、政府の見解を表明する機会も十分にはなかった。

第二に、戦後処理の方針を決定する過程から、戦争被害国の国民が排除されていたことが挙げられる。この問題が特に顕著なのが、韓国と北朝鮮である。日韓基本条約の締結当時、韓国は権威主義体制の下にあり、韓国国民が政治的意思を表明する機会は十分になかった。また朴正煕政権は、交渉の顛末や補償の枠組みなどについて、国民に十分に明らかにすることはなかった。非民主的な体制だったからこそ難交渉がまとまったという側面はあるが、一九八七年以降韓国の民主化が進むと、過去の交渉の経緯や条約の内容に対する同国民の不満が表面化し、条約で解決済みとされたイシュー（徴用工問題）が再び問題化するとともに、新たなイシュー（慰安婦問題）も浮上することになる。一方北朝鮮に関しては、現在に至るまで国交すら結ばれず、戦後処理が手つかずの問題として残されている。

第三に、戦争被害者に対する補償が必ずしも十分になされなかったことである。戦後日本は、経済復興を優先させるため、日本人の戦争被害者に受忍を求め、補償を十分に行わなかった。アメリカをはじめとする戦勝国はそれを是認し、賠償請求権も放棄した。その後独立を回復すると、日本は旧軍人とその遺族に対する軍人恩給を復活させたが、旧植民地（朝鮮、台湾）出身者は支給の対象外とされた。引揚者、空襲被害者など、民間の戦争被害者に対する補償はほぼなされなかった。一九五七年、六七年に、在外資産を賠償金に引き当てられた引揚者に対する特別交付金支給が決定され、一九五七年、六八年に制定された原爆二法によって、原爆被害者への救済（医療の給付、手当の支給など）が開始されたのが数少ない例外であったが、旧植民地出身者はこの枠組からも排除されていた。

2．歴史認識問題の国際化

今日に直接つながる形で歴史認識問題が問われるようになったのは、一九八〇年代以降のことである。この時期にまず焦点となったのは靖国神社問題と歴史教科書問題であった。

靖国神社は、一八六九年（明治二年）に東京招魂社として創設されて以来、戦争や事変による戦没者を「祭神」として祀ってきた。戦没者の増加とともに「祭神」も増えていったが、「合祀」されるのは軍人・軍属に限定され、一般の戦争被災者は対象とされなかった。同神社は戦前は陸海軍省が管理する国の施設だったが、戦後GHQの発した神道指令により国から分離され、一宗教法人施設となった。その後、日本遺族会などが「英霊の顕彰」のため同神社の国家護持を要求する運動を展開したが実現には至らず、一九七〇年代後半には、運動の力点が天皇や政治家の「公式参拝」の要求に変わった。一九七〇年代までの靖国神社をめぐる問題は、基本的には、国家護持や公式参拝が憲法の政教分離原則に違反するか否かという国内問題であった。

こうした中で、一九七九年四月、一四人のA級戦犯が前年一〇月に「昭和殉難者」として靖国神社に合祀されていた事実が明らかになった。合祀を決定したのは、同神社の宮司・松平永芳《ながよし》であった。彼は「東京裁判史観」否定論者で、A級戦犯の刑死者を戦没者と区別せず、合祀することによって、彼らの名誉を回復しようとした。現職首相による靖国神社参拝は、一九七五年の三木武夫首相以来、「私人」としての参拝という形で行われていた（それまでも現職首相による参拝は行われていたが、公私の区別は示されていなかった）。A級戦犯合祀が明らかになった後に参拝した鈴木善《ぜん》幸《こう》首相も、同様であった。これに対して、日本国内の野党各党やメディアからは「違憲」「軍国主義賛美」などとする批判が出た他、中国政府からは、「公的」参拝に対する懸念が伝えられた。

一九八五年八月一五日、中曽根康弘首相は戦後の現職首相として初めて公式参拝を行った。中曽根内閣は、宗教色を帯びていない参拝形式であれば、公式参拝は合憲であり、海外からも大きな批判は出ないだろうと判断していた。しかし日本国内から批判が噴出した他、海外では中国からの反対が予想以上に強かった。『人民日報』は「戦争の性質と責任をあいまいにすることを決して許すものではない」と批判し、九月には中国大陸各地の大学でデモが発生した。こうした状況を踏まえて中曽根内閣は、翌年に後藤田正晴官房長官の談話を出し、靖国神社の公式参拝を合憲とする立場を示す一方で、「近隣諸国」への配慮から、公式参拝を控えることを表明した。首相の靖国神社参拝は、公私にかかわらずしばらく途絶えることになったが、これ以降この問題は、諸外国から注視される外交問題ともなった。

一方歴史教科書問題も、一九七〇年代までは国内問題であった。それ以前の歴史教科書をめぐる事件としては、家永教科書裁判が有名である。一九六二年の教科書検定で、家永三郎（東京教育大学教授）が執筆した高校日本史教科書『新日本史』（三省堂）が、日中戦争以降を「無謀な戦争」と表現するなど、暗く描き過ぎているとして、教科書調査官から修正意見をつけられ、不合格となった（修正を加え、翌年には合格）。家永は精神的損害を被ったとして国家賠償請求訴訟を起こし、裁判が長期間続いたが、最終的に一九九三年に家永の全面敗訴に終わった（一九六六年、八二年の教科書検定に関して起こした第二次、第三次訴訟では、家永の主張が一部認められた）。この問題は国会審議でも取り上げられ、教科書検定の可否、戦争の描き方をめぐる論争にもつながったが、左右のイデオロギー対立の影響を強く受け、歴史認識をめぐる生産的な議論にはあまりつながらなかった。

こうした状況は、一九八〇年代に入って東アジア諸国からの関心が表明されることによって、大きく変わった。発端となったのは、一九八二年の教科書検定であった。この年六月、新聞各紙は高校日本史教科書の検定によって、日本軍の中国に対する「侵略」という表記が「進出」に訂正させられたと報じた。実際に「侵略」を「進出」に書き換えた教科書もあり、必ずしも誤報とはいえない面もあったが、文部省が表現の訂正を強制したという事実はなく、正確な報道ではなかった。
しかしこの報道を受け、翌月に中国政府が、「日本軍国主義が中国を侵略した歴史を改竄」したとして文部省を批判し、訂正を要求した。八月一五日には『人民日報』が初めて南京事件の特集を組み、日本政府による教科書改竄を批判するとともに、「歴史を鑑として未来へ向かう」べきだと主張した。韓国や台湾からも、批判が寄せられた。そこで鈴木内閣は、宮沢喜一官房長官の談話を発表し、これらの批判に耳を傾け、教科書を是正する方針を示した。これを承けて文部省は、歴史教科書検定基準の一つに、「近隣諸国条項」すなわち「近隣アジア諸国との間の近現代の歴史的事象の扱いに国際理解と国際協調の見地から必要な配慮がなされていること」という規定を設けた。これに対して、政府の対応を「軟弱」だと批判する保守派も存在した。この後述べる政治団体「日本を守る国民会議」はその一つである。

一九八六年、歴史教科書が再び外交問題となった。「日本を守る国民会議」が編集した高校日本史教科書『新編日本史』（原書房）が、一部手直しを条件に検定を通過する見通しであることが『朝日新聞』にスクープされ、日本による戦争を正当化する記述などが批判されたのである。この報道を受けて中国、韓国両政府が抗議を行ったため、日本政府は文部省と外務省の調整によって内容を両国に配慮したものに修正した上で、検定合格とした。中韓両国はこの修正に必ずしも納得はしなかったが、これ以上の修正を求めることはなく、事態は一応収束した。

一九八一年から日韓両政府の経費負担により、韓国人被爆者の渡日治療が初めて開始され、一九八七年にそれまで補償の対象外に置かれてきた台湾出身の軍人・軍属に対して、一人あたり二〇〇万円の特別弔慰金支給が決定するなど、一九八〇年代には補償問題について一定の前進も見られたが、総じて日本政府の取り組みは鈍かった。

一九九〇年代に入ると、韓国との間で、慰安婦問題という新たな問題が発生した。慰安婦とは、戦時期に日本軍が利用した慰安所に集められ、将兵に対して性的な行為を強いられた女性たちのことである。彼女たちの存在は、元兵士たちの間では記憶され、手記などでもしばしば言及されていたが、一九八〇年代末までは社会的に重要性が認知されるには至っていなかった。しかし、韓国の民主化が進む中でこの問題が取り上げられるようになり、一九九〇年一一月結成の政治団体「韓国挺身隊問題対策協議会」（挺隊協、「挺身隊」が慰安婦と同義と認識されたためこの名称となった）の運動によって、しだいに問題が大きくなっていった。一九九一年には、韓国人の元慰安婦が初めて実名で記者会見を行った。九二年には『朝日新聞』が一面トップで、防衛庁所蔵の史料を「軍の関与」を示すものとして報じ、韓国各紙がこれに追随することによって、韓国世論で謝罪や賠償を求める声が一挙に高まった。

ときの宮沢喜一内閣は、慰安婦の徴募に軍が関与していたことを直ちに認め、反省と謝罪を表明した。また、韓国の金泳三《キムヨンサム》政権が真相究明を求める一方で、補償は韓国政府が行うと述べたのを承けて、両国政府による調査と調整が進められ、一九九三年八月に、河野洋平官房長官による談話が発表された（河野談話）。この談話は、日本国内の各種史料や挺隊協の介在による元慰安婦への聞き取りなどに基づいて、慰安婦の徴募に「強制性」があったことを認め、「おわびと反省の気持ち」を表明するものであった。韓国政府はこの談話を評価し、受け入れる姿勢を示したが、宮沢内閣が間もなく総辞職したため、具体的な取り組みについてはその後の課題として残された。以後慰安婦問題は、日韓の歴史認識問題の一大争点となっていく。

3. 戦後五〇年談話

このように歴史認識問題が国際化するという状況に対して、日本政府は手をこまねいていたわけではない。むしろ日本政府は、一九九〇年代に入ると、それまでの個別問題への対応に加えて、政府の歴史認識をトータルに示すとともに、戦争被害国との対話や歴史的事実の検証にも取り組みを開始したと見ることができる。

一九九二年には天皇が訪中し、「お言葉」の中で、「我が国が中国国民に対し多大の苦痛を与えた不幸な一時期がありました。これは私の深く悲しみとするところであります」と述べた。一九九三年には、細川護熙《もりひろ》首相が就任直後の記者会見の中で、「私は先の大戦を侵略戦争、間違った戦争だと認識している」と述べ、その後国会の所信表明演説の中で、「過去の我が国の侵略行為や植民地支配などが多くの人々に耐え難い苦しみと悲しみをもたらしたことに、改めて深い反省とおわびの気持ちを申し述べる」と語った。すでに一九八〇年代に教科書問題が国際化する中で、中曽根首相が日中戦争の侵略性を国会答弁で認めていたが、細川発言は「先の大戦」全体を「侵略戦争」と認める点で、画期的なものであった。しかし細川内閣は、わずか九ヵ月弱で瓦解し、具体的施策に取り組む時間がないまま退陣した。

この頃日本政治は、大きな変動期にあたっていた。政治改革が大きな争点となり、一九九三年に宮沢内閣が衆議院を解散した結果、非自民八党派から成る細川内閣が成立し、五五年体制が崩壊した。しかし、政権内部の対立により細川内閣およびその後継の羽田内閣は総辞職し、非自民連立政権の枠組みはあっけなく崩れた。ここで政権復帰を目指す自民党は、非自民勢力の中で最多の勢力を有する社会党と手を組み、社会党党首の村山富市《とみいち》を首班とする内閣を一九九四年に成立させた（第13章）。村山首相は、従来社会党が掲げてきた自衛隊違憲論、非武装中立論（日米安保条約反対論）を放棄する一方で、翌年に戦後五〇年が迫っていることを踏まえて、従来自民党政権が十分に取り組んでこなかった歴史認識問題の解決を目標に掲げ、積極的な施策を進めた。

同年八月に村山内閣は、一〇年間、一〇〇〇億円相当の事業規模で、歴史研究支援事業、知的交流事業、青少年交流事業などを行う「平和友好交流計画」を発表した。以後この計画に基づいて多くの事業が行われたが、最も注目されたものの一つが慰安婦問題解決のために設立されたアジア女性基金である。村山内閣内では、元慰安婦への個人補償も検討されたが、請求権問題がサンフランシスコ講和条約や日韓基本条約などで解決済みである以上、国家による個人補償は不可能という結論に至った。他方で、道義的立場からの責任は果たさなければならないとして、幅広い国民が参加する基金を創設して、償いを行うことになったのである。

同基金は一九九五年に発足し、翌年までに四億円を超える募金を集め、①韓国、台湾、フィリピンの計二八五名の元慰安婦に対する一人二〇〇万円の償い金の支払い、②「心からおわびと反省の気持ちを申し上げます」という文面の「日本国内閣総理大臣」の書簡の手交、③韓国、台湾、フィリピン、オランダの元慰安婦に対する総額八・三億円の医療・福祉支援事業、④慰安婦問題を歴史の教訓とするための調査・刊行事業を行うことになった。フィリピン、オランダでの事業はおおむね順調に進み、成果を挙げた。しかし、当初歓迎の意を表明し、事業計画に協力していた韓国政府が、挺隊協など国内からの強力な反対運動を受けて批判的な姿勢に転じ、償い金の受け取り拒絶を誓約した被害者に相当額の生活支援金を支給することにしたため、韓国での事業は失敗に終わった。台湾でも、一部の元慰安婦に支払いが行われたものの、韓国と同じような経過をたどった。結局アジア女性基金は、日本政府の法的責任と国家補償を主張する韓国・台湾と、道義的責任と償い金という観点から対処した日本政府の立場の隔たりが大きかったため、十分な成果を挙げることができず、二〇〇七年をもって解散した。

村山内閣のもう一つの大きな取り組みは、一九九五年八月一五日に「村山談話」を発表したことである。「反省」や「お詫び」は、日中共同声明や河野談話、細川発言でも盛り込まれ、政府高官によってしばしば表明されてきた言葉であるが、「村山談話」は政府のトータルな歴史認識を示すため、政権内部での綿密な検討を経て発表されたものであり、それまでの文書よりも格段に重い意味を持っていた。最も重要なのは以下の部分である。

「わが国は、遠くない過去の一時期、国策を誤り、戦争への道を歩んで国民存亡の危機に陥れ、植民地支配と侵略によって、多くの国々、とりわけアジア諸国の人々に対して多大の損害と苦痛を与えました。〔中略〕ここにあらためて痛切な反省の意を表し、心からのお詫びの気持ちを表明いたします。」

談話は一三〇〇字弱という比較的簡潔なもので、過去の戦争を詳細に振り返るには不十分な分量である。また、「国策を誤」るとはどのような意味なのか、「侵略」はいつから行われたのか、戦争と「植民地支配」の問題はどのようにかかわるのかなど、内容面でも不明瞭な部分があるのは否めない。波多野澄雄が指摘するとおり、談話を支える歴史的検証は不十分だったといわざるを得ない

〔波多野、二〇一二〕。

もっとも、過去に日本が「侵略」を行ったことを明確にし、「痛切な反省」「心からのお詫び」を率直に表明したことは注目される。歴史認識問題に詳しい東郷和彦（元オランダ大使）は、戦後四〇年にあたって西ドイツのワイツゼッカー大統領が行った演説と比べて、村山談話の表現は「包括的・直観的・無前提」であり、このような形で「国家の行為をとらえ、それについて謝罪した例は、近代国家が国際関係における主要主体になってから今日に至るまで、例を見ない」と指摘している〔東郷、二〇一三〕。村山談話は、東京裁判で連合国側による戦争の性格規定がなされて以来、初めて日本政府が自ら総合的に戦争についての認識を示したものであり、画期的な意味を持っていた。それだけに日本国内の保守派からは批判も寄せられたが、その後の歴代首相はすべて村山談話の立場を支持し、継承した。その意味で同談話は、単に一政権の歴史認識を表明したというにとどまらない意義を持っていたといえよう。

4．戦後七〇年談話

村山談話の後も、小渕恵三《おぶちけいぞう》内閣の下で日韓共同宣言が出された他、小泉純一郎首相が戦後六〇年にあたって、菅直人《かんなおと》首相が韓国併合百年にあたって談話を発表するなど、日本政府による和解への取り組みは続けられた。また、村山内閣期の「平和友好交流計画」に基づいてインターネットアーカイブ「アジア歴史資料センター」が設立され、日韓、日中間での歴史共同研究も行われるなど、和解のための土台作りとして積極的な「歴史政策」も推進されている。しかし、「新しい歴史教科書」の検定・採択をめぐる問題（二〇〇一年）、小泉内閣期の靖国神社参拝問題（二〇〇一～〇六年）

など、二一世紀に入って歴史認識問題はますます先鋭化していった。とりわけ日韓両国の間では慰安婦問題が大きな争点と化し、二〇一一年には韓国の市民団体によってソウルの日本大使館前に慰安婦像が作られるなど、ときに外交関係を揺るがすまでになっている。

二〇一五年八月一四日、安倍晋三首相は戦後七〇年にあたっての「安倍談話」を出した。同談話では、戦争や植民地支配に関して以下のように述べている。

「事変、侵略、戦争。いかなる武力の威嚇や行使も、国際紛争を解決する手段としては、もう二度と用いてはならない。植民地支配から永遠に訣別し、すべての民族の自決の権利が尊重される世界にしなければならない。」「我が国は、先の大戦における行いについて、繰り返し、痛切な反省と心からのお詫びの気持ちを表明してきました。〔中略〕こうした歴代内閣の立場は、今後も、揺るぎないものであります。」

談話が出される前、保守色が強いと見られた安倍首相の歴史認識に対しては、しばしば警戒感が表明されていた。日本の一部の歴史家や国際法学者からは、一九三一〜四五年に日本が行った戦争が、国際法上違法な侵略戦争であったことは国際社会で確立した評価であることを訴え、村山談話の継承を具体的な表現によって明らかにするよう求める声明が出された。実際に出された談話は、村山内閣以降の政府の立場を踏襲し、一定のバランスのとれた内容になっており、欧米政府からは概して歓迎された。もっとも、「侵略」「植民地支配」という文言が盛り込まれたものの、それを行った主体が日本なのか不透明な書き方がなされており、中国、韓国政府の反応はあまり芳しいものではなかった。また、「あの戦争には何ら関わりのない、私たちの子や孫、そしてその先の世代の子どもたちに、謝罪を続ける宿命を背負わせてはなりません」といった表現も、波紋を呼んだ。

安倍談話で特徴的なのは、村山談話を上回る三〇〇〇字以上を費やして、日本がかかわった戦争に関して具体的な評価を行っていることである。このうち日露戦争に関しては、「植民地支配のもとにあった、多くのアジアやアフリカの人々を勇気づけ」たとして、肯定的評価を行っている。特に言及されてはいないが、日清戦争、第一次世界大戦に関しても、否定的な評価には立っていないものと考えられる。すなわち同談話は、第一次世界大戦までに日本が行った戦争は「侵略」ではないという見方をとっていると読むことができる。

他方で安倍談話は、第一次世界大戦という未曾有の「悲惨な戦争」への反省に立って、植民地化にブレーキをかけ、戦争自体を違法化する、新たな国際社会の潮流が生まれたことに着目している。そして、日本も当初はこの潮流に足並みを揃えたものの、世界恐慌が発生し、欧米諸国が経済のブロック化を進めると、日本は外交的、経済的な行き詰まりを、「力の行使」によって解決しようと試み、世界の大勢を見失っていったと指摘している。そして、満州事変、国際連盟からの脱退を経て、日本はしだいに「新しい国際秩序」への「挑戦者」となり、進むべき針路を誤って、戦争への道を進んでいったとしている。この後段に来るのが、前述した「事変、侵略、戦争。」という文言である。すなわち安倍談話は、明示こそしていないものの、満州事変以降に日本が行った戦争が「侵略」に相当することを示唆しているといえる。

なお、同談話を評価したアメリカの後押しにより、二〇一五年末に日韓両外相は慰安婦問題を「最終かつ不可逆的に解決」するとした合意を発表するに至った。しかしその後、同合意の成立に尽力した朴槿恵《パククネ》政権が倒れ、次の文在寅《ムンジェイン》政権は合意を事実上無効とする措置をとった。また、二〇一八年には韓国の大審院（最高裁判所）が、戦後補償訴訟で日本企業への賠償命令を初めて確定させたため、一九六五年の日韓請求権協定に基づく法的枠組みが動揺する事態ともなっている。このように、二〇世紀末以降の東アジアの歴史認識問題は、ときに国家の大きな歴史観が問われる一方で、慰安婦、靖国神社、歴史教科書など個別の問題が常に潜在的に外交に影響を与える状況が続いているといえる。

最後に、歴史認識問題として取り上げられるさまざまなイシューの位置づけについて、整理してみよう。日本が関係する歴史認識問題は多数あるが、それらを、日本の立場（加害者、被害者）、関係する国（欧米、非欧米）に分けて考えてみることにする（表15－1）。

日本が「非欧米諸国」に対して「加害者」になった問題は、一九三〇年代以降に日本軍が侵攻先・占領地で犯した残虐行為（戦争犯罪）にかかわるものが主である。多くの地域でこうした行為が発生し、被害者側では今なお強く記憶されている。しかし、現在の取り上げられ方には国によって大きな差があり、大きな外交問題となっているもの（慰安婦問題）、大きな論争のテーマとなっているもの（南京事件）がある一方で、表向きは大きな問題となっていないものも少なくない。同じ慰安婦問題でも、韓国では大きな問題とされ、台湾でも近年問題視する声があがっているものの、中国ではそれほど大きな問題としては浮上しておらず、東南アジア諸国ではアジア女性基金の事業によって一応解決されたとされるなど、違いがある。このように「歴史認識問題」が顕在化するか否かは、被害者あるいは被害国の感情や対応によるところが大きく、一律には語れない多様性があることを認識しておく必要がある。いずれにしても、日本が「非欧米諸国」で「加害者」になった問題に関しては、今なお和解が実現していないものが少なくない。現在「歴史認識問題」と認識されている問題群は、このカテゴリーに属するものが中心である。

　日本が「欧米諸国」に対して「加害者」になった問題も存在することを忘れてはならない。特に大きいのは、第二次世界大戦中に日本軍が捕虜とした欧米の将兵を虐殺・虐待した問題である。捕

表15－1　日本が関係するおもな歴史認識問題

	欧米諸国		非欧米諸国			
	欧米	ロシア	中国	台湾	韓国・北朝鮮	東南アジア諸国
加害者	捕虜虐待 慰安婦 民間人抑留	日露戦争 シベリア出兵 ノモンハン事件 関東軍特種演習	日清戦争 張作霖爆殺事件 南京事件 捕虜虐待 無差別爆撃 補償 慰安婦 教科書 靖国神社参拝 記憶遺産	台湾出兵 日清戦争 霧社事件 補償 慰安婦	韓国併合 徴用 補償 慰安婦 教科書 靖国神社参拝 記憶遺産 世界遺産	住民虐殺 徴用 補償 慰安婦
被害者	捕虜虐待 日系人抑留 無差別爆撃 原爆投下	中立条約破棄 シベリア抑留 引揚 記憶遺産	引揚 中国残留孤児	引揚	引揚	引揚

虜の人道的待遇は、ジュネーブ条約（一九二九年）で規定されていた。日本は同条約に加入していなかったものの、第二次世界大戦中は同条約を援用するとしており、捕虜の強制労働や虐待は、国際法に違反した犯罪行為であった。そのため、戦後、捕虜虐待にかかわった者が各地の裁判で裁かれ、一〇〇〇名近くの日本人が死刑となったのは前述したとおりである。その後もこの問題は、特に捕虜の多かったイギリス、オランダとの間でくすぶり続け、昭和天皇の訪欧時（一九七一年）に元捕虜から卵が投げつけられるなど、長年抗議の意思が示され続けた。現在もイギリスの博物館では、旧日本軍による捕虜の虐待についての展示が行われることがあり、この問題が完全に解決したわけではないが、外交問題にまで発展することはなくなっている。また、日本のインドネシア占領時代のオランダ人慰安婦問題についても、一九九〇年代のアジア女性基金の事業によって一応解決された。基本的価値観を共有し、信頼関係を構築してきた日本と欧米諸国は、こうした問題を解決し、和解を実現することに成功したといってよいであろう。

一方、日本が「被害者」となった問題についても、歴史認識問題の争点となることがある。「非欧米諸国」との間では、戦後の引揚の際の残虐行為や資産の扱いをめぐって、さまざまな問題がある。特に、引揚の際に家族や資産を失ったり、植民地に残した資産に対する請求権を奪われたりした者には大きな不満が残されたと思われるが、戦後彼らの声が大きな政治的動きにつながることは、基本的にはほとんどなかった。

「欧米諸国」に対して「被害者」になった問題に関しては、アメリカとロシアの対応が対照的であることが注目される。アメリカは戦時中日本全土に無差別爆撃を行い、多数の非戦闘員を含む日本人を殺害した。広島、長崎に投下した原爆は、そのうち最大の被害者を出したものである。またアメリカは、国内に居住していた日系人一一万人以上を抑留し、強制収容所に入れた。戦後日本人の間にはこれらの問題に対する批判が根強く存在したが、日本政府が正式に謝罪や補償を求めることはなかった。これに対するアメリカの対応は必ずしも十分とはいえない。しかし、一九八八年にロナルド・レーガン政権が日系人の強制収容は誤った政策であったと認めて謝罪し、二〇一六年にバラク・オバマ大統領が広島を訪問して犠牲者に哀悼の意を表明するなど、一定の対応は行っている。

他方でロシアは、満州や南樺太に侵攻した際の住民虐殺・虐待、シベリア抑留に関して、謝罪も補償もほとんど行っておらず（一九九三年に来日したボリス・エリツィン大統領がシベリア抑留について謝罪した程度）、そのことが日本の対露関係改善の上でのわだかまりになっていると見られる。また、日本ではそもそもソ連の対日参戦が日ソ中立条約に違反した行為だという見解が根強く、日ソが交戦に至った経緯に対する不満がある。他方でロシア側には、対日参戦は日露戦争、シベリア出兵という過去の日本の「侵略」、中立条約締結後に日本が行った関東軍特殊演習という「背信行為」に照らせば正当化可能だという感覚があり、日露両国の根本的な歴史認識には隔たりがある。

学習課題

1. 第二次世界大戦終戦から一九七〇年代にかけて、日本の中国に対する賠償問題、日中国交正常化問題は、どのように推移したか。「二つの中国」という問題に留意しつつ、歴史的事実に基づいて説明しなさい。
2. 一九六五年の日韓基本条約と日韓請求権協定は、日本の植民地支配にともなう諸問題をどのように解決し、またしなかったか。現在両国間で懸案となっている問題を踏まえつつ、歴史的事実に基づいて説明しなさい。

3．戦後五〇年談話（村山談話）、戦後七〇年談話（安倍談話）の内容を比較し、その意義や問題点について、あなたの考えを述べなさい。

参考文献

五百旗頭薫・小宮一夫・細谷雄一・宮城大蔵・東京財団政治外交検証研究会編『戦後日本の歴史認識』（東京大学出版会、二〇一七年）
川島真『21世紀の「中華」―習近平中国と東アジア―』（中央公論新社、二〇一六年）
木村幹『日韓歴史認識問題とは何か―歴史教科書・「慰安婦」・ポピュリズム―』（ミネルヴァ書房、二〇一四年）
東郷和彦『歴史認識を問い直す―靖国、慰安婦、領土問題―』（角川書店、二〇一三年）
東郷和彦・波多野澄雄編『歴史問題ハンドブック』（岩波現代全書、二〇一五年）
波多野澄雄『国家と歴史―戦後日本の歴史問題―』（中公新書、二〇一一年）
日暮吉延『東京裁判』（講談社現代新書、二〇〇八年）
李鍾元・木宮正史・浅野豊美編『歴史としての日韓国交正常化（全二巻）』（法政大学出版局、二〇一一年）

歴代首相年表

代	在任期間	氏名	生没年	出生地	国内事件	国際関係
1	一八八五・一二～八八・四	伊藤博文(1)	一八四一～一九〇九	山口	内閣制度発足（一八八五・一二） 市制・町村制公布（一八八八・四）	条約改正会議開催（一八八六・五）
2	一八八八・四～八九・一〇	黒田清隆	一八四〇～一九〇〇	鹿児島	大日本帝国憲法発布（一八八九・二）	
3	一八八九・一二～九一・五	山県有朋(1)	一八三八～一九二二	山口	府県制・郡制公布（一八九〇・五） 教育勅語発布（一八九〇・一〇） 第一回帝国議会召集（一八九〇・一一）	
4	一八九一・五～九二・八	松方正義(1)	一八三五～一九二四	鹿児島	大津事件（一八九一・五）	露、シベリア鉄道に着工（一八九一・五）
5	一八九二・八～九六・八	伊藤博文(2)			和協の詔勅（一八九三・二）	日英通商航海条約（領事裁判撤廃）（一八九四・七） 日清戦争勃発（一八九四・七） 下関講和条約、三国干渉（一八九五・四）
6	一八九六・九～九八・一	松方正義(2)			金本位制施行（一八九七・一〇）	
7	一八九八・一～九八・六	伊藤博文(3)				中国、変法自強宣言（一八九八・六）
8	一八九八・六～九八・一一	大隈重信(1)	一八三八～一九二二	佐賀	共和演説事件（一八九八・八）	中国、戊戌の政変（一八九八・九）
9	一八九八・一一～一九〇〇・一〇	山県有朋(2)			治安警察法公布（一九〇〇・三） 立憲政友会結成（一九〇〇・九）	中国、義和団の乱（一八九九・三） 米、中国の門戸開放宣言（一八九九・九）

代	在任期間	首相	生没年	出身	国内の出来事	海外の出来事
10	一九〇〇・一〇～〇一・五	伊藤博文(4)			八幡製鉄所操業開始（一九〇一・二）	
11	一九〇一・六～〇六・一	桂太郎(1)	一八四七～一九一三	山口	田中正造、足尾鉱毒事件で衆議院議員を辞職（一九〇一・一〇）	日英同盟（一九〇二・一） 日露戦争勃発（一九〇四・二） ポーツマス条約（一九〇五・九）
12	一九〇六・一～〇八・七	西園寺公望(1)	一八四九～一九四〇	京都	日本社会党結成（一九〇六・二） 鉄道国有法（一九〇六・三）	南満州鉄道会社設立（一九〇六・一一）
13	一九〇八・七～一一・八	桂太郎(2)			大逆事件（幸徳事件）（一九一〇・六）	韓国併合（一九一〇・八） 日米新通商航海条約（関税自主権）（一九一一・二）
14	一九一一・八～一二・一二	西園寺公望(2)			大正に改元（一九一二・七）	中国、辛亥革命（一九一一・一〇）
15	一九一二・一二～一三・二	桂太郎(3)			第一次護憲運動（一九一二・一二～）	
16	一九一三・二～一四・四	山本権兵衛(1)	一八五二～一九三三	鹿児島	シーメンス事件（一九一四・一）	
17	一九一四・四～一六・四	大隈重信(2)				第一次世界大戦参戦（一九一四・八） 対華二十一ヵ条要求（一九一五・一）
18	一九一六・一〇～一八・九	寺内正毅	一八五二～一九一九	山口	憲政会結成（一九一六・一〇） 金輸出禁止、株価大暴落（一九一七・九） 米騒動始まる（一九一八・八）	露、十月革命（一九一七・一一） シベリア出兵（一九一八・八）
19	一九一八・九～二一・一一	原敬	一八五六～一九二一	岩手	衆議院選挙法改正（一九一九・三）	パリ講和会議開催（一九一九・一～六）
20	一九二一・一一～二二・六	高橋是清	一八五四～一九三六	東京	皇太子裕仁、摂政となる（一九二一・一一）	ワシントン会議開催（一九二一・一一）

代	在任期間	氏名	生没年	出生地	国内事件	国際関係
21	一九二二・六〜二三・八	加藤友三郎	一八六一〜一九二三	広島	日本共産党結成（一九二二・七） 陪審法公布（一九二三・四）	
22	一九二三・九〜二四・一	山本権兵衛(2)			関東大震災（一九二三・九） 虎の門事件（一九二三・一二）	
23	一九二四・一〜二四・六	清浦奎吾	一八五〇〜一九四二	熊本	第二次護憲運動（一九二四・一）	
24	一九二四・六〜二六・一	加藤高明	一八六〇〜一九二六	愛知	治安維持法成立（一九二五、三） 男子普通選挙実現（一九二五・五）	
25	一九二六・一〜二七・四	若槻礼次郎(1)	一八六六〜一九四九	島根	昭和に改元（一九二六・一二） 金融恐慌（一九二七・三〜）	中国、蔣介石、北伐を開始（一九二六・七）
26	一九二七・四〜二九・七	田中義一	一八六四〜一九二九	山口	立憲民政党結成（一九二七・六）	関東軍による張作霖爆殺（一九二八・六） 不戦条約（一九二八・八）
27	一九二九・七〜三一・四	浜口雄幸	一八七〇〜一九三一	高知	金解禁（一九二九・一一）	米、NY株式市場大暴落（一九二九・一〇） ロンドン海軍軍縮会議開催（一九三〇・一）
28	一九三一・四〜三一・一二	若槻礼次郎(2)				満州事変勃発（一九三一・九）
29	一九三一・一二〜三二・五	犬養毅	一八五五〜一九三二	岡山	金輸出再禁止（一九三一・一二） 五・一五事件（一九三二・五）	満州国建国宣言（一九三二・三）
30	一九三二・五〜三四・七	斎藤実	一八五八〜一九三六	岩手	帝人事件（一九三四・四）	独、ヒトラー首相に就任（一九三三・一） 国際連盟脱退（一九三三・三）
31	一九三四・七〜三六・三	岡田啓介	一八六八〜一九五二	福井	衆議院、国体明徴決議（一九三五・三） 二・二六事件（一九三六・二）	

32	一九三六・三〜三七・二	広田弘毅	一八七八〜一九四八	福岡	国策の基準を決定（一九三六・八）	日独防共協定（一九三六・一一）
33	一九三七・二〜三七・六	林銑十郎	一八七六〜一九四三	石川	ヘレン・ケラー来日（一九三七・四）	
34	一九三七・六〜三九・一	近衛文麿(1)	一八九一〜一九四五	東京	国家総動員法公布（一九三八・四）	日中戦争勃発（一九三七・七）
35	一九三九・一〜三九・八	平沼騏一郎	一八六七〜一九五二	岡山		ノモンハン事件（一九三九・五） 独ソ不可侵条約（一九三九・八）
36	一九三九・八〜四〇・一	阿部信行	一八七五〜一九五三	石川		第二次世界大戦勃発（一九三九・九）
37	一九四〇・一〜四〇・七	米内光政	一八八〇〜一九四八	岩手	斎藤隆夫、反軍演説事件（一九四〇・二）	
38	一九四〇・七〜四一・七	近衛文麿(2)			大政翼賛会結成（一九四〇・一〇）	日独伊三国同盟（一九四〇・九）
39	一九四一・七〜四一・一〇	近衛文麿(3)			帝国国策遂行要領を決定（一九四一・九）	大西洋憲章（一九四一・八）
40	一九四一・一〇〜四四・七	東条英機	一八八四〜一九四八	東京		真珠湾攻撃（一九四一・一二）
41	一九四四・七〜四五・四	小磯国昭	一八八〇〜一九五〇	栃木	東京大空襲（一九四五・三） 米軍、沖縄本島に上陸（一九四五・四）	ヤルタ会談（一九四五・二）
42	一九四五・四〜四五・八	鈴木貫太郎	一八六七〜一九四八	大阪	ポツダム宣言受諾、終戦（一九四五・八）	ポツダム宣言（一九四五・七）
43	一九四五・八〜四五・一〇	東久邇稔彦	一八八七〜一九九〇	京都	天皇、マッカーサーを訪問（一九四五・九）	降伏文書に調印（一九四五・九）

代	在任期間	氏名	生没年	出生地	国内事件	国際関係
44	一九四五・一〇～四六・五	幣原喜重郎	一八七二～一九五一	大阪	GHQによる五大改革指令（一九四五・一〇） 日本自由党結成（一九四五・一一）	極東委員会発足（一九四五・一二）
45	一九四六・五～四七・五	吉田茂(1)	一八七八～一九六七	東京	二・一ゼネスト中止（一九四七・二） 日本国憲法施行（一九四七・五）	米、トルーマン・ドクトリン（一九四七・三）
46	一九四七・五～四八・三	片山哲	一八八七～一九七八	和歌山	最高裁判所発足（一九四七・八）	
47	一九四八・三～四八・一〇	芦田均	一八八七～一九五九	京都	昭和電工疑獄事件（一九四八・六）	大韓民国成立（一九四八・八）
48	一九四八・一〇～四九・二	吉田茂(2)			東京裁判、二五被告に有罪判決（一九四八・一一）	
49	一九四九・二～五二・一〇	吉田茂(3)			警察予備隊発足（一九五〇・八） 社会党、左右に分裂（一九五一・一〇）	中華人民共和国成立（一九四九・一〇） 朝鮮戦争勃発（一九五〇・六） 対日平和条約・日米安保条約（一九五一・九） 日華平和条約（一九五二・四）
50	一九五二・一〇～五三・五	吉田茂(4)			バカヤロー解散（一九五三・三）	
51	一九五三・五～五四・一二	吉田茂(5)			昭和の町村合併（一九五四～） 防衛庁、自衛隊発足（一九五四・七） 日本民主党結成（一九五四・一一）	
52	一九五四・一二～五五・三	鳩山一郎(1)	一八八三～一九五九	東京		

53	一九五五・三〜五五・一一	鳩山一郎(2)			社会党統一（一九五五・一〇）、自由民主党結成（一九五五・一一）	米英仏ソ四国首脳、ジュネーブで会議（一九五五・七） 重光・ダレス会談（一九五五・八）
54	一九五五・一一〜五六・一二	鳩山一郎(3)				日ソ共同宣言（一九五六・一〇） 日本、国際連合に加盟（一九五六・一二）
55	一九五六・一二〜五七・二	石橋湛山	一八八四〜一九七三	東京		
56	一九五七・二〜五八・六	岸信介(1)	一八九六〜一九八七	山口	憲法調査会第一回総会（一九五七・八）	ソ連、スプートニク打ち上げ（一九五七・一〇）
57	一九五八・六〜六〇・七	岸信介(2)			皇太子結婚式（一九五九・四） 松川事件最高裁判決（一九五九・八） 社会党西尾派、離党（一九五九・一〇）	日米新安保条約（一九六〇・一）
58	一九六〇・七〜六〇・一二	池田勇人(1)	一八九九〜一九六五	広島	所得倍増計画発表（一九六〇・九）	
59	一九六〇・一二〜六三・一二	池田勇人(2)			新産業都市建設促進法公布（一九六二・五） 全国総合開発計画決定（一九六二・一〇）	米ソ、キューバ危機（一九六二・一〇）
60	一九六三・一二〜六四・一一	池田勇人(3)			東京オリンピック（一九六四・一〇）	OECDに加盟（一九六四・四）
61	一九六四・一一〜六七・二	佐藤栄作(1)	一九〇一〜七五	山口	閣議、国債発行を決定（一九六五・一一） 公明党、衆議院進出（一九六七・一）	米軍、北爆開始（一九六五・二） 日韓基本条約（一九六五・六）
62	一九六七・二〜七〇・一	佐藤栄作(2)			公害対策基本法公布（一九六七・八） 大学紛争激化（一九六八） 新全国総合開発計画決定（一九六九・五）	訪米、沖縄返還合意（一九六九・一一）

代	在任期間	氏名	生没年	出生地	国内事件	国際関係
63	一九七〇・一～七二・七	佐藤栄作(3)			大阪万博（一九七〇・三～） 浅間山荘事件（一九七二・二）	沖縄返還（一九七二・五）
64	一九七二・七～七二・一二	田中角栄(1)	一九一八～九三	新潟	日本列島改造問題懇談会開催（一九七二・八）	日中国交正常化（一九七二・九）
65	一九七二・一二～七四・一二	田中角栄(2)			オイルショック（一九七三後半～） 立花隆「田中角栄研究　その金脈と人脈」発表（一九七四・一〇）	ベトナム和平協定（一九七三・一） 金大中事件（一九七三・八） 米、ニクソン大統領辞任（一九七四・八）
66	一九七四・一二～七六・一二	三木武夫	一九〇七～八八	徳島	ロッキード事件発覚（一九七六・二） 新自由クラブ結成（一九七六・六） 田中前首相逮捕（一九七六・七）	主要先進国第一回首脳会議開催（一九七五・一一）
67	一九七六・一二～七八・一二	福田赳夫	一九〇五～九五	群馬	「地方の時代」シンポジウム（一九七八・七）	首相、福田ドクトリンを発表（一九七七・八） 日中平和友好条約（一九七八・八）
68	一九七八・一二～七九・一一	大平正芳(1)	一九一〇～八〇	香川		東京サミット開催（一九七九・六）
69	一九七九・一一～八〇・六	大平正芳(2)			自民党四十日抗争（一九七九・一〇～）	
70	一九八〇・七～八二・一一	鈴木善幸	一九一一～二〇〇四	岩手	臨時行政調査会発足（一九八一・三）	
71	一九八二・一一～八三・一二	中曽根康弘(1)	一九一八～	群馬		大韓航空機撃墜（一九八三・九）

72	一九八三・一二〜八六・七	中曽根康弘(2)			防衛費GNP一%枠見直し着手(一九八四・五) NTT、日本たばこ発足(一九八五・四)	G5、プラザ合意(一九八五・九)
73	一九八六・七〜八七・一一	中曽根康弘(3)			国鉄分割民営化(一九八七・四)	
74	一九八七・一一〜八九・六	竹下登	一九二四〜二〇〇〇	島根	平成に改元(一九八九・一) リクルート事件(一九八九・二) 消費税導入(一九八九・四)	中国、天安門事件(一九八九・六)
75	一九八九・六〜八九・八	宇野宗佑	一九二二〜九八	滋賀	参議院選挙で「マドンナ旋風」(一九八九・七)	
76	一九八九・八〜九〇・二	海部俊樹(1)	一九三一〜	愛知		ベルリンの壁取り壊し(一九八九・一一)
77	一九九〇・二〜九一・一一	海部俊樹(2)			自衛隊掃海部隊ペルシャ湾派遣(一九九一・四)	湾岸戦争勃発(一九九一・一)
78	一九九一・一一〜九三・八	宮沢喜一	一九一九〜二〇〇七	広島	PKO法成立(一九九二・六) 小沢一郎らが改革フォーラム21結成(一九九二・一〇)	ソ連崩壊(一九九一・一二)
79	一九九三・八〜九四・四	細川護熙	一九三八〜	東京	小選挙区比例代表並立制導入(一九九四・三)	NATO・ボスニア空爆(一九九四・四)
80	一九九四・四〜九四・六	羽田孜	一九三五〜	東京	松本サリン事件(一九九四・六)	
81	一九九四・六〜九六・一	村山富市	一九二四〜	大分	阪神淡路大震災(一九九五・一) 地下鉄サリン事件(一九九五・三)	村山談話(一九九五・八)

代	在任期間	氏名	生没年	出生地	国内事件	国際関係
82	一九九六・一〜九六・一一	橋本龍太郎(1)	一九三七〜二〇〇六	岡山	(旧)民主党結成(一九九六・九)	
83	一九九六・一一〜九八・七	橋本龍太郎(2)			消費税五%に(一九九七・四) 地方分権一括法成立(一九九七・七) 山一證券経営破綻(一九九七・一一)	
84	一九九八・七〜二〇〇〇・四	小渕恵三	一九三七〜二〇〇〇	群馬	周辺事態法公布(一九九九・五) 自民・自由・公明連立に合意(一九九九・一〇)	日韓共同宣言(一九九八・一〇)
85	二〇〇〇・四〜〇〇・七	森喜朗(1)	一九三七〜	石川		沖縄サミット(二〇〇〇・七)
86	二〇〇〇・七〜〇一・四	森喜朗(2)			加藤の乱(二〇〇〇・一一)	えひめ丸ハワイ沖で沈没事故(二〇〇一・二)
87	二〇〇一・四〜〇三・一一	小泉純一郎(1)	一九四二〜	神奈川	新省庁発足(二〇〇一・一) サッカーW杯日韓同時開催(二〇〇二・五)	九・一一同時多発テロ(二〇〇一・九) 日朝共同宣言(二〇〇二・九) イラク戦争開始(二〇〇三・三)
88	二〇〇三・一一〜〇五・九	小泉純一郎(2)			自衛隊イラク派遣(二〇〇四・二) 郵政解散(二〇〇五・九)	
89	二〇〇五・九〜〇六・九	小泉純一郎(3)				
90	二〇〇六・九〜〇七・九	安倍晋三(1)	一九五四〜	東京	参議院選挙で自民党大敗(二〇〇七・七)	

91	二〇〇七・九〜〇八・九	福田康夫	一九三六〜	東京	自民党・民主党の大連立構想失敗（二〇〇七・一一）	北京オリンピック（二〇〇八・八） リーマン・ショック（二〇〇八・九）
92	二〇〇八・九〜〇九・九	麻生太郎	一九四〇〜	福岡	衆議院総選挙で民主党大勝（二〇〇九・八）	
93	二〇〇九・九〜一〇・六	鳩山由紀夫	一九四七〜	東京		ギリシャ債務危機表面化（二〇一〇・一）
94	二〇一〇・六〜一一・九	菅直人	一九四六〜	山口	参議院選挙で民主党大敗（二〇一〇・七） 東日本大震災（二〇一一・三・一一）	
95	二〇一一・九〜一二・一二	野田佳彦	一九五七〜	千葉	社会保障と税の一体改革関連法成立（二〇一二・八）	
96	二〇一二・一二〜一四・一二	安倍晋三(2)			衆議院総選挙で自民党大勝、経済成長戦略（アベノミクス）に着手（二〇一二・一二） 国家安全保障会議設置、特定秘密保護法成立（二〇一三・一二） 消費税八パーセントに（二〇一四・四）	ロシア、クリミアを領土に編入（二〇一四・三）
97	二〇一四・一二〜一七・一一	安倍晋三(3)			平和安全法制関連二法成立（二〇一五・九） 民進党結成（二〇一六・三） 民進党、希望の党への合流を発表（二〇一七・九） 立憲民主党結成（二〇一七・一〇） 衆議院総選挙で自民党大勝（二〇一七・一〇）	安倍談話（二〇一五・八） トランプ米大統領に就任（二〇一七・一）
98	二〇一七・一一〜	安倍晋三(4)			日経平均株価終値が約二六年ぶりに二万四千円台を回復（二〇一八・一） 国民民主党結成（二〇一八・五）	史上初の米朝首脳会談（二〇一八・六）

前原誠司　228
牧野伸顕　120, 121, 122, 128
松岡洋右　148, 149
マッカーサー　160, 162, 167, 168, 169, 171, 172, 173, 174, 201, 242
松方正義　52, 54, 132
松沢祐作　21
松平容保　15, 47
松平定敬　47
松平定信　44
松平春嶽　46, 48
松平節子　15
松平永芳　256
松野鶴平　190
松本俊一　237
松本烝治　167, 168
マリク（ヤコフ）　153
三浦梧楼　39, 85
三木武夫　164, 179, 184, 192, 214, 215, 256
三木武吉　178, 181
御厨貴　208
水町袈裟六　72
美濃部亮吉　190
宮崎仁　210
宮沢喜一　219, 258, 259, 260
陸奥宗光　69
村山富市　221, 261, 262, 263, 264, 265
文在寅　266
明治天皇　55, 85, 99, 110, 156
目賀田種太郎　103
メッケル（ヤコブ）　82, 85
本野一郎　121, 122
森山信吾　210
森喜朗　222, 223

●や　行

矢野絢也　218
山内容堂　47, 48
山県有朋　39, 53, 55, 56, 57, 78, 79, 86, 90, 91, 96, 104, 110, 111, 114, 118, 121, 122, 127, 131
山崎拓　223
山本五十六　150
山本権兵衛　88, 91, 110, 111, 113, 127, 132
吉田清成　63
吉田茂　160, 163, 168, 169, 170, 171, 172, 173, 174, 175, 178, 179, 180, 181, 201, 206, 214, 235
米内光政　155

●ら　行

ライシャワー　186, 191
ラスク（ディーン）　242
李完用　105
李鴻章　38
李承晩　243
リード（エドワード）　81
廖承志　186
林則徐　18
レーガン（ロナルド）　216, 269
ロイド＝ジョージ（デービッド）　127
ローズベルト（セオドア）　101, 102
ローズベルト（フランクリン）　149, 150, 152, 154, 161, 231, 232, 233
ロッシュ（レオン）　81

●わ　行

ワイツゼッカー　263
若泉敬　191
若槻礼次郎　133, 136, 137, 138, 139
脇村義太郎　164
和田博雄　169, 170, 171, 201

234

●な 行

長井雅楽 46, 47
中井養三郎 241
永倉新八 15
中曽根康弘 190, 214, 215, 216, 217, 218, 256, 260
中山伊知郎 164, 169
ニクソン（リチャード） 192, 253
西尾末広 170, 184
新渡戸稲造 101
ネルー 105
乃木希典 95, 100
野坂参三 164
野田佳彦 226, 248
盧武鉉 244
野村吉三郎 149

●は 行

馬英九 158
朴槿恵 266
パークス 63, 64, 65, 66
朴正熙 253, 254
橋本龍太郎 221, 222, 223, 224, 238
羽田孜 218, 219, 220, 260
畑野勇 88, 89
服部卓四郎 174
ハーディング（ウォレン） 129
鳩山一郎 164, 169, 178, 179, 180, 181, 182, 202, 204, 237
鳩山由紀夫 219, 225
浜口雄幸 133, 137, 138, 139, 140
林董 99
原敬 56, 96, 110, 111, 119, 120, 121, 122, 123, 124, 126, 127, 128, 129, 130, 131, 132, 136, 138
ハリス（タウンゼント） 45
ハリマン 101
ハル（コーデル） 149, 150
東久邇宮稔彦 163, 165
東伏見宮依仁 100
一橋慶喜 46, 47
ヒトラー（アドルフ） 143, 148
日野原節三 171
平沼騏一郎 147, 155
平野貞夫 218
平野力三 170
広田弘毅 153
裕仁→昭和天皇 132
閔妃 39
ファン・ボイ・チャウ（潘佩珠） 105
溥儀 139
福田赳夫 192, 211, 214, 215, 223
福田康夫 224
福地源一郎 51
伏見宮貞愛 99
プーチン（ウラジーミル） 238
ブッシュ 223
ブライアン（ウィリアム） 119
ブランケット 67
フルシチョフ（ニキータ） 237
フレイザー 69
ヘイ（ジョン） 101
ペリー 30, 45
ベルタン（エミール） 84, 86
ホイットニー（コートニー） 162
朴正熙 253, 254
星亨 52
細川護熙 170, 213, 220, 224, 260, 262
堀田正睦 45
ホルレーベン 67
ホワイト（ウィリアム） 89

●ま 行

馬英九 158

佐藤尚武　153
鮫島尚信　63
三条実美　47
椎名悦三郎　214
シェンキェウィッツ　67
塩田三郎　65
重光葵　179, 180, 181, 237
重宗雄三　190, 192
幣原喜重郎　129, 136, 139, 163, 165, 167, 169
司馬遼太郎　16, 93
島津久光　46, 47
下河辺淳　210
子母澤寛　15
周恩来　246
純宗（大韓帝国）　103
蔣介石　145, 150, 151, 231, 253
昭和天皇　15, 132, 138, 139, 151, 153, 155, 156, 157, 161, 168, 268
ジョージ５世　100
ジョンソン　190
杉原千畝　147, 148
鈴木貫太郎　153, 154, 155, 161
鈴木善幸　214, 215, 256, 258
鈴木宗男　239
スターリン（ヨシフ）　152, 153, 155, 161, 232, 236
スティムソン（ヘンリー）　154, 161
宣統帝　110
副島種臣　49, 63, 78
曽我祐準　85
園田直　246
孫文　109, 110

●た　行

大正天皇　110, 111
高碕達之助　186
高野実　201
高橋是清　132, 138
竹下登　217, 218, 219, 223
竹中平蔵　223
武村正義　219
田中角栄　192, 193, 208, 210, 211, 214, 216, 217, 223, 246, 253
田中義一　121, 137, 138, 140, 156, 251
谷干城　54, 79, 85
タフト　102
ダレス（ジョン・フォスター）　174, 181, 235, 237
段祺瑞　122, 123
秩父宮雍仁　15
チャーチル（ウィンストン）　152, 231, 232
張学良　145
張作霖　138
蔡英文　158
デニソン　73
寺内正毅　13, 90, 105, 120, 121, 122, 123, 126, 132
寺島宗則　63, 64
土井たか子　216
東郷和彦　263
東郷茂徳　155
東郷平八郎　95, 100
東條英機　149, 150, 151, 152
鄧小平　246
東畑精一　169
徳川家茂　47
徳川斉昭　45
徳川慶喜→一橋慶喜
徳田球一　164
ドッジ（ジョセフ）　172, 173
豊田貞次郎　149
豊田副武　155
鳥尾小弥太　85
トルーマン（ハリー）　154, 161, 172, 233,

緒方竹虎　180, 181
尾崎行雄　111
小沢一郎　218, 219, 220, 221, 222, 225, 226
小野寺信　154
オバマ（バラク）　269
小渕恵三　219, 222, 223, 238, 263

●か　行
カー（E・H）　17, 144
海部俊樹　218
片岡直温　137
片山哲　165, 170, 202, 219
桂太郎　22, 39, 56, 57, 71, 85, 86, 90, 91, 94, 95, 96, 104, 110, 111, 112, 127, 133
加藤紘一　223
加藤高明　72, 99, 112, 113, 114, 116, 117, 118, 120, 126, 132, 133, 134, 135, 136, 137, 219
加藤友三郎　124, 129, 132
金子堅太郎　101
金丸信　219
河上丈太郎　184
川上操六　86
菅直人　225, 226, 247, 263
樺美智子　184
岸信介　19, 26, 177, 179, 180, 182, 183, 184, 185, 189, 199, 222
喜多村治雄　208
木戸孝允　31, 48, 49, 50, 78
金泳三　259
清浦奎吾　133
クラーク（クリストファー）　113
栗野慎一郎　73
グリーン（カニンガム）　118
グルー　161
グレイ（エドワード）　99, 100, 114, 117, 118
クレマンソー（ジョルジュ）　127
黒田清隆　51
グロムイコ（アンドレイ）　237, 238
ケーディス　166, 168
ケナン（ジョージ）　171, 172, 173
ケネディ　185, 186, 190
小池百合子　228
小泉純一郎　222, 223, 224, 227, 239, 263
小磯国昭　152, 153
高宗（大韓帝国）　103
河野一郎　178, 184, 185, 186, 188, 189, 192
河野謙三　192
河野洋平　259, 262
孝明天皇　46, 47
河本大作　138
古賀辰四郎　245
ココツェフ（ウラジミール）　104
児玉源太郎　86, 90, 91
後藤象二郎　49, 53
後藤新平　57, 90, 122
後藤田正晴　257
近衛篤麿　54
近衛文麿　145, 146, 148, 149, 151, 153, 167
小村寿太郎　71, 72, 74, 94, 99, 100, 104
ゴルバチョフ（ミハイル）　238
近藤勇　15

●さ　行
蔡英文　158
西園寺公望　56, 91, 95, 96, 110, 111, 127, 128, 132, 133, 137, 138, 139
西郷隆盛　48, 49, 50, 78, 79, 80
西郷従道　79
齊藤実　140
坂本龍馬　15
佐双左仲　83, 86
佐藤栄作　15, 172, 178, 180, 185, 186, 188, 189, 190, 191, 192, 193, 209, 210, 214, 215

人名索引

●配列は五十音順

●あ　行

アイゼンハワー　182, 184, 185
青木周蔵　63, 64, 66, 69, 70
赤城宗徳　206
芦田均　164, 165, 168, 170, 171, 179, 180
麻生太郎　224
阿南惟幾　155
安倍晋三　222, 224, 226, 227, 228, 239, 264, 265
阿部正弘　45
有沢広巳　164, 169, 201
安重根　104
井伊直弼　45, 46
E・H・カー　17, 144
家永三郎　257
池内敏　240
池田勇人　172, 177, 178, 184, 185, 186, 187, 188, 189, 190, 192, 199, 208, 209
石井光次郎　185
石田博英　211
石橋湛山　178, 180, 182
石原慎太郎　248
板垣退助　49, 50, 52, 54, 55, 78, 80, 86
市川雄一　218
伊藤雋吉　83
伊藤博文　22, 34, 35, 38, 48, 50, 51, 53, 54, 55, 56, 69, 84, 90, 91, 96, 103, 104, 127
犬養健　180
犬養毅　120, 137, 139
井上馨　48, 50, 51, 53, 64, 65, 66, 68, 69, 70, 71, 84, 85, 113
李明博　244
岩井章　201
岩倉具視　33, 49, 62, 63, 78
岩崎弥太郎　133
ウィルソン（ウッドロウ）　102, 121, 122, 127
ウィルヘルム２世　105
ウィロビー　163
上野景範　63
上原勇作　110, 121
ヴェルニー　81
宇野宗佑　218
梅津美治郎　155
エヴァーツ　63
江田三郎　187
枝野幸男　228
江藤新平　49, 78
エドワード７世　99
榎本武揚　69
エリツィン（ボリス）　238
エルドリッヂ（ロバート）　247
袁世凱　38, 110, 117
汪兆銘　146
大内啓伍　218
大内兵衛　164
大来佐武郎　164, 169
大久保利通　31, 32, 35, 48, 49, 50, 77, 78, 79
大隈重信　35, 48, 49, 50, 51, 52, 53, 54, 55, 57, 68, 69, 71, 78, 113, 116, 118, 119, 120, 126
大島健一　122
太田薫　201
大野伴睦　181, 185, 186, 188, 189
大平正芳　187, 214, 215, 216, 217
大村益次郎　77
大山巌　85

著者紹介

五百旗頭　薫（いおきべ・かおる）

◎執筆章→1～5・10～12

一九七四年　兵庫県に生まれる
一九九六年　東京大学法学部卒業
東京都立大学法学部助教授、首都大学東京法学系准教授、東京大学社会科学研究所准教授等を経て
現　在　東京大学大学院法学政治学研究科教授
専　攻　日本政治外交史
主な著書　『大隈重信と政党政治』（東京大学出版会、二〇〇三年）
『条約改正史』（有斐閣、二〇一〇年）

奈良岡　聰智（ならおか・そうち）

◎執筆章→1・6～9・13～15

一九七五年　青森県に生まれる
一九九九年　京都大学法学部卒業
二〇〇四年　京都大学大学院法学研究科博士後期課程修了
京都大学大学院法学研究科助教授、同准教授を経て
現　在　京都大学大学院法学研究科教授
専　攻　日本政治外交史
主な著書　『加藤高明と政党政治』（山川出版社、二〇〇六年）
『対華二十一ヵ条要求とは何だったのか』（名古屋大学出版会、二〇一五年）

放送大学教材　1548506-1-1911（テレビ）

日本政治外交史

発　行　2019年3月20日　第1刷
　　　　2022年7月20日　第3刷
著　者　五百旗頭　薫・奈良岡聰智
発行所　一般財団法人　放送大学教育振興会
　　　　〒105-0001　東京都港区虎ノ門1-14-1　郵政福祉琴平ビル
　　　　電話　03（3502）2750

市販用は放送大学教材と同じ内容です。定価はカバーに表示してあります。
落丁本・乱丁本はお取り替えいたします。

Printed in Japan　ISBN978-4-595-31945-7　C1331